실천불교

실천불교

정병조 지음

불교시대사

머리말

　불교는 미래사회에 적응할 수 있는 것인가? 만약 불교의 주장과 행동이 원론적인 수준에 그친다면 불교의 미래는 암담할 수 밖에 없다. 따라서, 불교는 언제나 새롭게 해석되어야 한다. 오늘의 문제를 불교적 시각에서 정리하고 대응하는 작업이 절실히 필요한 것이다. 과거의 불교연구는 거의 훈고학적 수준을 벗어나지 못하였다. 튼튼한 학문적 기반을 가진다는 면에서는 긍정적이지만, 응용의 부재(不在)라는 점에서는 지극히 염려되는 부분이 아닐 수 없다. 21세기는 놀랄 만큼 다변화된 시대이다. 부처님 당시에는 상상도 할 수 없는 일들이 현실화되고 있다. 교통·통신의 혁명은 세계를 하나의 마을로 엮어 버렸다. 무한한 정보의 홍수는 복잡다단한 가치관을 형성해 가고 있다. 또 그 변화의 소용돌이는 멈출 징후를 전혀 보이지 않고 있다. 따라서, 미래의 불교는 명백히 '응용불교'·'실천불교'의 방향으로 발전해 가리라고 예상한다. 여기에 실린 글들은 불교사상의 현대적 해석과 응용이라는 관점에서 서술한 것들이다. 지난 세기의 공통적 관심은 '실존'의 문제였다. 인간이란 무엇인가라는 화두는 20세기를 관통해 온 지적관심이었다. 그러나 금세기는 '환경과 생명'이라는 새로운 과제를 안게 되었다. 불교는 이 문제에 대하여 적절히 응답해야 할 줄 안다. 이 책에서는 생명에 대한 불교적 접근은 물론, 정치·경제·사회의 모든 분야에 대한 불교적 입장을 정리해 보았다. 비록 다소간의 시행착오가 있을지라도 이와 같은 기초적 작업을 착실히 진행함으로써 불교 현대화와 현대의 불교화는 이루어질 수 있으리라고 생각한다. 논문의 성격상 다소 중복되는 부분이 없지 않으나, 독자들은 그 흐름의 요지를 파악해 주기 바란다. 내가 불교공부를 업(業)으로 삼은 지도 벌써 30년이 지났다. 처음 불교공부를 시작했을 때의 내 관심은 불교에 대한 올바른 이해였다. 지나친 한문의존, 무속적 불교행태가 안타까웠고, 그것을 극복하기 위해서는 산스크리트 등 원전에 충실한 불교 이해가 필수적이라는 신념에 차 있었다. 내가 인도불교나 원전해석에 관심을 쏟았던 것은 그러한 이유 때문이었다. 그러나, 최근 들어서 나는 한국불교에 천착하게 되었다. 한국불교가 지닌 탁월성과 독창성이 좀 더 많은 이들에게 어필되기를 기대하는 것이다. 이 책을 펴내는 데 있어서 신세를 진 몇몇 분들에게 감사의 뜻을 전하고 싶다. 홍사성 부장은 흔쾌히 책의 출판을 맡아 주었다. 자료의 정리와 교정은 불교연구원의 이경진 간사가 수고해 주었다. 이 부끄러운 책을 통하여 미래불교의 향방이 다소나마 갈피를 잡을 수 있게 된다면 나의 목표는 달성된 셈이다. 이 시대 지식인들의 호의 어린 질정과 격려를 기다리면서….

2002년 봄을 기다리며
유마정사에서 지은이 합장 분향

차 례

머리말 · 5

I. 미래사회에서의 불교

21세기 문명과 불교
 1. 현대사회의 추이 · 17
  1) 현대사회의 정신적 상황 · 17
  2) 컴퓨터 문명의 한계와 전망 · 19
  3) 미래의 도전 · 22
 2. 불교는 현대사회 속에서 무엇을 할 수 있나? · 26
  1) 산업사회와 승가의 역할 · 26
  2) 요익유정의 이상과 보살 · 29
  3) 정법의 구현을 위한 불교의 사상적 기여 · 32
 3. 남기는 말 · 36

문명의 충돌, 우연인가 필연인가?
 1. 힘의 논리는 계속되고 있다 · 39
 2. 종교간의 협력가능성 · 42
 3. 한국도 종교갈등의 무풍지대는 아니다 · 45

불교윤리와 생명복제 · 48
  1. 과학문명의 추이(趨移) · 48
  2. 불교윤리의 본질 · 51
  3. 생명복제는 다르마의 파괴 · 53

불교적 관점에서 본 기업윤리와 생산성
  1. 위기의 한국 경제를 향한 불교적 고언(苦言) · 56
    1) 이윤추구가 기업의 궁극적 목표일 수 없다 · 57
    2) 소프트웨어적인 발상의 전환 · 57
    3) 성숙한 노·사 관계의 정립 · 59
    4) Re-Structuring의 필요성 · 59
    5) 작은 것이 실용적이다 · 60
  2. 경제논리와 불교윤리는 조화될 수 있는가? · 61
  3. 불교적 가치관의 현실적 응용 · 63
  4. 맺는 말 · 68

Ⅱ. 한국불교, 어디로 가야 하나?

국제화시대의 불교를 선도하는 한국불교의 비전 · 71

비단길과 한국불교
  1. 머리말 · 88
  2. 실크로드의 불교문화 · 91
  3. 서역(西域) 승려의 불교전파 · 97
    1) 한국불교 초전(初傳)의 특징 · 97
    2) 한국 불교미술의 서역적 영향 · 102

4. 실크로드를 넘나든 한국스님 · 106
      1) 나란다사의 한국 스님들 · 106
      2) 혜초의 《왕오천축국전》 · 114
   5. 맺는 말 · 118

한국불교의 보편성과 특수성
   1. 한국불교의 초전(初傳)에 관하여 · 121
      1) 삼국의 불교 수용 · 121
      2) 아도와 묵호자 · 124
      3) 가야불교의 문제 · 126
   2. 보편적 교리수용과 그 한국적 전개 · 130
      1) 대승불교의 전통 · 130
      2) 일승적 사상 경향과 선교 융합 · 134
      3) 한국불교의 신행 형태 · 137
   3. 한국불교의 전망 · 142

소외계층과 그 치유를 위한 불교적 제언
   1. 머리말 · 145
   2. 산업사회와 구조적 모순 · 146
   3. 조직적 비리와 상대성 빈곤감 · 147
   4. 불교는 소외계층을 위해 무엇을 해야 하나? · 149
   5. 맺는 말 · 150

원효스님 화쟁사상으로 본 민족통일 방안
   1. 원효불교의 현대적 해석 · 152
   2. 원효의 실천적 의지 · 155

3. 통일을 위한 불교적 제언 · 157

'본사(本寺) 중심제'고
  1. 역사적 성격 · 161
  2. 현행 25교구 본사의 문제점 · 163
  3. 본사 주지의 선출과 임기 · 167

총무원장 선출제도의 개선방향
  1. 현행 총무원장 선출제도의 문제점 · 170
  2. 《율장(律藏)》을 통해 본 승가회의(僧伽會議) · 172
    1) 승가갈마법(僧伽褐磨法) · 172
    2) 단사인(斷事人)과 행주인(行籌人) · 174
    3) 승가회의의 현대적 의의 175
  3. 바람직한 제도개선 방향 · 176

Ⅲ. 재가불교의 방향

현대 한국의 재가불교운동 연구
  1. 머리말 · 181
  2. 불교 사회활동의 현황과 문제점 · 183
    1) 불교 사회봉사활동의 현황과 문제점 · 183
    2) 활성화를 위한 이념적 · 행정적 방안 · 186
  3. 불교 사회교육의 현황 · 190
    1) 교양대학 운영의 실태 · 190
    2) 불교방송국과 불교실업인회 · 193
  4. 재가불교운동의 방향 · 195

1) 재가불자들의 의식경향 · 195
　　2) 이념적 방향 · 198
　　3) 실천적 방향 · 201
　5. 맺는 말 · 204

불교사회화를 위한 재가불자의 역할
　1. 불교와 사회 · 206
　2. 재가불자의 자세 · 207

한국불교의 정치참여 현황과 그 배경
　1. 한국불교의 정치참여 실태 · 210
　　1) 한국불교의 현황 · 210
　　2) 불교교단의 정치참여 동향 · 212
　2. 한국불교 정치참여의 배경과 본질 · 214
　　1) 전환기적 가치관(이념적 배경) · 214
　　2) 불교인의 소외의식(현실적 배경) · 216
　　3) 문화적 허탈감(역사적 배경) · 218
　3. 불교 현실참여의 바람직한 방향 · 221
　　1) 정치적 배려(소외감 해소방안) · 221
　　2) 불교에 대한 새로운 인식의 필요성(불교와 국가의 정당한 관계정립
　　　　방안) · 223
　　3) 불교 정치참여의 방향(불교의 미래 정신문화적 기여) · 225
　4. 맺는 말 · 228

건전종교 문화환경 조성을 위한 종교계의 역할
　1. 한국인의 종교 수용태도, 무엇이 문제인가? · 230

2. 종교적 갈등과 그 해소방안 · 233
3. 건전한 종교문화를 향하여 · 234
4. '길'은 여럿, 우리는 길을 걷는 동반자 · 236
5. 남기는 말 · 237

Ⅳ. 미래의 불교, 변해야 산다

불교와 도시 - 인도불교를 중심으로 -
1. 머리말 · 243
2. 도시의 발달과 불교의 성립 · 245
   1) 도시국가 출현의 역사적 배경 · 245
   2) 당시의 도시와 생활상 · 248
   3) 상가(僧伽, Saṃgha)의 형성 · 253
3. 사찰과 도시 · 256
   1) 부처님의 활동무대와 대표적 사찰 · 256
   2) 굴원사원(窟院寺院)과 스투파(Stūpa)신앙, 그리고 도시 · 260
4. 대승불교의 불탑신앙과 불교의 쇠퇴 · 268
5. 맺는 말 · 272

'신승(新乘)불교' 도래론
1. 신승(Navayāna) 불교의 역사적 의미 · 274
   1) 대승불교 전야의 사상적 추이 · 274
   2) 대승교단의 실체 · 277
   3) 대승불교의 사상적 반성 · 280
2. 천년의 시발, 불교도 변해야 산다 · 282
   1) 종교 영역의 축소 · 282

2) 신승불교의 필연성 · 285
　3. 한국불교, 어디로 가야 하나? · 288
　　1) 전통적 불교 국가의 침몰과 서구에서의 불교 붐 · 288
　　2) 한국불교에 거는 기대 · 291
　　3) 신승불교의 과제 · 292

한국불교 세계화의 이념과 방향
　1. 글머리에 · 296
　2. 한국불교의 사상적 특성 · 298
　3. 한국불교 신행의 제문제 · 300
　4. 세계화를 위한 제언 · 303
　5. 에필로그 · 307

Ⅰ. 미래사회에서의 불교적 위치

21세기 문명과 불교
문명의 충돌, 우연인가 필연인가?
불교윤리와 생명복제
불교적 관점에서 본 기업윤리와 생산성

21세기 문명과 불교

1. 현대사회의 추이

1) 현대사회의 정신적 상황

산업사회는 인류의 삶에 극명한 긍정성과 함께 부정성을 던져 주었다. 긍정성이란 생활의 편의와 물질적 풍요를 말한다. 특히 정보·통신 분야의 발달은 괄목할 만한 것이어서 지구를 하나의 '마을'로 묶어 버렸다. 정보의 공유 현상 또한 두드러져서 이제는 홍수처럼 쏟아지는 정보의 분석과 응용이 또 다른 과제로 등장하게 된다. 물질적 풍요가 가속화되면서 오히려 생태계파괴, 환경오염 등이 심각한 숙제로 남겨지는 추세이다. 반면 부정성이란 기계적 삶에 대한 회의 정신적 허탈, 소외의 극대화에 따른 자아 상실 등이 문제시되고 있다. 특히 한국의 산업화는 서구의 그것과 비교할 때 보다 신속하고 격렬했다는 특성이 있다. 아직까지 한국의 구세대들에게는 농경적 가치 기준과 산업화가 공유하는 양상을 보이고 있다. 즉 내면적 가치의 이율배반 속에서 끝없는 물질적 '발전'만을 추구하고 있는 것이다.

인류의 정신적 위기에 대한 경고, 윤리회복을 위한 노력 등에도 불구하고 현재의 산업화 현상이 멈추어질 징후는 전혀 나타나지 않고 있다. 또 기계문명이 인간 창의성을 마비시킨다는 우려 속에서도 그 발전은 가속화되고 있다. 요컨대 우리는 또다시 농경적 사회로 회귀하기는 불가능하다는 점이다. 따라서 미래의 정신적 상황은 다음과 같은 몇 가지 기본적 전제 위에서 수립해야 한다. 첫째, 인간의 개별적 삶은 존중되어야 한다. 조직을 위해서 개인이 희생되어도 무방하다는 논리는 이제 분쇄되어야 한다. 둘째, 정신문화는 물질문화와의 균형 있는 발전 속에 성장해야 한다. 결코 어느 한쪽을 이단시하거나 죄악시하는 사상 경향이 아니라 둘의 조화를 도모해 가야 한다. 셋째, 건전한 정신문화는 '절제의 미덕'에서부터 비롯된다. 특히 광신적 이데올로기의 집단이라든지 배타적 선민의식은 이제 불식되어야 한다.

우리는 이 점에서 불교사상의 현대적 응용을 도모할 수 있으리라고 본다. 불교는 본질적으로 '인간에 대한 모색'이다. 물론 불, 즉 부처님의 세계에 대한 논구(論究)가 없다는 뜻은 아니다. 그러나 불교의 알파와 오메가는 바로 인간과 그에 관련한 제 문제들이다. 타락한 인간을 본래의 모습으로 회복시키는 일, 개인적 자유가 사회의 정의로 연결되는 길, 그리고 깨달은 이들이 모여 사는 사회를 이루려는 것이 불교의 목적이다. 특히 대승불교에서는 이와 같은 이상적 인격의 모델을 '보살'로서 구상화(具象化)한다. 여태까지 우리는 보살의 이념을 관념적으로 해석해 왔다. 그러나 보살정신의 근간은 실천적 의지에 있다.

대승불교의 생명은 바로 보살정신의 현현(顯現)에 있다고 말할 수 있다. 다만 경계해야 할 점은 현대사회와 보살사상을 평행선적 대칭으로 나열해서는 안 된다는 점이다. 즉 보살사상의 입장에서 현대사회를 비판하고 현대사회에서는 그 공허성을 외면해 버린다면 양자에게 있어서 전혀 도움이 되지 않는다. 오히려 현대사회와 보살사상을 오늘의 언어

Ⅰ. 미래사회에서의 불교적 위치 19

로 조명, 접목, 해석해 나가야 한다고 본다. 그때 비로소 현대사회는 올바른 방향제시를 얻을 수 있고, 불교 또한 현대적 당위를 인정받을 수 있다.

2) 컴퓨터 문명의 한계와 전망

미래의 사회를 정보화 시대로 규정한다면 그 핵심은 컴퓨터 문명이다. 미래에 대한 예측은 불확실성과 무모성을 잉태하고 있다. 더구나 현재의 컴퓨터 산업이 과연 어디까지 나아갈 수 있느냐 하는 데 대한 예측은 불가능하다. 다만 현재까지의 컴퓨터 발달사는 수식 연산⇒ 텍스트 전달과 처리⇒ 그래픽과 소리의 처리 등으로 요약할 수 있다. 따라서 근심스러운 예측으로는 미래의 컴퓨터가 '가상현실(Virtual Realing)' 쪽으로 발전하리라고 전망할 수 있다. 즉 컴퓨터를 이용하여 사람들에게 인공적 감각을 주입할 수 있다고 보는 것이다. 실제로 이것이 실용화되었을 경우에 우리는 엄청난 가치변화를 예측하지 않을 수 없다. 현실과 상상의 세계가 극심한 혼란 속에 펼쳐지고 실재와 가상이 뒤섞이는 가공할 세계가 예견되고 있다.

그러나 컴퓨터 문화의 한계는 '창조성'을 지니지 못한다는 데 있다. 또 컴퓨터는 일의 '내용'을 결정할 수 없다. 컴퓨터 문화는 단지 인간 문화의 새로운 표현방법을 전달할 뿐이다. 다시 말해서 컴퓨터는 가치 창조자일 수 없고, 다만 새로운 표현수단이 될 수 있을 따름이라는 점이다. 그것은 표현수단이면서 또한 인간의 표현능력과 나아가서는 창작능력에까지 영향을 줄 수 있는 도구가 될 수 있다. 언어적 개념화, 추상화, 기록화의 표상방법이 인간의 사유능력을 비약적으로 진화하게 했듯이 컴퓨터를 이용하는 인간의 창조능력도 비약적 발전을 할 수 있을지는 모른다.[1] 오히려 예술 창작과 표현 등에 있어서 그 가능 세계를 더 넓혀 갈 수도 있으리라 생각한다. 물론 그와 동시에 창작 대신 복제가 가능하고 따라서 예술, 그 자체를 타락시킬 위험성과 개연성은 상존한다고 보아야 한다.

여기서 우리는 인공지능을 개발한 인간이 또다시 인공지능의 지배를 받을 수도 있다는 아이러니를 읽을 수 있다. 가치의 궁극적 전도현상은 바로 본말의 '뒤바뀜'이다. 그리고 이와 같은 변화는 이른바 헤겔이 말하는 주노(主奴) 변증법적 발전 단계를 거쳐 나간다. 물론 이와 같은 추론 또한 근심스러운 예측에 불과하다. 얼마든지 우리는 인공지능의 조종자로서 그 업무를 수행할 수도 있다. 다만 그 개연성에 대한 성찰로서 이 문제를 깊게 고려해야만 한다.[2]

우선 컴퓨터를 긍정적인 면에서 본다면, 인간의 지능적 한계를 보완할 수 있다는 점이다. 즉 정보는 본질적으로 표상적 특징(Representative Character)을 가진다. 정보는 우리 마음속의 표상이나 혹은 상징적(기호적) 표현들을 통해 보존된다. 전달방법 또한 그 심상의 이미지 위에 구축된다. 그런데 컴퓨터는 그것을 전체적으로 대행해 줄 수 있다는 점에 획기적이다. 물론 컴퓨터 이전에도 정보처리는 있었다. 그러나 그때의 처리 기능은 말 그대로 인간의 표상 능력을 기본으로 하는 보존적 단계였을 뿐이다. 다시 말하면 컴퓨터 이전의 정보처리는 기본적으로 아날로그적인 방법이었으나 컴퓨터 등장 이후부터는 디지털화에 따른 기계적 처리가 가능하게 된다는 것이다.

또 하나 지적해야 할 점은 정보가 대량으로 유통됨으로써 얻어지는

---

1) 소홍렬, 〈인공지능과 자연지능〉(《과학사상》 8호, 1994, pp. 20~21). 컴퓨터 문화는 인간문화와 대립하거나 독립되거나 그것을 대치할 새로운 문화일 수 없다는 주장이다.
2) 이초식, 《인공지능의 哲學》(고려대, 1993). 인공지능과 철학의 문제에서 가장 핵심적인 것은 그 조종자가 바로 인간이어야 한다는 점이다.

획기적 이익이다. 즉 정보소통이 원활한 데 따른 일종의 사회적 두뇌(Social Brain)가 등장할 수 있다는 것이다. 컴퓨터 사회에서는 사회 전체가 하나의 뇌를 이루게 된다. 정보가 대량, 고속으로 유통되기 때문에 의사소통의 채널이 많아지는 것은 당연한 귀결이다. 대중과의 교감 때문에 개별적 관계는 훨씬 긴밀하게 연결되며 서로는 막대한 영향을 주고받게 된다. 이때 개인이 가질 수 없는 창의적 기능[3]이 '사회의 뇌'의 기능으로 나타날 수 있고, 그에 따라 이른바 '사회적 지능(Social Intelligence)'이라 불릴 수 있는 힘이 등장하게 된다.

그러나 컴퓨터 문화에 대한 부정적 예견도 만만치 않다. 우선 정보의 홍수가 가장 심각한 문제이다. 쓸데없는 정보, 나쁜 정보에 현혹되어 시간을 허비할 수밖에 없다는 점이다. 또 다른 부정성으로는 정보공유에 따른 획일화가 가중될 수밖에 없다는 면이다. 언제, 어디서나 인간들에게는 '핵심적인 신념'이 있게 마련이다. 이것은 상식적 행위의 토대이며, 일상 윤리의 근간이다. 그러나 컴퓨터 사회에서는 이와 같은 개성적 풍모는 도저히 찾을 길이 없다. 많은 정보에 익숙해 있고, 따라서 줏대없는 앵무새 같은 지식인이 배출될 수밖에 없다는 한계점을 지니게 된다. 더구나 컴퓨터를 이용한 범죄의 증가 또한 우려할 만한 현상이다. 특히 정보의 왜곡된 전달을 통한 폭력은 전혀 제동장치가 없는 것이다. 흑색선전이라든지 일반적인 매도 앞에서 개인은 무력할 수밖에 없고, 그것이 하나의 조류로서 형성될 위험성마저 엿보이는 것이다.

결국 컴퓨터는 기술·공학적인 면을 떠나서 사회·문화적인 역기능

---

[3] 원시시대의 인간의 腦와 현대사회의 인간은 판이하게 다르다. 원시시대의 인간은 뇌도 작고 각 뉴런들간의 연결도 빈약했지만, 현재의 뇌는 거대하고 또 복잡하게 연결되어 있다는 점이 이를 실증적으로 뒷받침하고 있다. (Randell, D. *Biological Perspective on Autonomous Agent Wesign*, M.I.T. Press, 1990, pp.169~186)

을 분명히 갖고 있다. 또 그것은 획기적인 가치변혁을 예고하고 있다. 예컨대 요즈음 '인공지능 센서(Artificial Intelligence Senser)'라는 개념이 보편화되고 있다. 이것을 분자 컴퓨터라고 하는데, 인간의 오관을 통한 감각과 동일한 컴퓨터 기능을 개발하려는 노력이다. 멀지 않은 장래에 실용화될 것이 확실하지만 이제는 그 개념이 아예 생물학적 구조로의 전이까지 연구되고 있다는 사실이다. 이렇게 되면 생체기능을 대신하는 실리콘이 가능해지고 두뇌라는 상위기관뿐만 아니라 인간·육체의 분자들 차원까지도 대체가 가능해진다.

본질적으로 컴퓨터 지능과 사람의 지능 사이에는 차이가 있다. 전자는 부분적인 데 반해 후자는 종합적이다. 따라서 컴퓨터 문화는 부분적 지능이라는 면에서 문화와 가치 체계를 구성해야 한다. 그러나 작금의 문제는 이 부분성이 전체성을 대신할 수 있다고 믿는 허구와 그로 말미암은 혼란이다. 따라서 컴퓨터 문명은 무한한 가능성이 아니라 '한계적 희망'일 뿐이다. 그러나 분명한 점은 재래의 전통윤리와 행동가치기준은 철저히 무너질 수밖에 없다는 점이다. 이제는 획일화된 문명 속에서 새로운 이성(Logos)의 토대를 따져 나가지 않으면 안 된다. 그 이성의 빛을 우리는 불교사상에서 찾을 수 있다고 본다.

3) 미래의 도전

인류의 미래에 관한 한 엄밀한 논리적 인식은 불가능하다. 왜냐하면 미래에는 늘 예기치 않았던 심리적·사회적 상관관계의 요인들이 잠재해 있기 때문이다. 또 우발적 상황전개의 개연성은 늘 상존하기 마련이다. 다만 우리는 현실의 제양태(諸樣態)들을 밑거름으로 해서 가능한 범위 안에서 미래를 유추할 따름이다. 한때는 과학의 발전으로 인류의 장래가 보장되리라는 희망적 견해가 주류를 이룬 적도 있었다. 그러나 대체로 현재의 기류는 그것을 부정적으로 보려는 견해이다. 특히 환경 문제의 심각성 때문에 아무도 장미빛 미래를 보장할 수 없는 상황이다. 만약 인류의 미래를 위협하는 확실한 우려가 있다면 그것은 다음과 같은 다섯 가지로 요약할 수 있다.

① 가공할 핵전쟁에 의한 인류 멸망의 위협
② 폭발적인 인구 증가로 인한 식량문제
③ 자원의 고갈과 대체 에너지의 결핍
④ 자연 및 생태계 일반의 파괴
⑤ 공해 및 산업 쓰레기로 인한 공황현상

현대에 들어서 인간의 성격이 결정적으로 최종적 변화를 이루기 시작하였다. 냉정한 이성은 과학적 방법과 근대 기술의 비인간적 조작을 발견함으로써 이전보다 더 자연의 에너지를 지배할 수 있었던 것인데, 그것이 이제는 이미 널리 인간활동을 지배하고 있다.

이 세계에 생존하기 위해서 인간은 자기 자신을 기계에 적응시키지 않으면 안 된다. 예술가라든지 시인, 성인, 농민과 같은 적합치 않은 유형의 인간들은 사회적 도태현상에 의하여 전향하든가 소멸되든가 할 수밖에 없다. 구세계의 문화와 종교 등에 관계되는 창조 활동은 소멸되고야 말 것이다. 보다 더 인간다워지는 일, 보다 깊이 인간의 성질을 탐구하는 일, 신을 탐구하는 일 등은 이제 기계에서 태어난 인간의 목표는 아니게끔 되고 말았다.[4]

인간성의 변모는 농경사회에서 산업사회로의 전이가 빚은 필연적 현상일 수 있다. 사실 인류의 지난 2백 년 동안의 변모는 과거 2천 년의

---

4) C.Mumford, *The Transformation of Man*(Happer & Brothers,1956) 抄譯.

그것과 맞먹을 정도로 충격적인 것이었다. 따라서 생활 패턴의 변모가 인간의 창의력을 마비시켜 나가는 방향으로 전개된다는 점은 분명하다. 더구나 퇴폐주의적 성향의 증대는 모든 선진국들이 공통으로 겪는 심각한 문제 가운데 하나이다. 인간이 욕망을 절제하는 쪽으로서가 아니라 그 욕망의 노예로서 살아가게 될 때 파괴적이고 야수적 인간 본능은 오히려 휴머니즘이라는 미명 아래서 정당화될 수밖에 없는 것이다.

불교의 입장에서 미래의 도전을 분석한다면, 그 해결책은 '욕망의 절제'로서 대변될 수 있다. 위에서 열거한 제문제들의 근원은 바로 욕망 때문이다. 종교의 일차적 기능은 그 욕망의 절제를 통한 극기의 실현이라고 말할 수 있다. 또 향락 위주적 소비풍조의 만연은 이제 한국사회의 새로운 단면이 되고 말았다. 그것은 전통적인 윤리의식을 붕괴시키며 인간의 양심을 마비시켜 간다. 그래서 전통과 윤리에 관한 한 지금의 한국인들은 불감의 증세를 나타내기 시작하는 것이다.

요컨대 나의 문제와 우주의 근원을 모색하려는 사색적 삶의 태도는 철저히 부정된다. 그뿐 아니라 선하게 살려는 최소한의 의지마저도 제자리를 지키기 어렵다. 이렇게 될 때 즉흥적이고 물질 위주적인 획일주의의 풍조 속에 자신을 내맡기게 된다. 물론 우리는 전통을 회복하자거나 다시 고대로 되돌아가자는 주장을 하려는 것은 아니다. 적어도 그 전통의 응용, 전통적 가치기준 위에 새로운 기계문명을 수용한다는 자세가 필요하다는 것이다. 전통적 정신문화를 무시한 사회는 엄청난 부조리를 잉태한다. 바로 이 점에 기술과 인간, 그리고 정신문화간의 정당한 질서회복이 도모되어야 할 절실한 소이(所以) 가 있는 것이다.

불교의 역사의식에 의하면 인류의 미래는 곧 현재의 과보일 따름이다. 삼계라는 용어는 이 세계가 취할 수 있는 형태를 가리키는 말이며, 육도(六道) 는 이 삼계 속에서 생명이 윤회를 거듭할 수밖에 없는 갖가지 생존 양태를 가리키는 말이다.

"불교적 계율이 강조하는 점은 결코 인간성의 계발이 아니다. 오히려 개별적인 행위가 상황에 직면했을 때 보다 윤리적이어야 하겠다는 점에 대한 선언이다. 따라서 불교윤리는 결코 새로운 인격을 창조해 나가는 원리가 아니다. 스스로의 색깔대로 현실에 적응해 나가는 가르침이다. 그러나 그와 같은 적응의 과정을 통하여 덕은 저절로 우러나오기 마련이다."[5]

따라서 불교의 원리는 결코 현실을 죄악시하거나 개탄하는 데 머무르지 않는다. 오히려 개인의 자유와 평화가 사회적 원리로 발전할 수 있도록 노력하는 일이다. 대승불교의 입장에서 말한다면 그 원리는 ① 섭율의(攝律儀) ② 섭선법(攝善法) ③ 섭중생(攝衆生)으로 요약되는 삼취정계(三聚淨戒)의 정신을 근간으로 한다.

"불교윤리학은 이 삼취정계의 정신으로부터 비롯된다. 현대사회의 모순과 비리를 척결하는 작업은 결코 법령의 정비가 아니라 이 근원에 대한 확신이라는 점을 명심해야 한다."[6]

인간의 오만과 타락이 빚은 부조리는 당연한 인과의 순환일 수 있으며, 동시에 그 개척적 의지의 성패 여부도 우리들 스스로의 결단에 달려 있다. 각성과 선을 추구하는 에너지가 사회를 움직이는 원동력으로 발휘될 때 비로소 미래의 도전은 극복될 수 있다. 이제 우리는 그 불교적 해답의 모델로서 보살의 미래 지향성에 관해 언급하고자 한다.

---

5) Ken Jones, *The Social Face of Buddhism*(London, Wisdom Publication, 1989) p.157.
6) Charles Wei-hsun and Sandra A Wawryfko, eds., *Buddhist Behavioral Codes and the Modern World* (Westport, Connecticut, Greenwood Press, 1994).

2. 불교는 현대사회 속에서 무엇을 할 수 있나?

1) 산업사회와 승가의 역할

승가는 본질적으로 수행의 집단이다. 농경사회적 특성 속에서 생성되었던 이 특수 집단은 그 자체로서의 이상과 목표가 있었다. 그러나 그 단체의 이념은 결코 불교 자체의 특수한 이념이라기보다는 사회와 대중 전체가 갖는 보편성으로서 부각될 수 있었다. 왜냐하면 승가는 적어도 고대사회의 엘리트 집단이었고 그렇기 때문에 사회를 계도한다는 사명의식 속에 그 당위를 인정받을 수 있기 때문이다.

대승불교의 이상이 요익유정(饒益有情)에 있다고 한다면 승가와 사회는 결코 분리될 수 없는 이념적 동질성을 지닌다고 말할 수 있다. 고대의 한국사회에서 수행되어 온 승가의 역할은 바로 이러한 관점에서 이해될 수 있다. 사원은 교육기관이었을 뿐 아니라, 레크리에이션의 장소였고, 사회복지의 시설이었다. 요컨대 고대사회에서 사원은 모든 문화활동을 그 안에 포함하고 있었다.

그러나 고도의 분업화가 추진된 산업사회 속에서 승가의 역할은 극히 왜소화될 수밖에 없었다. 교육은 각급 학교에서 전담하게 되었고, 레크리에이션은 각종 오락시설로 대치되었으며 후생복지의 시설도 다른 차원에서 전개되고 있는 추세이다. 만약 현대사회에서 승가의 역할을 굳이 찾으려고 한다면 종교의식(장례식·법회·각종 재일) 등에서만이 그 명맥을 잇고 있다고 해도 결코 지나친 표현은 아니다.

우리는 여기에서 승가의 기능이 좀더 다변화되어야 할 필연성을 찾을 수 있다. 불교는 이제 복고의 옷을 벗어야 한다. 더 이상 전통의 박제로서 보전되어서는 안 되며 '관광의 자원'으로 안주할 수만도 없다고 본다. 사회의 그늘진 곳을 지키고 중생이 아픔을 겪는 현장에서 생동하는 불교가 되어야 하는 것이다. 오늘날 승가의 역할은 반드시 바람직스럽지만은 못하다고 느끼게 되는 중요한 이유는 불교인의 자각이 미흡하기 때문이라고 생각한다. 또한 종단의 제도적인 뒷받침도 충분하지 못하기 때문에 큰 실효를 거두지 못하는 것으로 생각한다.

나는 그와 같은 점들을 바로잡기 위해 첫째, 스님과 신도 사이의 중간법계(中間法階)를 신설할 것, 둘째, 사원의 기능을 활성화시킬 것, 셋째, 법회방식을 개선하여 이익중생의 방향으로 승화시킬 것 등을 주장한 바 있다.[7]

그것을 좀더 구체적으로 적기하면 다음과 같다. (이 사상은 출가니 재가니 하는 구별보다는 두 집단 사이의 조화로운 화합운동 차원에서 전개되어야 함을 염두에 두어야 한다. 진리의 길로 향함에 있어 출가, 재가, 비구, 비구니 하는 계층적 구별이 비진리적이지 않은가)

(1) 사회교화사업의 추진
    ① 육영기관의 설립 운영(기술학교, 농촌 영농학교 포함)
    ② 불교병원의 설립 운영
    ③ 특수 교화소 운영(양로원·고아원·탁아소 등)
    ④ 사원 단위 도서실 운영
    ⑤ 불교재단의 확충(장학금 지급·연구소 지원 등)
(2) 청년회 등 신행단체의 사회봉사활동 전개
    ① 불우이웃 돕기
    ② 농어촌·공장근로자 자원봉사
    ③ 군·경·교도소의 상임 상담실 운영

---

[7] 拙稿, 〈佛教社會奉仕의 諸問題〉(한국불교연구원 주최, '佛教中興의 諸問題 研究세미나' 주제발표 1983).

④ 청소년 교화사업의 확대 운영〔쉬운 불서 간행 및 각종 호신불구(護身佛具) 개발 포함〕
⑤ 불교신도 회비납입의 의무화

이외에도 불교장례회(佛敎葬禮會)를 발족시켜 묘역을 제한한다든지 시민선원(市民禪院)을 운영하는 등의 일도 검토되어야 할 줄 안다.

다음으로 강조하고자 하는 점은 법회의식의 현대화 문제이다. 방황하는 정신세계에 감로의 양식이 되고, 세속의 번뇌에 시달리는 여러 정신적 고통을 덜기 위해서 불교는 좀더 '새로워'질 필요가 있다.

다시 말해서 불교라는 본질 위에 다양한 빛깔의 옷을 입혀야 한다고 생각한다. 사회가 찾아오는 불교가 아니라 사회를 찾아가는 불교가 되어야 하는 것이다. 왜냐하면 불교가 사회를 위해 있는 것이지 사회가 불교를 위해 있는 것이 아니기 때문이다. 불교인의 의식고양이 절실히 요구되는 소이가 여기에 있다.

종 만들고 개금하고 방생하는 일도 중요하다. 그러나 더욱 중요한 일은 인간을 인간답게 가꾸는 일이다. 인간과 인간과의 관계 인간과 자연, 그리고 우주에 이르기까지 그들이 견지하여야 할 정당한 다르마(Dharma)[8]를 굳게 간직하도록 되어야 한다. 생명의 가치를 경외할 줄 알고, 진정한 삶의 의미가 천명되는 일, 그것이 바로 승가가 가진 사회에 대한 역할임을 다시 한번 강조한다.

법회의식의 일반적 수준이 교리해설이나 경전강독 등에 머문다면 그것은 불교 자체의 발전을 위해서나 이 시대의 사회적 요청의 관점에서

---

8) Dharma라는 낱말은 法으로 번역된다. 그것은 우주의 질서·섭리·자연(Nature) 그 자체 등 복합적인 어휘이다. 거기에서 파생되어 불법의 진리를 뜻하는 낱말이 되었지만, 여기서는 존재와 존재 사이의 기본적인 원리라는 의미로 그 뜻을 국한시키고자 한다.

나 바람직스럽다고 말하기 어렵다. 그 법회의식을 질적으로 승화시키
는 노력이 있어야 하겠다. 지적인 갈증을 충족시키는 일도 중요하겠지
만, 그에 못지 않게 회향의 미덕이 깊이 인식되고 실천되어야 할 것이
다. 중생을 교화하는 것은 곧 보은[9]이며 바로 나의 성불을 약속하는 첩
경이 되기 때문이다.

2) 요익유정의 이상과 보살

우리는 오늘의 산업사회가 안고 있는 여러 문제점들에 관하여 살펴왔
다. 그 정신적 상황은 인간성의 상실, 이데올로기의 대립과 갈등 그리
고 불확실한 미래의 위협으로 집약되었다. 그것을 극복하기 위한 불교
의 입장으로 먼저 승가의 질적 변환이 필요함을 주장하였다. 지금부터
언급하려는 부분은 어째서 승가가 새롭게 출발하지 않으면 안 되는가
하는 원론적 시론(試論)이다.

이 부분을 먼저 언급하는 것이 순서에 맞겠지만, 특히 그 구체적 방
향을 앞세운 이유는 21세기 정보사회의 시대적 요청이라는 관점에서 이
글을 쓰고 있기 때문이다. 다시 말해서 이 시대의 분위기가 이미 승가
에게 요구하지 않을 수 없는 실천적 승가상을 앞세움으로써 거꾸로 그
이념적 당위가 도출되는 반조(返照)가 오늘의 현실이기 때문이다.

불교는 이 사회적 요청을 외면할 수 없으며 동시에 반성의 계기로 삼
아야 할 줄 안다. 우리의 선조들에게 불교는 유일한 종교였으며, 철학
이었고, 생활이었다. 그들은 불교라는 창구를 통해서 인생의 의미를

---

9) 흔히 四恩이라 하여 佛恩·衆生恩·師長恩·父母恩을 열거한다. 寂天의《入菩
提行論》(第六章125編AB)에는 보다 절실한 표현이 있다.
  '여래를 만족하도록 하려면 내 全身으로써 이 세상의 심부름꾼이 되어 봉사해
  야 하리라'.

설계하였고, 우주의 감추어진 실상을 모색하였다. 나는 결코 불교가 그와 같은 대접을 받지 못하는 오늘의 현실을 탓하려는 것이 아니다. 오히려 이와 같은 시대 조류 속에서 불교는 무엇을 어떻게 기여해야 하는가 하는 점을 모색하고자 하는 것이다.

"비구들이여, 유행(遊行)하라. 여러 사람의 이익을 위하여 안락을 위하여 세간의 자비를 위하여 인천(人天)의 이익과 안락을 위하여 두 사람이 동일한 길을 가지 말라. 비구들이여 처음도 중간도 끝도 이치와 문구가 갖추어진 진리를 설하라. 일체가 완비한 정결한 범행(梵行)을 나타내어라"[10]

이 경문은 석존이 제자들의 교화길에 앞서 당부했던 가르침으로 전해 온다. 그 가르침의 대의는 크게 두 가지로 설명될 수 있다고 본다. 첫째는 승가가 세속의 모범이 되어야겠다는 이상이며, 두번째는 승가의 기본 목표가 이익중생에 있다는 점이다.

근본불교 이래 강조되어 온 이 실천윤리는 대승불교에 의하여 하나의 전형으로 굳어지게 된다. 대승보살의 이상이 바로 그것이다. 또 다른 경전에서는 보살의 이상을 다음과 같은 다섯 가지로 열거하고 있다.

첫째, 부처님의 정법을 펴서 무량중생을 깨닫도록 하는 일. 둘째, 외도의 사악한 견해를 부술 수 있는 이론적 배경을 갖는 일. 셋째, 불법을 잘 가르치기 위하여 연구하고 다듬는 일. 넷째, 중생의 여러 고통을 없애주는 실천적 자비수행(예컨대 의술). 다섯째, 중생의 재리(財利)를 갖추게 하기 위하여 세간의 선방편(善方便)을 구사하는 일 등의 오사(五事)이다.[11]

---

10) 南傳大藏經 第二, 律藏, p.37.

이것은 결코 메마른 이론으로서 혹은 관념의 유희로서가 아니라 현실 속에서 생동하는 이상의 구현을 역설하는 가르침이다. 보살의 실천덕목으로 열거되는 사섭(四攝)·사무량(四無量)·육바라밀(六波羅蜜) 등은 모두 이와 같은 실천의 토대 위에 세워진 좌표라고 말할 수 있다.

여태까지 인류문화를 병들게 만들어왔던 그 근본 원인은 이 이상과 현실을 조화시킬 수 있는 지혜의 결핍, 그리고 이 둘을 분리시키는 데 익숙해진 이율배반적 사고 경향 때문이었다고 본다. 에릭프롬은 그 이원적 사고의 절정을 소유와 존재의 형태로 나누면서 궁극적으로 새로운 사회, 새로운 인간의 역할을 강조한 바 있다.[12]

따라서 불교의 입장에서 본 현대사회의 이념적 혼돈은 이원론적 사고의 제거에 그 역점을 두어야 한다. 너와 나, 이것과 저것, 주관과 객관의 차별 극복은 모든 것을 내 몸과 같이 여기는 보살의 마음가짐에서 잘 나타난다. 이를테면 보살은 그 실행자의 전형인 셈이다. 이 사회의 지도급 인사들이 경제·정치·문화·사회의 각 분야에서 보살정신으로 새롭게 무장되어야 할 필요성이 있는 것이다. 중생이라는 어휘로 대변될 수 있는 탐냄과 성냄과 어리석음의 사회가 보살로서 특징지을 수 있는 자비의 이상으로 승화되어야 하는 것이다.

본질적으로 말한다면 오늘의 우리가 겪고 있는 정신적 상황은 보살정신의 퇴락에 기인하고 있다. 더구나 세속을 계도해야 할 불교의 가치기

---

11) K 524,《菩薩善戒經》卷第三, p.187A.
12) 사회를 움직이는 규범(norms)은 그 구성원들의 특성을 형성한다. 산업사회의 규범은 재산을 소유하려는 소망, 그것을 유지하려는 소망, 또 증식시키려는 즉 이익을 얻으려는 소망 등이다. … 반면에 존재양식이란 그 선행조건으로부터의 독립·자유 그리고 비판적 이성을 갖는다. 그 기본적 특성은 외적 활동이나 분주하다는 등의 의미로서 능동적이 아니라 내적 활동, 인간 힘의 생산적 사용이라는 관점에서 능동적이라는 뜻이다. (에릭프롬,《所有냐, 삶이냐》, 김진홍 譯, pp. 95~137).

준이 오히려 세속화됨으로 말미암아 걷잡을 수 없는 가치의 전도현상이 심화되고 있는 것이다.

불교교단의 윤리적 타락은 곧 불교단체의 파멸뿐만 아니라 사회의 타락을 유발한다. 왜냐하면 종교의 이념은 곧 어느 특정 사회의 상징적 목표점이기 때문이다. 그 상징과 현실의 긴장관계가 유지되고 지켜질 수 있는 사회는 건강한 사회이다. 반면에 그 긴장이 둔화되고 그릇된 세속주의가 종교를 풍미하게 될 때, 그 사회와 종교는 지향점을 상실해 버리고야 만다. 불교가 불교다워야 하는 이유가 여기에 있다.

중생의 고뇌가 있는 곳에 있지 않은 불교는 그 당위를 상실한다. 보살이 가야 할 길이 이념적으로나 실천적으로나 지켜지지 않는 불교도 그 근거를 상실한다. 보살정신의 함양과 실천이야말로 이 시대의 불교가 수행해야 할 절대적 가치기준이라고 생각한다.

3) 정법의 구현을 위한 불교의 사상적 기여

보살정신의 뿌리, 즉 이원론적 사고를 극복하는 근본적인 가르침을 우리는 연기의 이론에서 찾을 수 있다. 연기는 '나'와 '남'이 서로 의존하면서 생성되고 소멸됨을 지시하는 가르침이다.

'이것'이 있을 때 '저것'이 있고, '이것'이 생길 때, '저것'이 생기네. '이것'이 없으면 '저것'이 없고, '이것'이 생기지 않을 때 '저것'이 생기지 않네.[13]

---

13) 緣起, Pratītyasamutpāda는 불교교리의 기반이다. 相依相資性을 강조하는 이 가르침은 석존 大覺의 핵심 내용이며, 용수의 중관학파에서는 이 이론을 근거로 하여 空·假·中, 三諦의 이론을 세웠다. '이것'과 '저것'이라고 표현된 부분을 석존께서 두 묶음의 갈대로서 설명하셨다. 즉 기대어서 있는 갈대 묶

요컨대 숙명적으로 관련지어진 우주의 존재 형태를 지칭하는 가르침이다. 이것을 인연설이라고 한다. 그것은 당시 인도 사회의 철학적 성찰 가운데 주류를 이루고 있던 전변설(轉變說)이나 적취설(積聚說)에 대응하는 불교적 이론의 밑바탕이었다. 대승불교의 발전된 논리에서는 연기를 더욱 심화시키고 구체화시켰다. 용수(龍樹)의 공관(空觀), 무착(無着)의 유식관(唯識觀), 그리고《화엄경》에서 강조되는 육상(六相)의 이론 등은 모두 연기를 밑바탕으로 이룩된 가르침이다.

인간에게 중요한 단서가 되는 인식은 삶의 상호 연관성이다. 즉 개별적 자아에 집착하는 것이 아니라, 그 개체적 자아가 어떻게 우주적 자아로 승화되느냐 하는 인식의 전환이 문제이다.

개나리는 노랗다. 진달래는 빨갛다. 그들은 각자의 특수성, 이상(異相)을 지님으로써, 자연이라는 전체의 조화, 동상(同相)을 이룩하는 것이다. 거꾸로 그 개체의 특수성이란 것은 전체가 지녀야 할 동질성과 일치되지 않으면 안 된다. 또한 전체는 완전한 성취, 성상(成相)을 목표로 해야만 한다. 그것을 위해서는 자기 헌신 내지 자기 희생, 괴상(壞相)이 뒤따라야 한다. 집을 완성하려면 성상(成相) 나무를 자르는 일, 괴상(壞相)이 있어야 한다. 잘리운 나무는 각자의 자기 헌신에 따라 대들보가 되기도 하고 서까래가 되기도 한다. 문짝이 되기도 하며 창틀이 되기도 한다. 그 자기 희생을 통해 집이라는 완성이 이룩될 수 있다. 이 원리는 개인과 사회 사이에 행해져야 할 윤리와 형이상학이다. 개인이 곧 사회며, 사회가 곧 개인이다.[14]

음은 서로 의지해서 서 있을 수밖에 없다. 하나가 쓰러지면 나머지도 쓰러지게 됨과 같이 만물이 서로 관련되어 있다는 뜻이다. (雜阿含, Ⅱ, p.65).
14) 《화엄경》에서는 十錢의 비유로 설명한다. 개인을 동전 한 닢에 비유하고, 사회를 여럿이 모인 집단이라는 뜻에서 동전 열 닢으로 비유한다. 그러면 동전

우리에게 남은 문제는 과연 이 탁월한 이해가 실천될 가능성이 있는가 하는 방법론적인 문제가 있을 수 있는 것이며, 그 실현이야말로 불교가 현대사회 속에 적응할 수 있는 발판이 될 수 있으리라고 본다.[15]

이제 정법을 구현하는 보살의 이상을 요약해 본다. 보살이 지녀야 할 정법사회의 수행을 불교에서는 보살도라고 하며, 그것은 자비에 바탕을 둔 실천적 이타행을 가리키는 말이다. 또 그 수행을 통해 열반의 피안을 얻는다는 뜻에서 특별히 바라밀다(Pāramitā)라고 지칭하기도 한다.

(1) 한없는 베풂[布施]

베풀라. 재물을 구하는 자에게는 재물을 주고[財施], 진리에 목마른 자에게는 가르침을 주라[法施]. 궁극적으로는 모든 중생이 두려움 없는 삶을 누릴 수 있도록 하라[無畏施]. 이것은 여섯 가지 바라밀 중에서도 제일 첫번째로 열거되며, 그 발상은 자리(自利)에서 이타(利他)에로의 정신적 전환을 뜻하고 있다.[16]

(2) 윤리적 생활[持戒]

산 목숨을 죽이지 말라[不殺生]. 도적질하지 말라[不偸盜]. 음행하지 말라[不邪淫]. 거짓말하지 말라[不妄言]. 술 마시지 말라[不飮酒]. 이 다섯 가지 계율이 중심이 되어 비구 250계, 비구니 348계가 형성된다. 이 윤리는 소극적 자기 수도에 빠지는 것이 아니라 적극적 이타행의 방향으로 발전하게 된다. 대승불교에서는 그것을 삼취정계(三聚淨戒)라

한 닢이 곧 동전 열 닢이라는 算式이 성립된다. 동전 한 닢은 열 닢이다. 왜냐하면 열 닢이란 한 닢이 없으면 있을 수 없기 때문이다. 개인은 곧 社會이다. 개인이 없는 사회는 존재할 수 없기 때문이다. 그 역도 마찬가지이다.

15) 拙稿, 〈平和와 協力의 原理로서의 佛敎〉(1976, 東國大, 《佛敎와 現代世界》, pp.152~153).

16) 鎌田茂雄, 《現代社會와 菩薩道》(Ibid., pp.292~293).

고 부른다.[17]

(3) 참고 용서하는 마음〔忍辱〕

세상의 고난과 박해를 견디는 일이다. 악의 탁류를 거슬러 올라가며, 혹은 진실이 굴곡되더라도 상대방을 탓하지 않고, 늘 겸손한 자세로 역경을 이기는 실천을 가리킨다.

(4) 진실하게 살아가는 일〔精進〕

참된 길을 묵묵히 견지하는 행위를 말한다. 좋은 결과는 결코 요행이나 나 이외의 외부적 조건으로 얻어지지 않는다. 좋은 결과를 바라기 전에 착한 원인을 삼고, 가꾸는 행위의 중요성을 말한다.

(5) 본래의 나를 회복하는 일〔禪定〕

선정은 원래 정신을 통일하고 안정시킨다는 뜻이다. 외부 지향적 성향 대신에 차분히 자신의 모습을 응시함으로써 무한한 가능성의 자신을 계발하고 실현한다는 뜻이다.

(6) 지혜〔智慧〕

우주의 실상을 파악하고 생명의 당위를 깨닫는 참된 지혜를 중시한다는 뜻이다. 그 반대말은 사견이며 단견이며, 향락적 태도이다.

이 여섯 가지의 실천 덕목은 결국 보살이 여러 사람들을 깨달음으로 인도하는 방편이다.[18] 이것에 의하여 정법은 실현될 수 있다.

---

17) 《菩薩地持經》. 1. 攝律儀戒: 앞서 열거한 오계 등. 2. 攝善法戒: 착한 행위를 적극적으로 행하는 것. 3. 攝衆生戒: 중생을 궁극적으로 부처로 성숙시키는 행위.

18) 방편으로서 강조되어온 실천 윤리는 특히 37조도품이라고 부른다. 그 가운데 가장 핵심적인 것으로는 이곳에 설명한 육바라밀 이외에 四攝과 四無量이 있다. 사섭이란 첫째, 베품〔布施〕, 둘째, 부드러운 말과 행동〔愛語〕, 셋째, 身・口・意를 통해서 선행으로 다른 이에게 이익을 가져다주는 일〔利行〕, 넷째, 상대방의 입장에 서서 행동 하는 일〔同事〕 등이다. 사무량이란, 첫째, 남에게 기쁨을 가져다주는 일〔慈〕, 둘째, 다른 이의 고통을 제거해 주는 일

미래사회를 계도할 불교적 이념은 다음과 같은 세 가지로 집약될 수 있다고 생각한다. 첫째는 이기심과 경쟁원리 속에 놓인 인간성을 회복하는 일과 두번째는 인류의 미래에 대한 행복을 창조하는 힘의 원동력으로서 승가가 재건되는 길이다. 세번째는 생명과 환경문제에 불교계의 적극적 관심과 함께 올바른 실천 윤리를 정립하는 일이다. 이 세 가지 이상은 새로운 정신 변혁이 뒤따를 때 비로소 가능한 일인 것이다. 이제 불자들은 맹목적인 신행의 강조보다는 그 질적 변환을 도모해야 할 때라고 생각한다.

3. 남기는 말

현대 사회는 다변화와 과학화를 그 특징으로 삼고 있다. 다만 미래학자들은 세계를 주도해 온 힘의 균형이 동아시아로 이전될 가능성을 조심스럽게 예측하고 있다. 인류 문명의 중심축은 그리스-로마-영국을 거쳐 미국에 이르고 있다. 문명의 축은 결코 회귀하지 않는다는 논리에서 보면 그 순환의 다음 기착지가 한국·중국·일본의 삼국을 잇는 기지가 되리라는 전망이다. 이것을 환태평양 구도라고 말한다. 실제로 러시아 붕괴 이후의 미국이라는 초강대국의 독주가 언제까지 계속되느냐 하는 것은 인류 모두의 관심사이다. 그 강력한 대응세력이 중국일 수 있다는 예측 또한 이 환태평양 시대의 도래를 뒷받침하고 있다. 또한 미래의 인류문명이 '문화'를 매개로 하는 '만남(Encounter)'일 경

일〔悲〕, 셋째, 상대방의 좋은 일을 함께 기뻐할 줄 아는 마음씨〔喜〕, 넷째, 자만심이나 이기적 마음을 버리는 일〔捨〕 등이다.

우에는 이 동아시아 세 나라의 사상적 공통분모인 불교에 주목하지 않을 수 없다. 따라서 미래의 한국불교는 더 이상 문화재 보호구역이나 관광자원으로서의 불교 이해수준에 머물러 있어서는 안 된다. 특히 재가신자들이 수행해야 할 이념적 목표는 생활불교·지성불교의 현양이다.

생활불교란 우리들 일상적 삶의 궤적이 불교적으로 윤색되어야 한다는 뜻이다. 대부분의 한국 재가신자들이 여전히 개인적인 입신출세와 가족의 안녕만을 염두에 두는 신앙체계를 갖고 있는 것은 본인이나 불교 모두에게 불행한 일이다. 미래의 재가 불교운동은 철저한 불교적 가치관, 보살정신의 함양과 실천 쪽으로 그 의지를 뭉쳐 나가야 한다. 지성 불교는 부처님 가르침에 대한 현대적 응용을 의미한다. 불교는 언제나 새롭게 해석되어야 한다. 새로운 불교란 여태까지 없던 불교교리를 만들어낸다는 의미가 아니다. 오늘의 '문제'를 불교적 시각에서 조명하고 그 불교적 해결을 도모해야 한다는 뜻이다. 미래사회 속에서도 출가승들의 입지는 위축해 가리라는 전망이다. 그러나 출가승들의 고유 영역은 상존(尙存)할 수 있다. 바로 '도덕적 청정성'의 면에서 불교적 권위는 여전히 생명력을 지닐 수 있다고 본다. 즉 수도를 소중하게 간직한 채 미래사회의 도덕적 스승으로서 존재해야 한다. 따라서 미래 사회의 출가·재가(在家) 위상은 그와 같은 균형 위에서 화합 발전해 나가야 한다.

미래 불교의 관건은 바로 불교 사회화(Socialization)에 달려 있다고 해도 과언은 아니다. 사회화란 인간화(Humanization)이며, 결국 불교는 중생계 속에 있어야 한다는 초기불교나 대승불교의 이념적 당위성을 나타내는 개념일 뿐이다. 따라서 불교 사회화는 외형적 성장보다는 내면적 공감대 형성에 주력해야 한다. 우선 사찰을 보다 친화적 공간으로 탈바꿈시켜 나가야 한다. 이를테면 불교 문화강좌·어린이

교실·주부클럽 운영·도서관 설립 등 사업을 꾸준히 진행시켜야 한다. 전통 사찰의 경우에는 여름철 두 달을 일반인들에게 개방하도록 하고 주변의 각종 문화행사들을 적극적으로 유치해야 한다. 자연히 선방 등 수련시설은 본사보다는 별도의 암자로 이전 수용하는 것이 바람직하다. 신행단체들의 경우에도 보다 적극적인 사회화의 노력이 필요하다고 본다. 초보적인 단계로는 불우이웃 돕기·소년소녀가장 돕기·불교환경감시단 발족 등을 주도할 수 있다. 그러나 다음 단계로는 소비자연맹운동·북한 등 제3세계 포교문제·종무행정 전산화·인터넷포교 등을 집중적으로 개발해 나가야 한다. 마지막 단계로는 사찰 주변 생태계 보존운동·싸이버 법당 운영·국제불교교류체 결성 등을 집중적으로 계발해 나가야 한다.

미래사회의 불교는 결코 허장성세를 내세우는 교세확장에 있지 않다. 오히려 부처님이 표방해온 진여의 세계에 우리가 얼마만큼 가까이 다가서 있느냐 하는 실천의 문제이다.

문명의 충돌, 우연인가 필연인가?

1. 힘의 논리는 계속되고 있다

　20세기는 적자생존의 논리가 지속되어 온 세기였다. 두 차례에 걸친 세계대전과 정치이데올로기의 대립이 노골화되었을 뿐 아니라 인종적 종교적 분쟁도 끊임없이 이어졌다. 베를린 장벽이 무너진 후 급격히 냉전시대가 막을 내리고, 곧이어 EU연합이 출범할 때까지 잠시 우리는 폭력의 종언이라는 장밋빛 환상에 젖기도 하였다. 21세기는 '문화의 시대'이리라는 예언은 적중하는 듯하였고 성급하게 '화해와 협력'을 외치는 목소리들이 높아 갔다. 그러나 총칼이 사라진 곳에서는 경제라는 새로운 무기가 등장하였고, 무역전쟁이라는 말이 생길 정도로 국가간의 경제적 대립은 심화되어 갔다. 급기야 금세기 초반에 있었던 미국에 대한 자살 테러와 곧 이은 아프간 전쟁사태로 우리는 또 다른 전쟁의 공포에 휩싸이고 있다. 미국은 테러와의 전쟁을 선포하였고, 반면 아프간은 이 대결을 범 아랍권의 연합과 종교대결로 몰고가려는 의도를 분명히 하고 있다. 이번 전쟁은 단순한 테러와 보복이라는 관점만으로 설명할 수 없는 복합성을 띠고 있다. 팔레스타인을 무대로 한 피의 윤회는 이미 기원전 10세기로 거슬러 올라간다. 삼천 년을 이어온 끝없는 반목, 친 이스라엘 노선을 걸을 수밖에 없는 미국 내의 복합적인 인종적 양상, 서구문명의 도래를 침탈로서 규정하는 아랍 원리주의자들의 민족주의 노선 등이 얽히고 설킨 복잡다단한 구조이다.

이 시점에서 분명한 사실은 다음과 같은 두 가지로 요약된다. 첫째 모든 종교는 평화의 수호자로서의 본분을 지켜야 한다는 점이다. 과거 우리는 종교가 오히려 폭력적 상황을 조장하는 역할에 있었다는 점도 인정해야 한다. 둘째 문명간의 충돌은 필연적이지만, 공멸(共滅)로 이어지게 해서는 안 된다는 점이다. 다종교상황의 올바른 가치관은 진리를 향한 겸허한 자세일 뿐 아니라 상대방의 가치를 인정하는 상대주의적 입장을 견지해야만 하는 것이다.

과거의 전쟁은 그 본질이 영토적 분쟁 내지는 민족주의적 갈등이었다. 예를 들면 앙골라의 내전이라든지 북 아일랜드의 분쟁, 르완다 내전 등이 그것이다. 탈 식민지적 양상을 띤 동 티모르 사태나 소말리아 전쟁, 스리랑카의 내전 또한 넓은 의미로 보면 인종분쟁이라고 볼 수 있다. 그러나 이번 아프간 전쟁은 테러에 대한 응징이라는 미국의 호소와는 달리 종교적 대립이라는 양상을 띠어 가는데 문제의 심각성이 있다.

요즘 각광을 받는 사무엘.P.헌팅턴은 21세기에 이르면 다음과 같은 세 가지 주요 취약부분에서 문명의 대결이 벌어질 수 있다고 분석한 바 있다.[1]

1. 인도의 정치학자 마부바니(K. Mahbubani)가 언급한 '서양과 비

---

1) Samuel.P.Huntington, *Foreign Affairs*(pp. 22~49). 문명의 충돌이라는 이 분석논문은 1996년 뉴욕에서 출판된 바 있다.

서양 사이의 균열
  2. 서구와 동구, 즉 프로테스탄의 영향권과 가톨릭, 혹은 정교회 사이에 벌어질 수 있는 충돌 가능성
  3. 범 기독교세계 대 이슬람의 연합권 대립
  이 세 가지 유형은 과거의 분쟁 양상과는 달리 종교적 대결 가능성을 시사하고 있다는 점에서 주목을 모은다. 불행히 이 분석은 예언자적 성격으로 현실화되고 있다는 면에서 더욱 자극적이다. 그러나 이와 같은 도식 또한 서구적 편견에 불과하다는 반론도 있다. R. 프리들리(Friedli)는 이 헌팅턴의 분류방식을 다음과 같이 통렬하게 비판하고 있다. "어디든 이슬람이 출현한 곳에는 피비린내나는 전선이 형성되었다는 헌팅턴의 단정을 통해 우리는 이런 식으로 세계를 가위질하는 것이 얼마나 위험천만한 발상인가 하는 사실을 잘 알 수 있다."[2]
  즉 헌팅턴의 사고(思考) 속에는 이미 서양적, 기독교적 잣대로서 다른 종교와 문명을 이해하려는 배타적 시각이 감추어져 있다는 비판이다. 우리는 종교 이데올로기가 개인과 국가의 운명을 판단짓는 중세적 시대를 살고 있는 것이 아니다. 따라서 보편 타당한 진리를 추구하는 모든 종교에 대해서 보다 객관적인 접근과 이해가 필요하다. 바로 이 점에서 오늘의 분쟁을 해결하는 종교적 기여가 발견될 수 있으며, 그를 향한 공동의 노력이 절실히 필요하기도 하다.

---

2) Richard Friedli, "새로운 천년과 유럽에서의 평화-종교들의 역할(The New Millennium & Peace in Europe - The Role of Religions)", 가톨릭 종교문화연구원 제3회 국제학술발표의 주제논문(p. 9) 참조.

2. 종교간의 협력가능성

　평화를 애호하고 자비를 실현해야 한다는 점에서 종교적 실천의지는 동일하다고 말할 수 있다. 다만 이와 같은 윤리적 실천에 선행하는 가치 판단의 기준에서 여러 종교는 상이한 면모를 보일 수밖에 없다. 특히 절대신념체계를 지닌 유일신적 원리의 입장에서 보면 상대방은 언제나 차선이 될 수밖에 없다. 문제는 내가 절대이기 때문에 상대방은 무시될 수 있다는 논리가 만연하는 데 있다. 내 것이 소중한 만큼 남의 것도 소중할 수 있다는 상대적 가치관은 설 자리를 잃고 마는 것이다. 따라서 문제의 초점은 나와 남의 상이성을 인식하는 데서 출발해야 한다. 종교는 결코 선민적 배타의식에 젖어서는 안 되는 것이다. 오늘날 세계의 여러 종교들 가운데 이 선민의식으로 세계를 평가하려는 안목은 예상 외로 많다. 아직도 그리스도인들은 미개한 세상에 자신의 거룩한 문명을 전달해야 한다는 소명의식에 젖어 있다. 이 소명적 자각은 역사의식이라는 미명으로 호도되고 있다. 이슬람은 일체의 비무슬림을 이교도로 구분 짓는 경향이 있다. 또 이와 같은 종교이데올로기가 간접적으로 영향을 끼친 결과로는 유대인들의 선민의식, 미국사회의 백인 우월주의 등을 들 수 있다.[3] 따라서 권위의식을 배제하는 협동적 원리로서 우리는 다음과 같은 몇 가지 방안을 제시할 수 있다.

　1. 수평사고로의 전환 : 모든 생명은 동반자적 관련 속에 존재한다.

---

3) Ibid. 프리들리는 종교의 유형을 크게 둘로 나누었다. 유일신적 원리를 가진 硬性 종교와 범신론적 경향의 軟性 종교가 있다고 보았다. 이들 두 태도는 신학적 핵심에서부터 사회적 결과, 심리적 정서, 전략적 태도 등이 모두 판이할 수밖에 없다고 분석하였고, 이들 경성 종교가 빚는 여러 가지 문제점들이 오히려 파괴를 정당화시키고 있다고 본 바 있다.

어느 존재가 우월하냐 하는 주장은 무의미하며 자연계의 여러 존재들 또한 본질적으로 당위성(當爲性)을 지닌다.

  2. 상의상자(相依相資)만이 살 길이다 : 존재는 대립적이 아니라 상호의존적이다. 생명의 궁극적 완성은 이 상관관계의 정착을 통하여 이루어진다는 자각을 말한다. 서로의 대결은 파멸을 부르지만, 협력은 공생의 씨너지 효과를 이룰 수 있다.

  3. 조화와 협력의 원리 : 따라서 경쟁만이 능사일 수 없다. 공동선을 추구하기 위한 노력, 서로의 값진 경험을 나누는 자세 등이 요구된다.[4]

  유일신적 절대신념체계 속에서도 가장 문제가 되는 이들은 과격한 원리주의자들이다. 타협과 양보 대신에 다른 종교에 대한 맹목적 거부와 증오로 무장한다. 그러나 세계와 존재는 다양성을 아름다움의 본질로 한다. 세계는 '다름'을 인정받을 권리가 있지 않은가. 종교 사이에는 엄연한 차이가 있을 수 있다. 이 차이를 그대로 인정할 줄 아는 지혜야말로 종교상생의 첫걸음이다. 오늘날 종교가 조복(調伏)시켜야 할 대상은 결코 상대방 종교가 아니다. 물질만이 행복을 보장한다고 믿는 즉물적(卽物的) 경향, 요행으로 성공을 거머쥐려는 사행성 한탕주의, 관능적 쾌락만이 유일의 목표인 양 행동하는 졸부근성들이 모두 종교적 감화의 대상이 되어야 한다. 가진 이들에게는 겸양의 미덕을 일깨우고 억울한 이들에게는 희망을 줄 수 있는 발전적 종교의지들이 이 시대의

---

4) 초기 불교경전에는 그 원리를 四攝, 四無量 등으로 가르쳤는데, 가장 현실적인 것은 六和敬이라고 볼 수 있다.
  身和共住: 몸으로 화합하여 함께 살라.
  口和無諍: 입으로 화합하여 다투지 말라.
  意和同事: 뜻으로 화합하여 같이 일하라.
  見和同解: 같은 견해를 갖도록 힘쓰라.
  戒和同修: 같은 윤리의식을 지니라.
  利和同均: 이익을 균등하게 나누라.

지배적 경향으로 나타나야 하는 것이다.

그러나 우리 주변의 종교들은 여전히 집단적 물량주의, 제국주의적 통일의식, 선민적 권의주의로서 중생들 위에 군림하려 하고 있다. 종교의 가치관이 제대로 실현되려면 박해와 질곡의 터널을 빠져 나와야만 한다. 또 종교적 실천이란 혁명적이라기 보다는 온건하고 내면적이다. 따라서 자칫 그 종교적 기여는 과소평가될 수도 있다. 그러나 동시에 우리는 종교적 화합의 모델을 제시한 몇몇 탁월한 예를 알고 있다. 마하트마 간디(Mahatma Gandhi)의 비폭력운동이나 틱낫한(Thich Nhat Hanh)의 참여불교운동 등이 그것이다. 이들의 종교운동이 끼친 사회적 영향은 다음과 같은 세 가지 면에서 중요한 의의를 지닌다. 첫째 사회적 파괴심리의 통제이다. 군중(Mass)은 언제나 단적이고 물질적인 경향을 가진다. 가장 합리적인 개인일지라도 군중심리 속에서는 그 개인적 목표는 상실된다. 이 집단 최면은 혁명을 낳고, 사회붕괴를 유발한다. 2차 세계대전시의 일본 군국주의 나치 독일 등이 모두 이와 같은 상태에 속한다. 즉 이들의 종교운동은 그 사회적 집단파괴심리를 안정시키는 데 결정적 역할을 하고 있다. 둘째 사회정의의 실현에 기여한다는 면이다. 인류가 추구해온 보편가치의 하나는 개인의 행복과 사회정의의 실현이다. 토인비 식으로 말하면 건전한 중산층의 육성이 바로 사회정의 실현의 지름길이다. 이들의 종교운동은 결과적으로도 중산층이 갖는 일상적이고 합리적 종교 수용태도에 크게 기여했다고 보여진다. 셋째, 평화를 정착시키는데 큰 기여를 보여준다. 분쟁대신에 타협을 전투 대신에 평화를 정착시키는 종교의 본령이 실현되고 있다는 면이다.

또 우리는 각종 재해나 사회혼란의 와중에서 종교인들이 보여주는 감동적 헌신의 사례를 알고 있다. 지금 이 순간에도 세계의 여러 음지(陰地) 속에는 어김없이 종교인들의 따스한 손길이 스며 있다. 따라서 그와 같은 종교적 실천모델들을 모든 종교의 지향점으로 삼는 공동적 노력이 종교간 협력의 첫걸음이 될 수 있다. 그런 의미에서 최근의 한국 종교인들이 재가연대, NGO운동 등에 동참하고 있는 것은 매우 고무적인 일이라고 생각한다.

3. 한국도 종교갈등의 무풍지대는 아니다

현대의 한국은 유례없는 다종교상황을 맞고 있다. 교세만으로 분석하면 불교·개신교·가톨릭·원불교·증산교·천도교 등이 한국인의 종교분포 가운데 절반이상을 차지하고 있다. 이 가운데 종교대립의 양상이 가장 극심한 부분은 불교와 개신교의 갈등이다. 이것은 부적절한 선교정책에서 빚은 필연적 과보이다. 불교계에서는 1995년 이래 훼불전시관을 운영할 정도로 그 갈등의 폭은 증폭되고 있다. 물론 일부의 광신적 행태라고 치부할 수도 있겠지만, 그 여파는 불교인 스스로를 적개심으로 무장시킨다는 데 있다. 관용을 표방해온 불교가 스스로를 지킨다는 명분 아래 투쟁적 자기보호의 기치를 선명히 한다는 점은 매우 불행한 일이다. 최근의 원주 경승실 사태에서 보는 대로 여전히 한국 종교 내부의 갈등은 진정되지 않고 있는 것이다.

이제 한국의 개신교는 그 배타적 선민의식 대신에 기존 종교와의 융합이라는 질적(質的) 승화를 도모해야 할 때라고 본다. 과거의 선교전략이 결과적으로 선진적 문화주입의 첨병이었다는 점에 대해서도 겸손하게 반성해야 할 부분이다. 가톨릭교단에서는 이미 신학의 토착화 강좌를 통해 한국적 민족종교와의 융합을 시도하고 있다.[5] 그러나 개신교에서는 여전히 구체적인 대안이 마련되지 않은 것으로 보인다. 물론 개교회(個敎會)주의에 익숙한 한국 개신교단의 조직과도 관련이 있지만, 보다 적극적인 노력이 필요하다고 생각한다. 윤성범(尹成範, 1916~1980), 변선환(邊鮮煥, 1927~1995) 등은 그와 같은 노력의 선봉에 선 선각자들이었다.

앞으로의 한국종교는 더 이상 교세나 교당 등의 숫자로 우열을 판단하는 수량적 의미에 매달리지 않으리라고 본다. 개별적으로는 각자가 스스로의 종교적 진리에 '얼마나' 가까이 다가섰느냐 하는 질적 판단이 중요할 것이며 전체적으로는 사회에 대한 기여도가 그 종교를 판단하게 하는 열쇠가 될 전망이다.

불교는 오랫동안 민족제일종교로서의 성가를 누려왔다. 그러나 문화재를 지키는 골동품적 가치와 과거의 영광에만 묻혀 사는 태도는 바람직스럽지 못하다. 오히려 내일의 창조적 문화를 창달하려는 의지로 그 사회헌신의 방향을 재편해야 한다. 즉 순수불교의 상황에서 응용불교(Applied-Buddhism)에로의 전환이 요구되고 있는 것이다.[6] 순수불교란 재일(齋日)을 준수하고 불공을 올리는 일에 만족하는 불자를 의미한다. 반면 응용불교란 오계(五戒)의 정신이 현실 속에 응용되고, 자비의 발걸음이 보다 먼 곳에까지 이르게 하려는 노력의 결집을 뜻한다. 즉 앞서 말한 사회정의의 실현, 조화로운 문화의 정착, 대중적 격정심리의 순화 쪽으로 불교의 힘을 응집시켜 나가야 한다.

우리가 주장하는 점은 결코 모든 종교의 차별성이 무시된 종교 공동체를 완성하려는 것이 아니다. 서로를 섬멸시키려는 태도가 아니라 공

---

5) 한국 천주교중앙협의회에서 주관하고 한국사목연구소에서 간행하는 토착화연구 발표회는 이미 51회에 걸쳐 진행되었다. 그중 35회는 도교, 36회는 불교, 37회는 유교, 47회는 개신교였으며 〈공동체관의 토착화〉라는 제목으로 그 연구결과를 집대성한 바 있다.
6) 拙稿, 〈新乘佛敎 도래론〉《불교평론》제1집, 1999년 가을호 참조).

존과 상생(相生)의 입장을 정착시켜야 한다는 점이다. 이 공동적 인식이야말로 21세기 종교의 목표여야 하며, 그 진리의 길을 걷는 도반(道伴)으로서 이웃종교의 협력은 절실히 요구된다고 하겠다.

불교윤리와 생명복제

1. 과학문명의 추이(趨移)

　인류의 삶에 있어서 과학문명의 영향을 어떻게 평가하느냐 하는 점은 복잡 미묘하다. 두말할 나위도 없이 과학은 삶의 편의와 질적(質的) 향상을 이루어 왔다. 특히 정보통신의 눈부신 발전은 이제 지구촌이라는 단어를 실감케 하는 단계에 와 있다. 반면 그 부정적 측면은 과학적 관심이 지나치게 물질적인 일에 쏠림으로써 몰가치(沒價値)·몰개성(沒個性)이 초래된다는 점이다. 즉 홍수처럼 쏟아지는 정보 속에서 창의력의 마비가 필수적으로 야기될 수밖에 없다. 그러나 과학을 떠난 인류의 삶은 상상할 수도 없으려니와 또 전개될 수도 없다.
　다가오는 21세기를 정보화의 시대로 규정한다면, 과학문명에 대한 일반적 우려는 보다 심화(深化)될 수밖에 없는 상황이다. 이제 우리는 과학의 '궁극적 관심(Ultimate Concern)'에 대해서 진지하게 논구해야 할 때이다. 과연 인간의 행복은 물질적 풍요와 생활의 편리만으로 보장되는가. 정보의 공유(共有)는 반드시 유용한 것인가. 거리와 시간의 단축은 혁명적이기는 하지만, 그 단축된 만큼의 여유가 내 것이 될 수 없다면, 엄밀한 의미에서의 발전이 될 수 없지 않은가. 냉전시대의 군비(軍備)경쟁에서 우주개발경쟁에 이르기까지 엄청난 투자가 이루어졌지만, 여전히 우리들 주변에는 기아와 질병에 시달리는 인류들이 있다. 별의 신비를 캐는 일이 중요한가, 아니면 휴머니즘을 실천하는 일이 더욱 값진 것일까. 불행히도 이와 같은 근원적 논의들은 언제나 탁상공론에 그치고 말았다. 철학이나 종교는 준엄하게 꾸짖기만 했을 뿐이며, 과학은 제 갈 길을 총총걸음으로 걸어가고 있을 뿐이다. 또 과학이 이룩한 업적을 모든 종교는 철저히 누려가고 있는 이율배반이 전개되고 있는 것이다. 불교적으로 말한다면 이른바 '나뭇잎만 보고 숲을 보지 못하는' 어리석음에 빠져 있는 것이다. 그렇다고 해서 과학과 종교가 서로 대립적인 입장만을 견지한다는 뜻은 아니다. 특히 불교의 입장은 이 양자의 괴리를 메꿀 수 있다고 생각한다. 과학은 이성(理性)과 합리를 바탕으로 발전한다. 따라서 분석적이며 논리적이다. 초기불교 이래 대승불교에 이르기까지 불교적 선언의 특징은 지성과 논리이다. 에드워드 콘제(Edward Conze)의 명쾌한 지적처럼 '불교는 결과보다는 경과를 중시하는 종교'이기 때문이다. 우리가 문제 삼고 있는 생명복제 또한 마찬가지의 입장에서 이해할 수 있다. 그 윤리적 문제를 제기할 수는 있겠지만, 신학적 도전이라는 이유 때문에 반대한다는 것은 어불성설(語不成說)이다. 생명창조가 신의 영역이라는 주장은 기독교적 확신에 의거한 '가설(假說)'일 따름이다. 이와 같은 주장은 폐쇄적일 뿐 아니라 중세적(中世的)이며 시대착오적이다.

사실 생명복제의 문제는 충분히 예견되었던 점이다. 과거의 시험관아기 출현 때에도 그 악용에 대한 우려는 제기된 바 있다. 이성간의 사랑이 전제되지 않는 2세 출현이라는 면에서 가치관의 혼란을 우려했던 것이다. 그러나 오늘날, 이 문제는 오히려 긍정적인 면이 더 눈에 뜨인다. 불임 부부를 위한 시술로서만 활용된다면, 그것은 과학의 쾌거로까지 불릴 수 있다. 그 이후 신체 장기(臟器)에 대한 이식수술이 혁신적으로 발전하였고, 지금은 생체(生體) 실리콘의 보급도 일반화되고 있다. 물론 아직까지는 초보적인 보조수단의 역할 정도이지만, 현재의 발전 추세로 본다면, 기본적 장기를 인공적 부품으로 교환하는 단계도 그리 멀지 않았다고 본다. 생명복제의 경우에도 계발의 여지는 많다. 유전자 결합에 의한 세포복제의 경우에도 계발의 여지는 많다. 유전자 결합에 의한 세포복제의 경우에 그 외형은 흡사할 수 있다. 그러나 그 성품까지도 완전한 복제품이 될 수 있겠는가 하는 점은 문제이다. 또 대량생산이 가능해질 때, 생명복제의 윤리성이 제기된다. 더구나 원하는 유전인자의 합성이 가능하다면, 과거의 경험으로 보아 선용보다는 악용의 가능성이 높다. 유쾌한 상상보다는 불길한 쪽으로의 예상이 짙은 것이다.

 이제 우리는 과학의 윤리성을 거론하지 않을 수 없다. 최첨단 기술만을 선호하는 과학의 속성은 이제 재고(再考)되어야 한다. 무한한 상상력의 계발을 특권처럼 여겨 온 모든 시도들 또한 자제되어야 한다. 교차로의 붉은 신호등은 질주하는 차량을 멈추게 한다. 만약 그 붉은 신호등이 없을 때의 혼란을 생각해 보자. 불교는 현대 산업문명 속의 '멈춤 신호등'이어야 한다. 과학문명뿐 아니라 물신(物神)주의, 즉물(卽物)주의, 퇴폐적 허무주의 등이 멈출 수 있는 완충의 역할을 해야 한다고 생각한다.

2. 불교윤리의 본질

원래 윤리(Ethic)라는 용어는 에토스(Ethos) 즉 관습, 관행을 의미하는 라틴어에서 파생되었다. 서양에서는 일찍부터 인간의 특성을 이성(理性, Logos)에서 찾으려 했다. 고대에는 주로 아르케(Arche, 原質)에 대한 논구에 치중하였고, 중세까지는 주로 유일자에 대한 검증을 시도하였다. 실존철학이 등장한 이래, 또다시 이 이성적 특성에 대한 논의가 활발하다. 그 이성적 인간 특성의 실천적 전개를 윤리라고 이해한 것이다. 반면 동양의 사상 전통에서는 이성, 윤리, 감성, 의지 등을 개별적으로 분석했다기보다는 종합적 이해를 시도하였다. 따라서 불교윤리학의 이론은 불교사상의 총체적 기반 위에서 수립될 수밖에 없다. 논의를 선명하게 다루기 위해서 대승불교의 윤리적 관심을 정리하기로 한다.

초기불교 이래, 불교의 윤리적 관심은 오계(五戒), 업과 윤회, 연기(緣起) 등으로 압축되어 왔다. 그러나 당시의 불교윤리는 금계(禁戒) 위주로 설명되는 것이 통례였다. 물론 팔정도(八正道)의 경우처럼 적극적인 표현도 있었지만, 그 정신을 삼학(三學)으로 요약할 때는 역시 금계로서 나타나진다. 반면 대승불교의 입장은 보다 실천적이다. 육바라밀(六波羅蜜)·육화경(六和敬)·십지(十地) 등의 사상성이 천명하려는 것은 적극적인 중생제도, 즉 사회참여였다. 결국 대승윤리는 법화적 유심(唯心)사상에 바탕을 두고, 반야(般若)의 공관적(空觀的)이해, 화엄의 육상원융(六相圓融)을 윤리적 실천원리로 삼는다. 따라서 대승윤리의 핵심은 삼취정계(三聚淨戒)의 이상으로 설명할 수 있다. 이것은 보살계 사상이라고도 말하는데, 《범망경(梵網經)》·《보살지지경(菩薩地持經)》·《보살선계경(菩薩善戒經)》 등에 상세한 언급이 있다.

1) 섭율의계(攝律儀戒) : 그릇된 행위의 자제, 오계 등 근본계율의 준수
2) 섭선법계(攝善法戒) : 적극적인 교화행위, 보살행의 실천
3) 섭중생계(攝衆生戒) : 궁극적인 내면의 완성, 불도의 성취를 뜻한다.

《보살영락본업경》에서는 이 셋을 보다 구체적으로 설명하고 있다. 첫번째의 섭율의계란 십바라이(十波羅夷) 등의 죄업을 짓지 않는 일이라고 했다. 두번째의 섭선법계는 팔만사천법문을 통칭한다고 했다. 즉 불교사상의 궁극적 귀결점은 중생제도라는 것이다. 세번째는 섭중생계는 사무량심(四無量心)의 실천이라고 보았다.

다시 말해서 대승윤리는 가치(眞)와 현상(俗)의 양면성을 동시에 충족시킬 수 있는 방안을 제시하고 있다. 세속을 향해서는 정직한 삶이 요구되고 있다. 그러나 그것은 모든 생명의 동질성, 가능태(可能態)가 전제되어야 한다. 그때 비로소 동체대비의 실현이 가능하기 때문이다. 반면 진여의 세계를 향해서는 그 자비의 빛이 보다 세속적으로 전개해야 한다는 점을 강조하고 있다. 세속에 살지만, 부처라는 이상향을 지향하고, 열반에 있으면서도 세속의 아픔을 잊지 않는다. 이것이 색즉시공(色卽是空)이며, 불이(不二)이다. 대승 윤리는 세속과 열반을 동일선상에서 이해하고 있는 것이다. 불교가 이 사회에서 이룩해야 할 일은 결코 외형적 성장이나 교세 늘리기가 아니다. 오히려 '바람직스럽지 못한 현실'에 대한 자각을 통하여 '이상적 세계'로의 실현을 도모해야 한다. 그 가교가 바로 대승불교 윤리이다.

우리는 이와 같은 원리 위에서 현대사회의 제 문제, 증폭되는 갈등에 대한 적절한 해석이 가능하다고 본다. 앞서 지적한 대로 현실을 무조건 나무라기만 하는 것이 아니라, 실천적 원리의 제시로서 변환을 이루어 나갈 수 있다고 생각한다. 그것은 불교가 지닌 현대사회적 의의일 뿐

아니라, 영원한 생명력의 근거이기도 하다.

3. 생명복제는 다르마의 파괴

　우주 질서와 생명의 근원에 대한 동서양의 형이상학적 모색은 극히 대조적이다. 대체로 서양사상의 경우에는 인격적인 이해를 도모한다. 따라서 실재적이고 실천적인 존재가 생명 질서를 주관한다고 생각했다. 반면 동양사상의 경우에는 비인격적이며, 비실재적인 '그 무엇'으로 파악해 왔다. 고대 인도 종교에서 논의되었던 샷트(Sat, 有), 중국 종교의 도(道) 등은 이에 속한다. 불교에서는 그 근원을 제일의제(第一義諦), 진여(眞如), 법계(法界), 공(空) 등의 다양한 개념으로 설명해 왔다. 우주의 내면에는 보이지 않는 질서가 있고, 그 질서에 의해서 만물의 형평이 이루어진다고 생각하였다. 이 질서, 원리, 섭리를 다르마(Dharma)라고 한다. 생명 질서가 유지되는 다르마의 원리를 가장 소박하게 표현하면 연기(緣起), 즉 상의상자가 된다. 모든 사물들은 서로 의존해 있으며, 인과의 질서에 따라 끝없는 생주이멸(生住異滅)의 단계를 거듭한다. 그것이 윤회이다. 그러나 이 연기의 관계를 보다 철학적으로 설명하면 육상(六相)의 논리로 대변된다.

　육상이란 총(總)·별(別)·동(同)·이(異)·성(成)·괴(壞)를 말하는데, 총과 별, 동과 이, 성과 괴가 쌍을 이루는 대칭개념이다. 총(總)은 전체적인 모습, 총괄적 형태를 말한다. 모든 형상은 총상이 있고, 그것을 위해서는 별(別), 즉 개별성이 있어야 한다는 뜻이다. 만약 개별성이 전제되지 않는다면 전체적인 모습은 성립될 수 없다. 동상(同相)이란, 동질성을 가리키는 낱말이다. 동상이 이루어지려면 이상(異

相), 즉 개성이 존중되어야 한다는 의미이다. 산이라고 했을 때 그 동질성은 산이라는 일반적 이미지이다. 나무와 바위, 풀과 물 등이 어울어진 모습이다. 그러나 그 산의 모습을 갖추려면 개체적인 모든 사물들이 모였을 때 가능한 것이다. 마지막의 성상(成相)은 완성된 모습이다. 완성을 위해서 필요한 것은 자기 헌신, 자기희생 즉 괴상(壞相)이라고 했다. 자기희생이 없으면 결코 완성이란 있을 수 없다는 뜻이다. 이 관계를 도표로 적으면 다음과 같다.

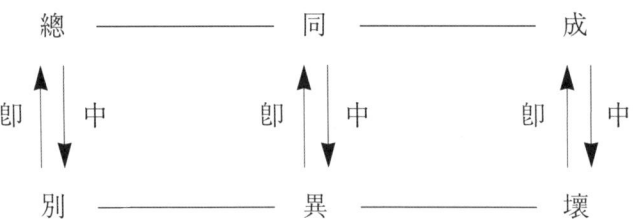

총이 되려면 별이 있어야 하고, 동이 이룩되려면 이가 선행해야 한다. 성을 이루려면 괴가 뒤따라야 한다. 그 거꾸로의 경우도 마찬가지이다. 따라서 이 육상은 사물 사이에 내재되어 있는 보이지 않는 '조화'에 대한 해설이다. 《화엄경》에서는 이것을 집과 나무의 비유 등으로 설명한 바 있다.

생명복제는 근본적으로 이 다르마를 파괴하는 일일 수 있다. 왜냐하면 육상의 틀 속에 있는 변이가 아니라 인위적인 조작이기 때문이다. 다음으로 야기되는 문제는 이 질서파괴에 따르는 업보이다. 이미 생태계파괴의 심각성은 과학뿐 아니라 철학·종교의 중심테마가 되고 있지만, 생명복제에 따른 파장은 엄청난 후유증을 잉태할 수밖에 없다. 오늘날 인류가 겪고 있는 심각한 양상들은 삼독(三毒)이 낳은 인과응보이다. 그러나 생명복제의 과보가 안고 있는 문제는 보다 가혹하다고 본다. 더구나 특수한 목적에 악용될 경우에 대한 보완책이 마련되지 않은 상황이기 때문에 그 개발은 중지하는 것이 마땅하다. 또한 생명복제를 생명 연장의 차원으로 이해한다면 더욱 우려할 만한 윤리적 문제가 제기된다. 가치지향성보다는 이기적 탐욕을 지향하기 때문이다.

끝으로 지적해야 할 점은 생명복제가 본질적으로 이익중생(利益衆生)의 불교윤리적 목표를 달성할 수 없다는 면이다. 불교윤리의 궁극적 목표는 중생의 삶을 변환시킴으로써 부처님의 삶으로 성숙시키는 질적 변환이다. 따라서 가치판단의 요체는 언제나 이익중생이냐 손해중생이냐 하는 관점으로 압축된다. 생명복제는 과학의 종언을 예견하는 암초일 수도 있다.

그러나 과거의 불교적 상상력 속에서 이 생명복제에 관한 언급이 있는 것은 무척 흥미로운 일이다. 《서유기》에는 손오공이 머리카락을 뽑아 자신의 분신을 만드는 장면이 등장한다. 현장의 천축구법을 극화한 소설이지만, 고대인들의 엄청난 상상력과 창의력을 보여주는 대목이다. 이제 우리는 그 가상이 현실로 나타나는 아이러니를 겪고 있다. 손오공의 분신은 '방편'으로 설명되고 있지만, 그 신통력에 대한 근원적 제동은 현장이라는 스님의 도력(道力), 즉 착한 마음씨로 상징되고 있다. 과연 생명복제에 대한 제동장치는 무엇인가? 오늘과 같은 다변화의 상황 속에서 만인이 공감할 수 있는 절대 영역을 설치한다는 것은 불가능한 일이다. 절대적 권위를 상정하는 일도 어려운 노릇이다. 그렇다면 결국 우리의 결론은 생명복제의 비윤리성에 대한 공감대의 확산뿐이다. 이성(理性)의 힘은 이성에 의해서만 멈추어질 수 있다. 또한 이성은 결코 만능이 아니다. 우리가 궁극적으로 관심을 가져야 할 것은 바로 인간내면의 자유, 그 초인격성의 현현일 수밖에 없다.

불교적 관점에서 본 기업윤리와 생산성

1. 위기의 한국 경제를 향한 불교적 고언(苦言)

　우리는 지금 21세기를 열어가는 시점에 서 있다. 지난 세기는 두 차례에 걸친 세계대전과 동서 냉전의 시기를 거쳐 참담한 경제 위기가 몰아닥쳤다. 사상사적인 관점에서 말한다면 20세기의 인류는 '힘의 논리'에 의하여 지배당해 왔다. 금세기의 전반이 노골적인 군사 전쟁의 시대였다면, 현재는 경제적 대결의 양상이다. 총칼이 돈으로 바뀌었을 뿐, 그 기저에 깔려 있는 것은 냉혹한 힘의 질서이다.
　특히 한국의 경우에는 이와 같은 금세기 발자취의 축소판이 전개되어 가고 있다. 외환 위기로부터 시작된 오늘의 현실은 이제 우리의 경제 체질뿐 아니라 가치관까지 변해야 한다는 주장을 낳게 하고 있다. 작년 연말부터 우리는 기업의 구조조정, 노·사·정의 연대, 실업자의 양산, 고금리 문제 등이 초미의 관심사로 떠오르게 되었다. 그 동안의 한국 경제가 지나치게 소비지향적이었을 뿐 아니라, 은행 빚에 의존한 허약한 거품 구조였다는 지적에는 이론의 여지가 있을 수 없다.[1] 더구나 선진국 진입이라는 장밋빛 환상 때문에, 눈앞에 닥친 경제 위기를 애써 외면해 버린 우(愚)를 범하고 말았다. 이것은 오랫동안 누적되어 온 정경유착, 도덕적 불감증, 관료사회의 경직성, 밀어붙이기식의 군사 문화적 발상 등이 총체적으로 어우러진 필연적 과보일 따름이다. 더구나 개인과 집단 이기주의에 물들어서 전체를 망각하는 소아병적 자세가 팽배해져 가고 있다.

따라서 국민 모두에게 이 위기를 극복할 수 있는 적절한 제안과 함께 희망적 비전의 제시가 필요한 시점이다. 어느 누구를 탓하고 단죄하는 일만으로는 문제를 해결하기 어려운 것이다. 오늘 우리가 문제 삼고 있는 경제 윤리와 생산성의 문제는 본질적으로 모순을 내포하고 있다. 생산이 활성화되려면 소비가 촉진되어야 한다. 소비가 촉진될 때 결국 호화사치풍조는 억제할 길이 없다. 기업이 건전한 윤리로서 무장할 때, 이윤의 극대화는 불가능하다. 따라서 이 딜레마를 조화롭게 극복하는 길은 경제 논리가 아니라 종교 논리로서만 가능한 일일지 모른다. 여기에 이 비극적 시대를 살아가는 종교의 존재에 대한 당위성이 있다.[2] 오늘의 한국 경제위기를 순수하게 종교적 관점에서 본다면 다음과 같은 다섯 가지 면에서의 반성이 가능하다.

1) 이윤추구가 기업의 궁극적 목표일 수 없다

한국 경제는 1960년 이후 단 하루도 발전하지 않은 적이 없다. 수출입국을 내걸면서 끊임없이 발전 신드롬에 매달려 온 것이다. 이윤을 남

---

1) 서울대학교 經濟科學研究會,《한국 資本主義의 展開와 性格》(한울, 1988) 및 조기준 고희기념논총,《한국 資本主義의 性格論爭》(태광문화사, 1989) 참조.
2) 中村 元,《宗敎와 社會倫理》(岩波書店, 昭和 44년).

길 수 없는 기업은 기업으로서의 존재 의미가 없다고 생각해 온 것이 병폐였다. 그러나 경제발전은 파도의 물결처럼 오르락 내리락하게 마련이다. 즉 국민들에게 성장과 퇴보의 자연적 이치를 이해시키지 못하고, 발전만을 지향하는 강박관념을 일반화시켰다. 퇴보를 현실적으로 받아들이지 못하는 국민은 나약하고 무기력하게 마련이다. 그러나 종교는 한결같이 겸양과 자기 반성을 가르친다. 이 종교적 논리의 정착은 오늘의 위기를 극복할 수 있는 첩경이다.

2) 소프트웨어적인 발상의 전환

구조조정, 인원감축 등 현재의 위기 타개를 위한 대책들은 한결같이 하드웨어적인 사고방식이다. 물론 대부분의 기업에서 인건비가 차지하는 비중이 절대적이고, 기업 회생의 직접적 동기부여가 감원이라는 것은 이해할 수 있다. 그러나 생산성의 질을 높이고, 노동자 개인들의 복리증진에 힘쓴다는 논리는 설자리가 없어진다. 노·사 양측은 봉급 몇 퍼센트 인상·삭감 등에만 매달릴 것이 아니라 생산성의 내용에 천착해야 할 때이다. 즉 '무엇이냐(What)'의 문제보다 '어떻게(How)'의 문제가 심도 있게 다루어져야 한다. 물론 이 문제에 있어서 각 종교들 또한 교세의 허장성세만을 내세우는 태도에서 벗어나야 한다. 신도숫자가 얼마이고, 교당의 숫자가 어떠하다는 도취에서 벗어나 '무엇을' 가르치고 실천하느냐 하는 '내용'이 문제되어야 한다. 다시 말해서 각자가 표방하는 진리의 내용에 얼마만큼 근접한 실천 의지가 있느냐 하는 점이 문제이다.[3]

---

3) 拙稿, 〈경제위기 상황 속의 종교언론의 역할과 과제〉(1998, 한국종교인 평화회의 주제발표논문).

3) 성숙한 노·사 관계의 정립

　한국의 노·사 관계를 논할 때, 우리는 양비론(兩非論)의 입장에 서지 않을 수 없다. 그 동안의 경제발전이 저렴한 노동력과 값싼 기술력에 의존해 왔다는 것은 주지의 사실이다. 또 일부의 기업주들이 권위주의적 발상으로 노동의 가치를 과소 평가해 온 것도 사실이다. 그렇다고 해서 무조건 노사를 대립적으로 인식하고 적개심으로 무장하는 것도 바람직한 일은 아니다. 두말할 나위도 없이 양자는 상의상자(相依相資)의 관련 속에 있다. 어느 누구를 매도하기에 앞서 스스로의 위치를 돌이켜 보는 대승적 자세가 필요하다. 지금까지의 모든 문제점들은 경제 파탄을 정치논리로서 풀어보려는 만용에서 비롯되었다. 따라서 중요한 일은 노사간의 신뢰회복이며, 경제논리의 정착이다. 꾸준한 노력만이 문제 해결의 열쇠이다.

4) Re-Structuring의 필요성

　여태까지의 경제논리가 '이윤추구'였다면 신경제 이념은 '복리증진'이어야 한다. 즉 이윤을 남기기 위한 생존 논리에서 어떻게 하면 보다 많은 생명들에게 이익을 가져다 줄 수 있느냐 하는 방향으로의 전환이 필요하다. 이것을 편의상 Re-Structuring이라고 불러 보았는데, 이점은 21세기의 사상적 전이(轉移)와도 관련이 깊다. 미래 학자들은 21세기를 정보화와 문화의 세기이리라 예상하고 있다.[4]
　문화라는 개념은 상호 융섭적이라는 뜻이며, 더 이상 대결일 수 없다는 함축이다. 즉 '만남'을 전제로 하는 조화와 협력의 필요성이 대두된

---

4) 東國大 開校 70주년 기념 세계불교학술회의 論叢,《불교와 현대 세계》, 1977.

다는 점이다. 따라서 현재와 같은 맹목적 영토 확장은 무의미한 시대가 도래할 것이다. 이럴 경우 기업의 구조조정, 사업 내용 또한 방향전환이 불가피하다고 생각된다. 미래 지향적 경제판도는 '복리증진'에 초점을 맞추어나가야 하는 것이다.

5) 작은 것이 실용적이다

기업의 문어발식 확장이 문제가 된 적이 있다. 그러나 그 과정은 군사정권하의 수출 지향적 경제논리로서는 정당한 것이었다. 오늘의 안목에서 당시의 시대 정황을 무시한 채, 무조건 단죄하려는 경향은 잘못이다. 마찬가지의 논리로 오늘날 이른바 벤처기업의 육성이라는 상황도 시의적절하다. 기업뿐 아니라 모든 사회 조직에서 선호되는 것은 '특성화'와 '전문화'이다. 이제 우리는 큰 덩치를 줄여 나가는 일에 주력해야 한다. 이 분열과 통합의 논리는 인류의 영원한 발자취일는지도 모른다. 따라서 물신주의(物神主義), 즉물주의(卽物主義), 그리고 초대형주의는 더 이상 우리의 체질에 맞지 않는다는 점을 자각해야 한다. 그럴 경우 모든 기업은 유망한 직종에 대한 집중 투자와 함께 전문가 육성에 주력해야 한다. 보편적 지식인에서 전문가로 초고속 대형 성장에서 점진적인 자기 영역 확보가 시급한 것이다. 즉 허장성세를 내세우기보다는 내면의 완성, 내실 보완을 중점적 과제로 설정하는 것이 바람직하다고 생각한다.

2. 경제논리와 불교윤리는 조화될 수 있는가?

현대사에 있어서 한국 경제를 지배해 온 논리는 공리주의적(功利主義的) 정의론(正義論)이었다. 이익과 행복을 가져다 주는 것이 선이기 때문에 최대 다수의 최대 행복은 정의라고 말할 수 있다. 그 구체적인 정의실현의 단계는 다음과 같이 집약될 수 있으리라고 본다.

소득의 극대화(빈곤 퇴치·다수의 행복 보장) ⇒ 고도성장(2차 산업개발·수출집약형) ⇒ 대기업 육성(내수보다는 수출 지향) ⇒ 공업화(기계·비철·중화학 투자) ⇒ 외자 배정(투자의 극대화)

그러나 이와 같은 공리주의는 몇 가지의 치명적인 결함을 잉태하고 있다. 첫째, 총량적(總量的) 성공을 기약한 대신, 개인의 권리와 소득의 분배에는 희생이 따를 수밖에 없다.[5] 둘째 소외계층, 특히 도시빈민 등의 양산이 우려된다. GNP의 지수와 상관없이 국가는 부유하지만 불행한 개인은 늘어갈 수 있다는 뜻이다. 셋째 부의 사회적 환원이나 정당한 분배보다는 왜곡된 사치풍조가 만연될 수 있다. 따라서 대다수의 국민들에게는 상대적 박탈감을 키워 간다. 또한 지식사회에서는 퇴폐적 냉소주의가 쌓여가게 되는 것이다.

불행하게도 이와 같은 논리는 인간중심적 세계관으로 포장되어 왔었다. 즉 F. 베이컨이나 M. 베버의 경우처럼 인간의 행복이 지상과제일 때, 자연은 당연히 그 희생물일 수 있다는 자가당착에 빠지게 된다.[6]

---

5) 邊衡尹, 〈경제성의와 市民倫理〉《한국자본주의와 경제윤리》, 아산사회복지사업재단, 1993).

이 입장에 서면 경제발전의 총아는 기술과 생산성이라고 본다. 기술과 생산성 향상을 위해서는 합리주의적 사고가 필요하고, 그 합리주의의 원천을 기독교적 휴머니즘으로 파악한 것이다. 그러나 그에 관한 반론도 만만치 않다. 화이트 2세(L.White. Jr)는 경고한다. "기독교적 자연개념은 중세 기술을 크게 발전시켰으며, 이러한 자연관이 오늘날과 같은 생태적 위기를 불러오게 되었다."(Lynn White. Jr. *"The historical roots of our ecologic crisis"* Science, March, 1967, pp. 1203~1207) 그는 이어서 창세기 1장 28절을 인용한다. "사람을 만들고 … 그에게 모든 것을 다스리게 하시고 … 땅을 정복하라"의 경우처럼 기독교적 세계관은 이성과 자연을 분리시킬 뿐 아니라 뉴턴 이후 확립된 기계적 세계관을 고착시켜 간다는 것이다.

이와 같은 기독교적 합리주의에 대한 반발로서 대두되는 것이 유교의 공리설(功利說)이다.[7] 그 현실적 샘플은 일본이다. 즉 일본의 경제발전은 결코 서구적 합리성으로는 해석될 수 없는 특징을 지녔다. 따라서 그 근본 정신은 유교적 혈연주의, 공리주의, 실사구시(實事求是)에서 찾아보려 한 것이다. 유교의 공리설은 '최대 다수의 최대 행복'이라는 서구적 공리주의와는 다른 사상 경향이다. 즉 이곳에는 공리(公利)와 사리(私利)의 분별의식이 없는 것이 특징이다. 다만 행위의 결과로서 얻어진 공명(功名)·공록(功綠) 등의 이(利)를 추구하는 정신이며, 유교적 공리주의 이상은 국부이다. 즉 국익의 도모야말로 가장 이상적인 윤리의식이었던 것이다. 아무튼 혈연·지연·학연 등에 따른 집단주의가 사회와 자신을 동일시하는 경향으로 발전했고, 이것이 한국이나 일

---

6) 권기종, 〈한국자본주의에서의 경제정의와 불교윤리〉, 東國大, 1998. "정보화시대의 韓·中전통문화" 주제발표문, pp. 102~103.
7) 윤사순, 〈儒學의 '公利' 추구의식〉, Ibid, pp. 67~69.

본 등의 독특한 기업문화를 만들어냈다는 점은 부정할 수 없는 사실이다. 즉 서구와 같은 철저한 공·사 분리의 관념이 현저히 줄어 있고, 또 회사에 대한 충성심과 조직에 대한 순종이 보편화되고 있는 것이다.

또 한 가지 지적해야 할 점은 종교윤리와 경제논리가 상충하지만은 않는다는 점이다. 경제논리와 종교윤리의 일부분만을 확대 해석해서 대비시키는 것은 부당주연(不當周延)의 오류를 범하는 억측일 뿐이다. 이제 우리는 종교의 진리성을 문제 삼기보다는 그 실현 가능성을 염두에 두면서, 오늘의 경제위기를 해소하는 바람직한 방향에 대해서 언급해 보고자 한다.

3. 불교적 가치관의 현실적 응용

상이한 종교의 가치관을 일괄적으로 정리한다는 것은 불가능하다. 종교는 시대와 상황에 따라 적절한 응용과 변신을 되풀이했기 때문이다. 만약 진리성만으로 말한다면 종교와 경제는 평행선을 그을 수밖에 없다. 따라서 종교적 진리를 현실적으로 응용하는 작업이 필요하다.

불교의 경우, 가장 이상적 공동체는 상가(Saṃgha, 僧伽)이다. 대승불교에서는 상구보리(上求菩提) 하화중생(下化衆生)을 보살의 이념으로 상정하는바, 그 구체적 표상이 상가이다. 이 상가의 운영을 위한 기본적 실천의지는 육화경(六和敬)으로 대변된다.

① 몸으로 함께 똑같이 먹고, 입고, 자고, 일하며 살아야 한다.
  〔身和共住〕
② 서로 다투지 말아야 한다. 〔口和無諍〕

③ 뜻을 모아 같은 일을 도모해야 한다.〔意和同事〕
④ 세상과 인생을 보는 견해가 같아야 한다.〔見和同解〕
⑤ 계율은 누구나 예외없이 똑같이 지켜야 한다.〔戒和同修〕
⑥ 이익은 골고루 응분하게 나누어 가져야 한다.〔利和同均〕

이 육화경의 정신은 조화와 협력을 근간으로 한다. 공동체의 운영에 있어서 가장 중요한 문제는 '화합'이다. 특히 오늘날과 같은 다변화된 조직체 속에서 공동의 선을 지향한다는 것은 매우 까다로운 일이다. 그러나 위의 여섯 가지 덕목들은 그 근본 정신을 공유한다는 점에서 적극적이고 긍정적인 실천 의지들이다.[8]

반면 개인적 수행 자세에 관한 설명으로는 계(戒)가 있다. 비구·비구니에게는 250가지, 348가지의 반드시 지켜야 할 금계 조항들이 있다. 그러나 근본은 오계의 정신이다. 그 가운데서도 다음과 같은 네 가지가 기본이 된다.

① 산 목숨을 해치지 말라.〔不殺生〕
② 주어지지 않은 물건을 훔치지 말라.〔不偸盜〕
③ 그릇된 이성관계를 삼가하라.〔不邪淫〕
④ 거짓말, 속임수, 악담이나 욕지거리, 쓸데없는 말을 하지 말라.
  〔不妄言〕

즉 육화경이 집단공동체 운영을 위한 윤리라면 이 사계(四戒)는 개인적 수행의 모델인 셈이다. 특히 첫 번째의 불살(不殺)은 현대에 있어서

---

8) 拙稿,〈계급 투쟁론에 대한 불교의 견해〉(한국불교연구원 불교학술세미나, "불교와 공산주의", 주제발표논문, 1994).

새롭게 해석되는 추세이다. 이전까지는 소극적이고 은둔적인 계율로 이해되었지만, 공해·자연 파괴 등이 가속화되면서 그 근본정신을 새롭게 분석하게 된 것이다. 즉 불살생의 정신 속에는 나와 자연, 개체와 전체를 포괄하는 적극적 의미가 포함되어 있다고 보는 것이다. 여기에서 주목할 점은 이 계율의 정신이 출가·재가를 망라한다는 점이다. 즉 좁은 의미에서 출가자들만이 준수해야 하는 실천덕목이 아니라는 것이다.[9]

개별적으로는 인성 함양에 힘을 모으고, 조직사회에서는 그 화합을 깨뜨리지 않는다는 불교적 가치관은 나름대로 오늘의 기업 활동에 시사성을 준다고 생각한다. 흔히 직업교육이라는 말을 쓸 때, 기술 이전 등 테크니컬한 면에만 투자하는 단견은 이제 시정되어야 한다. 조직의 주체는 인간이며, 인간의 본질은 그 성품이기 때문이다. 물론 기업의 목표가 성인군자를 양성하는 데 있는 것은 아니다. 그러나 적어도 이익을 따라 조직을 배신하는 철새 군상, 조직이나 동료들의 이익보다 자신의 것만을 최우선으로 삼는 이기적 군상, 그리고 질서와 화합을 저해하는 잠재적 야수성 등은 경계해야 할 대상이라고 본다. 아울러 목적만을 중시하는 가치관보다 그 과정을 눈여겨 볼 줄 아는 자세가 일반화되어야 한다. 현대 한국의 비극은 '과정의 부재'였다. 이른바 선진사회에서의 기본 가치기준은 '예측 가능한 미래'이다. 그러나 한국의 현대사에서는 목적만이 중시되었다. 그 결과 참을성 없고, 융통성 없는 인스탄트적 인간형을 양산하게 된 것이다.

다음으로 논의해야 할 점은 부의 축재와 분배에 관한 점이다.

---

9) 출가자들을 위한 계율로서는 《四分律》, 《五分律》, 《摩訶僧祇律》 등이 있고, 재가자의 실천윤리로서는 《優婆塞戒律》, 《六方禮經》 등이 있다. 그러나 출가재가를 막론하고 불교인이 되려는 이들에게 요구했던 것은 삼귀오계(三歸五戒)이다. 따라서 오계의 준수에는 출가·재가의 구분이 있을 수는 없는 것이다.

기독교의 십일조, 불교의 보시 등에서는 부의 환원이 강력하게 언급되어 있다. 특히 고대사회에서 종교의 사회적 영향력을 고려할 때, 이와 같은 교리는 철저히 준수되어왔다고 보여진다. 예컨대 서양사회에서는 토지의 공개념이 일반화되어 있다. 독일 같은 자유민주주의 국가에서도 토지 소유의 상한선이 법으로 규제된다. 그 밑바닥에는 기독교의 정신이 깔려 있기 때문이다. 땅은 본질적으로 인간의 소유일 수 없다. 그것은 하느님의 것이라는 사회적 공감대 때문에 법 정신과는 모순된 토지 소유 상한개념이 이어올 수 있었던 것이다. 우리 나라 기업의 본질적 문제는 회사가 '내 것'이라는 집착이다. 마치 부의 상속을 정당한 것인 양 착각한다. 《사십이장경(四十二章經)》이라는 불경에는 다음과 같은 언급이 있다. "절대로 부를 세습시키지 말라. 자식에게 부를 물려주면 다음과 같은 불행한 일이 생기느니라. 첫째 집안에 송사가 잦다. 둘째 화재가 나거나 도적이 든다. 셋째 관공서에서 자주 호출한다. 요행히 위의 세 가지 불행은 피할 수 있으나 마지막 네 번째 불행은 피할 길이 없다. 그 넷째는 바로 타락한 자식을 만든다는 점이다."

일반적으로 불교에서는 보시를 강조하고 세속적 영화를 멀리하는 것이 목표인 양 오도하는 경우가 있다. 그러나 고대사회에서조차 재가자의 재산증식은 권장되고 있었다. 부를 축적하기 위한 수단으로서 정직・근면 등은 권장되었고, 반면에 소비・협잡 등은 버려야 할 덕목으로 지정되고 있다.[10]

또 산재(散財)의 원인을 들고 있는바, 첫째 음주와 방일, 둘째 길거리를 배회하는 일, 셋째 지나치게 놀이를 좋아하는 일, 넷째 도박, 다섯째 나쁜 벗을 사귀는 일, 여섯째 게으름 등을 경계하고 있다. (《우바새계경》권3, p. 1047)

---

10) 長部經典3(南傳大藏經 제8券, p. 240).

또 그 소득의 분배에 관해서는 다음과 같이 언급하고 있다. 수입을 사분하여 1/4은 생활비, 2/4는 생업(기업)의 경영비, 나머지 1/4은 저축비 등으로 나누어 쓸 것을 권장하고 있다. 그러한 상태에서 축적된 부는 중생의 복리를 위해 환원해야 한다고 가르쳤다. 그 환원의 정신이 바로 보시이다.

종교윤리의 궁극적 목표는 해탈(구원)이다. 따라서 일반인들의 경우에는 종교윤리를 흔히 고원(高遠) 가치로서, 우리의 일상생활과는 동떨어졌다는 착각에 빠진다. 물론 현실은 극복되어야 할 대상이다. 그러나 종교가 뿌리내리고 있는 곳은 바로 '현실'이다. 따라서 바람직하지 못한 현실을 개선하려는 것이 종교의 일차적 목표가 되는 것이다. 다만 그 혁신의 방향이 제도적이고 외형적 모순의 척결에 있다고만 보지 않는다. 오히려 내면의 완성, 그리고 그 사회화의 과정이 중요하다고 보고 있다. 불교적으로 말하면 삼독[11]의 사슬을 끊는 길, 내면의 자유를 완성하는 것이 종교윤리의 근간인 셈이다. 종교의 영역은 그 정신적이고 내면적인 정서의 함양에 있어 왔다. 그 동안 한국의 종교는 그 내밀한 정서의 세계에 대해 천착하기보다는 외형적 성장, 교세 넓히기에만 치중해온 듯한 인상이 짙다. 최근에는 서양종교의 도전적 선교전략에 자극을 받아 불교·유교 등 전통적 동양종교에서도 그와 유사한 포교대책을 수립하고 진행하는 과정에 있다. 그러나 종교의 본령은 정치·사회·경제의 모든 분야에서 주도권을 행사해야 하는 것은 아니다. 종교가 모든 가치 기준의 잣대여야 한다는 발상은 이미 전근대적이고 시대착오적인 생각이기 때문이다. 역설적으로 말하면 한국의 종교인구가 절대적으로 늘어난다고 해서 범죄가 현저히 줄고, 복지국가가 이룩되는 것은 아니지 않는가. 이제 종교 또한 내실을 기할 때이며, 성장 제

---

11) 탐내고[貪], 성내고[瞋], 어리석은[癡] 세 가지의 비유작용을 가르침.

일주의를 포기해야 할 시점이다.

4. 맺는 말

한국 경제는 현재 미증유의 곤경에 처해 있다. 이제 더 이상 과거의 관행을 답습해서는 안 된다. 또 복합적이고 총체적인 원인들에 의해 야기된 사태이니 만큼, 단순하고 즉흥적인 처방을 내려서도 안 된다. 다만 지적할 수 있는 점은 오늘의 위기가 오히려 보다 바람직한 발전의 전기가 될 수도 있으리라는 낙관적 견해이다. 그 까닭은 국민들의 근면성, 위기 대처 능력, 인내심 등이 탁월하다는 점에 있다.

주지하는 바와 같이 21세기는 문화의 세기이리라 예측되며, 그 주역은 환태평양 지역일 것이다. 금세기가 '힘의 논리'에 의해 지배 당해온 데 반해, 미래의 세기는 '만남과 융섭'의 시대가 되리라고 본다. 그러나 조화를 이루기 위해서 선결해야 할 점은 '나눔'이다. 즉 서로의 경험을 나누고, 그 가운데서 공통분모를 찾아내려는 노력이다. 아직도 한국인들은 국수주의와 애국심을 혼동하고 있으며 외래 문화의 수입 개방에도 배타적인 경향이 농후하다.

이제 범세계적이고, 문화적인 안목과 비전을 지녀야 한다. 내 것이 소중하다면 남의 것도 소중하다는 평범한 인식을 확대시켜나가야 한다. 얼마만큼 오래 살았느냐 하는 점보다, 그 질이 문제되는 것처럼, 이제 우리는 한국 경제의 질을 향상시켜 나가야 할 때이다.

Ⅱ. 한국불교, 어디로 가야 하나?

국제화시대의 불교를 선도하는 한국불교의 비전
비단길과 한국불교
한국불교의 보편성과 특수성
소외계층과 그 치유를 위한 불교적 제언
원효스님 화쟁사상으로 본 민족통일 방안
'본사 중심제' 고
총무원장 선출제도의 개선방향

국제화시대의 불교를 선도하는
한국불교의 비전

　국제화시대에 한국불교가 무엇을 할 수 있느냐 하는 것은 심각하게 대두되는 문제임에도 불구하고, 이에 대해 특별히 관심을 쏟고 있는 이들도 많지 않고 해답도 분명하게 제시되고 있지 않다. 범세계적인 우주관 내지 세계관을 가져야 함에도 우리 나라에서 불교 공부를 하는 분들은 지나치게 호교적인 자세를 지니고 있다고 느껴진다. 불교만이 모든 것을 해결할 수 있다는 생각은 매우 위험한 생각이다. 불교도 할 수 있고, 다른 종교도 할 수 있다. 또 불교는 이렇게 기여할 수 있고 다른 종교는 저렇게 기여할 수 있다. 이와 같이 보편적인 생각을 가져야 하는데 기독교인들이 지나치게 호교적인 자세를 취하다 보니 불교인들도 도전적이고 호전적인 자세를 취하는 것 같아 무척 안타까운 생각이 든다.
　그래서 국제화라고 부르는 현시대에 한국불교로서 내세울 수 있는 것은 과연 무엇인지에 대해 모색해 보고자 한다. 한국불교를 세계사적으로 위치지우기 위해서는 구체적으로 무엇을 해야 하고, 특히 오늘의 지식인들에 주어진 사상적 책무가 무엇인지를 주제로 하여 생각해 보고자 한다.
　사람이 모든 일을 너무 가까이에서 보면 근시가 되어 잘 보이지 않게 되고, 멀리 떨어져서 보게 되면 오히려 선명하게 보이게 된다. 얼마 전 어떤 중국교포가 쓴 수필 같은 글을 잡지에서 읽었다.

초청받아 방문했던 한 중국교포가 한 달 동안 서울에 머무르는 동안, 자신이 보고, 느낀 서울에 대해서 쓴 글이다. '서울'하면 우리는 이제까지 소음과 공해의 도시, 온갖 환락이 가득 찬 문제의 도시로 보았다. 그리고 불쌍한 중국교포들이 갖고 온 한약재나 우황청심환 등을 모두 빼앗는 인정 없는 도시라는 식으로 좋지 않은 인상을 통상 갖고 있다. 그런데 그들은 이와는 전혀 다르다. 서울에 와서 느낀 것 중 첫번째는 사람이 이렇게 많이 모여 사는데 어떻게 이렇게 깨끗할 수 있느냐 하는 것이다. 지하철 역내를 보고 무척 놀라웠다고 한다. 사람들이 먹고 마시고 배설도 하는 곳인데 어떻게 그렇게 깨끗할 수 있느냐는 것이다.

두번째는 거리에서 본 사람들의 표정이 어떻게 그렇게 밝을 수 있느냐는 것이고, 여성들은 모두 하나같이 미인인데, 가만히 살펴보니 화장도 별로 하지 않은 아주 자연스러운 모습이었다. 그런 것들이 자기로서는 참 잊을 수 없다는 것이다.

중국이 모국이나 다름없는 이 교포는 중국이 한국을 따라가려면 이백년은 있어야 되지 않겠느냐는 견해를 보이고 있다.

그 이야기를 통해 느낀 점은 평소 우리가 잘 알고 있는 것으로서, 같은 상태나 상황을 접해도 보는 관점에 따라 전혀 달리 보게 된다는 것이다.

우리 불교의 현실에 대해서도 비판적으로 말하자면 밤새워 이야기해도 부족할 것이다. 상무대 비리문제라든지, 개혁회의가 결성되기 전까지 조계사에서 일어났던 수많은 불상사 등 낯을 들지 못할 정도의 일들이 수없이 많다. 심지어는 불교인이라는 말을 하기가 부끄러울 만큼 불행한 일들이 참으로 많았던 것이다.

그러나 다른 측면에서 생각해 보면 여전히 긍정적이고 아름답고 창조적인 모습들도 또한 많다. 부정과 긍정이라는 두 가지 관점을 모두 종합해서 객관적으로 볼 때 비로소 우리 불교의 실체가 드러난다고 본다. 너무 지나치게 비판적인 안목으로 보는 것도 금물이며, 무조건 우리 불교가 제일이라는 식의 논리적 타당성이 결여된 주장 또한 없어야 한다. 이런 태도가 기본이 될 때, 우리 불교의 객관성을 드러낼 수 있다.

우리 불교는 일천육백 년의 찬연한 역사를 자랑하고 있으며, 특히 고대사회에 있어서는 한국의 문화와 민족의 심성, 그리고 사상적인 모든 면에서 주축역할을 해왔다는 것은 잘 알려진 사실이다.

그러면 오늘날에도 동일한 위상을 갖고 있는가 하면 전혀 그렇지 않다. 불교만의 문제는 아니다. 오늘날 불교의 위상이 형편없이 떨어진 것은 불교 자체의 잘못도 있지만, 사회의 정서 자체가 종교에 대해서 기대하는 바가 점차로 줄어들고 있기 때문이다.

불교 공부를 해 오면서 하나 의문시되는 점은 원광·원효·의상·표훈·지눌·서산·사명 등과 같이 고대에서 위인이라고 불리워진 분들은 대개 불교인이다. 그러나 시간이 지나면 지날수록 그 위상을 잃어간다.

그 이유는 아주 단순한 데에 있다고 본다. 고대 사회에서 불교인은 그 사회의 엘리트 그룹이었다. 그 시대에는 교육의 기회가 일반화되어 있지 못했기 때문이다. 낫 놓고 ㄱ 자도 모르는 일반 백성들의 상황과는 달리 출가하면 《반야심경》, 《금강경》을 배우고 조석으로 독송을 해야 하므로 자연히 글자를 배우게 됨으로써 사회의 엘리트 그룹이 되어 갔던 것이다.

그러나 오늘날은 다르다. 젊은이들 가운데 대학생 아닌 사람이 오히려 그 수가 적을 만큼 대개는 대학까지 진학하여 학문을 익힌다. 이렇게 교육의 기회가 일반화되어 있기 때문에 일반적 상식만으로도 백성 위에 군림할 수 있던 시대는 지나간 것이다.

옛날에는 불교 승려들이 엘리트의 표상이 될 수 있었지만 오늘날에 이르러서는 그 권위를 대학에 넘겨주게 된다. 오늘날 지성의 전당은 대학인 것이다.

자기 위상을 잃은 것 중 또 하나는 우주적 상상력에 대한 점유권이다. 예를 들어 세계의 중앙에 수미산이 있고, 수미산의 중턱에 욕계, 색계, 무색계가 있고, 육계의 육천 가운데 지금 우리가 살고 있는 남섬염부제가 있다는 식으로 이전까지는 불교에서 말하는 지옥이나 극락 우주와 세계에 대한 말들이 일반 사람들에게 의심 없이 받아들여질 수 있었지만, 이제는 발달된 과학에 의해 불교가 가지고 있던 우주적인 상상력은 신뢰를 잃게 되었고 과학이 그 자리에 앉게 되었다. 이렇게 해서 불교에 대한 사회적 존경의 정도는 점차 떨어지게 된 것이다.

그러나 서양종교는 사회봉사를 통해 자신의 사회적 지위를 지켜간다. 해방 이후부터 6.25사변 당시에도 제일 먼저 학교와 병원, 양로원, 고아원을 설립하여 사회의 그늘진 곳에 의지처가 되어 줌으로써 우리 국민들의 마음에 사회봉사를 하는 선한 종교로서의 이미지를 심었던 것이다. 그러나 불교는 사회적으로 존경받을 만한 어떠한 역할도 하지 못했던 것이다. 그러면 불교는 절망적인 상황인가? 그렇지 않다. 어디에서도 흉내낼 수 없는 것으로서 도덕적 청정성이 있다. 그러나 개혁을 둘러싸고 조계사에서 벌어진 일련의 사태로 그마저도 무너지게 되었다. 사회여론이 그처럼 크게 일어난 것도 그 때문이다.

그 문제에 대해 아직 정리되지 않은 상태이지만 여러 가지 생각들을 격의없이 나누어 보는 것도 좋을 듯하다. 어떤 스님으로부터 들은 이야기이지만, 그분이 미국에 가서 법회를 보는데 어떤 미국인이 와서 스님을 보고 신기했는지 무엇을 하는 사람이냐고 묻자, 스님은 불교의 수도승려라고 대답하자, 수도승은 무엇을 하는 사람이냐고 다시 물었다. 그 스님은 난감한 질문을 받고 한참 생각한 뒤에, 우리는 평생 독신을 지키고 일체 육식을 금하고 채식만을 하며 인간성의 자각을 통해서 도를 이루려고 일생 동안 공부하는 사람들이라고 알아듣기 쉽게 설명을 했다. 그러나 그 미국인이, 우리 나라에도 혼자 사는 사람이 아주 많고, 국민 가운데 40%는 고기를 먹지 않으며, 율브린너처럼 머리깎은 사람도 아주 많다고 이야기했다. 그 말을 듣고 내가 누구인지에 대한 근원적인 회의를 품게 되었으므로 그곳에서 최상의 법문을 들었다는 것이다. 여기서는 자신이 대단한 것 같았는데 그런 각도에서 생각해보니 머리 깎고, 혼자 살며, 채식하는 것은 그다지 특별한 것이 아님을 느낀 것이다. 깨달음이란 것도 객관적으로 증명해 보이기 어려운 것으로서 주관적인 성격이 강하다고 볼 수 있다.

불교가 진실로 이 사회의 스승이 되고 사표가 될 수 있도록 현재 우리들이 풀어야 할 과제는, 지성이나 과학과는 달리 우리에게 남은 긍정적 특성 중에 하나인 도덕적 청정성을 계승하고 발전시키는 일이라고 본다.

그리고 또 하나 국제화시대에 우리가 해야 할 바는 국제적 감각을 지녀야 한다는 것이다. 그 까닭은 몇 해 전 하와이 대학에서 주최한 국제불교학회에 한국 대표로 참석하게 되었을 때, '불교의 평화사상'이 주제였으며 미국과 러시아 등 6개국에서 참석한 그 세미나에서 느낀 것 중 첫번째는 언어 표현력의 문제였다. 현재도 몇 분 되지 않지만 외국어로 자신의 아는 바를 막힘없이 잘 표현할 수 있는 불교학자가 승속을 망라하여 과연 얼마나 있는지? 자기가 알고 있는 지식을 국제회의에서 표현할 길이 없다는 것이 가장 먼저 느낀 당혹감이었다.

두번째는 표현해야 할 내용이다. '한국불교의 평화사상'이 발표 주제였는데 원효의 화쟁논리와 의상의 법성게를 중심으로 한 일승사상, 보조국사 지눌의 진심에 대한 사상 등에 대해 발표하고 나자, 미국에서 온 교수가 원효의 화쟁논리를 통해 결국 진과 속이 원융되어야 한다는 조화의 원리에 대해 발표했는데 그것이 《기신론》에 나오는 내용과 무엇이 다르냐는 것이다. 그리고 원효가 매우 위대하다고 했는데, 원효의 일심사상이 당대에 중국에서 활약했던 화엄종의 징관과는 어떤 차이점이 있고, 의상의 화엄사상은 중국의 규봉종밀과 어떤 차이점과 공통점이 있는지 이야기해야 하지 않겠느냐는 것이었다.

외국 교수들의 경우, 산스크리트 원문이나 한문본 등 우리는 상상조차 못해본 자료들을 놓고 국문 책을 보듯이 그대로 번역하는 사람들이었다. 규봉종밀에 대해서는 공부해 본 적도 없을 뿐 아니라 징관의 소와 원효의 소를 비교해 본다는 것은 생각조차 못해 본 내가 그때 느낀 것은 한국불교를 소개하고 선양하기 위해서는 한국불교만 공부해서는 안 된다는 점이다. 일본불교와 한국불교는 어디가 어떻게 같고 다른지, 중국불교와는 또 어떠한지에 대해 논리적으로 증명할 수 있어야 한다. 우리가 지금까지 해왔던 공부방식에서 질적으로 더 넓혀가지 않는다면 한국불교를 세계에 알린다는 것은 기대할 수 없는 일이다.

나는 그 회의를 통해서 느낀 바가 많다. 불교 전문 교수로서 우리 나라에서 흔치 않은 인도불교를 전공했고, 산스크리트어도 남 못지 않게 하고, 영어도 한문도 나름대로 잘 한다고 자신했는데 그게 아니었다. 모든 분야에서 공부가 부족했다는 것을 깊이 느낀 것이다. 그리고 지금까지 공부한 것에 비교종교 내지 비교사상의 차원을 갖지 않는다면 스스로 도태될 것이라는 생각이 들었다. 한국불교를 기준으로 우리가 불교공부를 한다면, 어떤 안목을 세우지는 못할 지라도 최소한 국제적인 감각을 지니는 것은 참으로 중요하고 필요한 일이라고 본다.

그러면 일본불교, 중국불교와 비교해 볼 때 한국불교가 국제화되기 위해서는 어떠한 것에 초점을 맞추고 어떤 인물에 비중을 두고 공부해야 할 것인지가 대두되는데, 첫째는 청정성의 제고이다.

청정성이라고 하는 것은 도덕적인 문란, 구체적으로는 잘못된 성관계를 타파하고 독신으로 지키는 전통을 의미한다.

내가 재미있게 읽은 책 한 권이 있는데, 서양사람이 쓴 것으로 제목이 《지구는 멸망할 것인가》이다. 문법상으로는 멸망하지 않는다는 뜻이어야 하는데, 실제 내용은 멸망한다는 설이다. 지구는 왜 멸망하게 될까? 요즘 흔히 이야기 되듯이 공해와 오존층 문제 등 환경파괴 때문인가? 아니면 에이즈 때문인가? 저자의 주장은 통설과는 달리 인간은 컴퓨터에 의해서 멸망한다는 것이다. 컴퓨터로 인해 우리의 창의력이 마비되기 때문인가? 아니다. 우리 나라에서는 아직 판매금지 상태이지만 미국에서는 이미 컴퓨터를 통해 성관계를 즐기는 게임이 개발되었다. 자신이 원하는 상대를 선택해 바라는 바대로 관계를 가질 수 있는 것이다. 대상도 방법도 제한이 없다. 실제 상황이 아닌 가상 현실임에도 불구하고 실제와 같은 감각을 느낄 수 있다고 한다. 그러다 보니 결혼의 필요를 못 느끼게 됨으로써 자연 자손이 끊겨 멸망하게 된다는 것이다.

멸망의 시점은 70년 후로 예시되어 있다. 공룡의 멸망 원인을 예로 들어 설명하고 있다. 일반적인 학설로는 환경적응에 실패했기 때문이라고 보고 있는데, 이 책에서는 다른 관점에서 접근하고 있다. 즉 공룡은 알을 낳는데 지구상에 포유류 동물이 출현하기 시작하면서 그 큰 공룡을 직접 대적해서는 이길 수 없었으므로 부화되기 전 알을 공격함으로써 멸종되었다는 것이다.

그런 상황이 아니더라도 우리들 세대만 해도 보통 4남매, 5남매가 넘는데 지금 세대를 보면 아이를 많이 낳지 않는다. 내 어린 시절만 보아도 부모가 밭에 일하러 나가면 나와 형제들을 나무 밑에 새끼줄로 목을 매어 놓고, 당시에는 장난감도 먹을 것도 구하기 힘들 때라 소금에 절여 말린 문어를 목에 같이 걸어주고 나가면 남은 우리 형제들은 하루 종일 문어를 물고, 그 때문에 몰려드는 개미를 잡아먹기도 하며 자랐던 기억이 있다. 그렇게 자라는 중에 죽는 형제들도 생겨 열 중에 다섯만 살아도 다행이라 여겼던 때도 있었다.

그러나 지금은 하나만 낳아도 좋다는 사고방식을 갖고 있으므로 대체로 보면 형제가 없는 외동딸이고 외동아들이다. 그런 추세로 70년 후가 되면 발달한 과학기술 문명의 혜택을 받아 결혼은 물론 아이마저 갖지 않게 된다는 것이다.

이렇게 되면 지금까지의 통상적인 윤리관으로는 미래 사회에 적응할 수 없게 된다. 이 책의 주장이 맞고 그른 것을 떠나 성윤리나 일반 사회 도덕이 무너져 가고 있는 지금의 시대 상황을 볼 때 충분히 가능한 이야기라 본다.

다음은 한국불교만의 고유한 사상성이다.

예를 들어 몇 가지 과제를 말한다면 '삼국통일과 회삼귀일(會三歸一) 사상'이다. 《법화경》에서 부처님은 성문, 연각, 보살승은 일승의 길로 회향된다고 말씀하셨는데, 이러한 《법화경》의 사상은 삼국으로 나뉘어져 있던 당시에 신라 국민들에게 정신적인 공감대를 형성하는 데 어떤 도움을 준 것은 아니었나 하는 점이다. 그렇다면 오늘날 남북분단이나 동서갈등의 문제에도 불교가 어떤 해답을 줄 수는 없는지, 화두 삼아 생각해 볼 수 있을 것이다.

그리고 또 다른 차원에서 살펴본다면 원광의 세속5계 등과 같은 불교 윤리의 굴절이다. 오계의 첫번째는 불살생인데, 세속이라는 단서가 붙어 있다 해도 살생유택, 즉 산 목숨을 죽이되 가려 죽이라는 것이므로 결국 죽여도 된다는 말인 것이다. 이것이 과연 합당한 것일까. 지금까지는 위대한 불교정신이 원광스님을 통해 화랑의 지도이념이 되었고 그것으로 인해 신라가 삼국을 통일할 수 있었다는 식으로 위대성만을 강조해 왔지만, 거꾸로 반성의 차원에서 생각해 볼 여지는 없는지 살펴보아야 할 것이다.

또 구국의 승병장으로 높이 평가되고 있는 서산스님에 대해서도 마찬가지이다. 그에 대해 정면으로 반기를 든 분이 부휴스님이다. 그는 서산스님에게 무뢰한이라고 꾸짖었다. '부처님에게 산 목숨을 죽이지 말라고 배워온 불교인으로서 온 절에 격문을 보내 젊은 승들을 흥분시켜 목탁 대신 창검을 들고 전장에 나가도록 하고 절에 군사훈련을 하고 있으니, 중이 아니다'라고 했다. '왜적들이 노략질하는데 그럼 앉아서 죽음을 기다려야 하느냐'고 묻자 '나는 왜놈들이 내 몸에 칼을 대는 그 때까지 부처님의 도량을 내 목숨을 다해서 지킬 것이고 또한 나를 죽이려는 그들을 미워하지 않겠다.'고 대답하시며, '과연 누가 진실한 불자인지 대답해 보라'며 오히려 당당히 되묻는다. 그러나 지금의 한국불교는 모두 서산 문중이다. 부휴스님의 사상은 찾아 볼 수 없는 것이다.

또 하나는 만해 한용운 스님에 대해서이다. 그분의 불교유신론 중에는 '염불당을 폐지하라. 대웅전 이외의 모든 것들은 다 폐지하라'고 주장한 부분이 있다. 그러나 그 전에 칠성각과 산신각이 우리 나라에 왜 있게 되었는지를 생각해 보아야 한다. 서양종교는 어느 나라에 들어가든 그 나라의 문화와 종교를 모두 부정하고 그 위에 십자가를 세움으로써 자신들의 승리를 선포한다. 잉카문명의 멸망도 불가사의한 일이 아니고 포르투칼 선교사들이 들어가면서 모두 없애버린 것이다.

그러나 불교는 그와 다르다. 불교의 가르침과 위배되는 어떤 문화현상이나 종교를 만날지라도 그대로 받아들인다. 우리 민족이 옛부터 산신령을 신앙해 왔다면 그것을 그대로 인정한다. 그리고 그보다 높은 분으로 부처님이 계시고 그 높으신 부처님은 바로 당신들의 마음에 있다고 가르침으로써 고유의 신앙을 버리지 않고 그대로 수용하면서 그것을 보다 높은 단계로 이끌어 갔던 것이고, 그렇게 해서 생겨난 것이 산신각이고 칠성각인 것이다.

아무것도 모르는 신도가 열심히 그곳에서 절을 하고 빌어도 불교인은 열심히 하라고 말해 준다. 몰라도 안 하는 것보다는 낫다고 보기 때문이다. 절을 하게 되면 저도 모르는 사이에 스스로 겸손해질 수 있으므로 저만 잘난 줄 알고 꼿꼿이 세우고 사는 것보다는 훨씬 낫다고 보는 것이다. 그런 뒤에 부처님 법 마음 법을 알려 준다. 이것이 소위 방편법인 것이다.

그런데 한용운 스님은 모두 없애라고 했으니 그런 논리라면 대웅전도 남겨서는 안 된다고 본다. 법신불이 우주에 두루 계시고 내 마음이 바로 부처라면 나무나 돌로 부처를 형상 지워 그 앞에서 절을 해야 할 아무런 이유도 없는 것이다.

그리고 승려의 취처문제도 그렇다. 독신생활을 버리고 성직이라고 말할 수는 없는 것이다. 목사는 성직자가 아닌 것이다. 아이들 걱정, 사는 걱정 등 세속인과 조금도 다를 바 없는데 어떻게 성직자라 할 수 있을까? 남이 하기 어려운 금욕생활을 하기 때문에 수녀나 신부, 스님은 성직으로 인정되고 존경받는 것이다. 생활 불교와는 다른 차원의 문제인 것이다.

이런 관점으로 역사 흐름의 고비마다에서 무언가 한국적인 특징을 찾아 볼 수 있을 것이다. 몇 가지 정리해 보자면, 10여 년 전에 쓴 〈한국불교의 역사의식〉이라는 논문에 한국불교의 정체성을 다음과 같이 세 가지로 요약한 적이 있다.

첫째는 일승을 추구하는 정신이다. 불타를 지향하며 모든 것이 하나 되자고 하는 것, 비록 현실적인 실현은 어려웠지만 하나되고자 하는 운동들을 끊임없이 전개해 왔던 것이다. 용수보살이 중론에서 이야기하고 있듯이 세속과 열반, 번뇌와 보리가 하나되고, 이 세상의 더러움과 열반의 청정함이 하나되고 드디어는 너와 내가 하나되는 그러한 가르침을 폈던 것이다. 원효스님의 가르침에 일심이라고 하는 것도 결국 모든 생명들은 일심의 원천으로부터 왔고 일심의 원천으로 되돌아가야 한다는 말씀이기 때문에 이 세상을 둘로 나누어 보자는 것이 아니다. 그러나 기독교는 어떠한가? 처음 시작도 선악과부터이다. 천사와 악마, 신과 인간, 선과 악 등 모든 것을 이분법의 관점으로 보는 것이다. 불교는 그것을 부정한다. 이분법적으로 사는 세상을 하나로 화합하도록 만들어 나가는 것이 종교인의 태도이고 역할이라 보는 것이다. 이와 같이 일천육백 년 동안 한국 불교인들이 추구해 온 것은 일승을 추구하는 정신이라고 할 수 있다.

둘째, 호법의 의지이다. 통상 호국이라는 말로 지금까지는 알려져 왔는데 나는 호국이라는 개념보다 호법이라는 개념이 정확하다고 본다. 호국이라 해서 나라국(國)자를 썼는데 한국불교는 호국불교라 생각하는 것은 재고해 보아야 할 견해이다.

한 예로 임진왜란이 일어나던 해, 일본의 토요토미가 출정하는 군대를 보내고 난 후 혼자 절에 들어가 향을 피우고 부처님에게 간곡하게 비는 장면이 나온다. 그리고 묘향산의 서산스님에게 무대를 옮겨 보면, 사방에 격문을 보내면서 부처님 앞에 나아가 기도한다. 이때 이 두 사람은 무엇을 빌었을까? 부처님은 어느 편을 들어야 할까? 이와 같이 호국이라는 개념을 좁은 범위에서 생각하면 일본은 일본을, 중국은 중국을, 한국은 한국을 지키고 이익을 추구하는 국수주의가 되어 버린다.

그러나 불교는 결코 국수주의가 될 수 없다. 《금강명경》에서 나라를 지킨다고 할 때의 나라는 동서남북의 사방에 4제 8정도가 시현되는 대지를 말하는 것이다. 그것을 서산이나 사명스님은 조선이라고 부르는 이 한반도를 지키는 개념으로 축소시켜 버린 것이다. 물론 나라를 망하게 하자는 뜻은 아니다. 적어도 그런 좁은 의미는 아니라는 것이다. 그래서 호국이 아닌 호법이라 한 것이다. 부처님의 정법을 지키는 정신을 일컫는 것이다.

그러나 표상의 한 예로 이차돈을 들 수 있다. 이차돈 성사는 《삼국사기》에는 26살이라 하고 《삼국유사》에서는 22살이라고 하며 20년 중반의 젊은 나이였는데, 그분이 돌아가시면서 남긴 말씀이 참으로 훌륭하다.

　법흥왕이 불교를 펴려고 하자 군신들이 모두 반대한다. 그래서 법흥왕이 고민하고 있는데 그때 혼자 찾아가서 말한다. '청하옵건대 소신을 참형함으로써 중의를 결정하옵소서' 그러자 왕은 놀라 말하기를 '내 본시 불도를 일으키고자 함인데, 어찌 무고한 사람을 죽이겠는가?' 하니 이차돈은 대답하여 말하기를 '불법을 위하여 형을 받음이니 만약 불법이 신령이 있다면 나의 죽음에는 반드시 이적이 일어날 것' 이라 하여 간청한다. 그런데도 왕이 '기적이 일어난다 해도 불도를 일으키려는 본뜻이 백성들을 편안하게 하고 국민정신을 계도해서 신라를 좀더 발전시키려는 데에 있는데 충신을 역적으로 몰아 죽이고 불교를 펼 수는 없다.' 는 뜻을 보이자 이렇게 말합니다. '나라를 위하여 몸을 죽이는 것은 신하의 대정(大情)이요 임금을 위하여 목숨을 바치는 것은 백성의 바른 뜻' 이라 하며 '모든 것 중에서 버리기 어려운 것이 신명이지만 이 몸이 저녁에 죽어 아침에 대교(佛敎)가 행하여지면 불일(부처)이 다시 중천에 오르고 성주가 길이 편안할 것' 이라 하며 '비록 내 죽는다고 할지라도 내 죽는 그날이 바로 내 사는 날' 이라고 이야기한다.

　그가 죽자 흰 피가 솟아 모든 이들이 놀라 다투어 불교를 신봉하게 되었다는 이야기로 이어지는데 이적의 문제도 단순하게 생각할 수 있다. 즉 사람이 자연사를 제외하고 죽는 명분으로는 여러 가지가 있다. 이차돈 성사는 순교하기 이전까지 신라 사람들이 아는 죽음이라면 전쟁터에 나가 나라를 위해 영광스럽게 죽는 경우이거나, 로미오와 줄리엣처럼 사랑을 위해서 목숨을 바치는 경우 등이 있을 수 있는데, 종교적인 신념을 위해 두려움 없이 당당하게 죽어 가는 모습은 처음 본 것이다. 그렇게 죽어 가는 것을 보자 신라 사람들은 불교가 무엇인지는 모르지만

한 젊은이가 목숨을 버리고도 저렇게 의연하다면 아마도 훌륭할 것이라는 생각을 한 것이다.

이외에도 더 찾아 볼 수 있는데, 이와 같이 우리 불교의 일천육백 년을 흐르는 모든 정신 중의 하나는 정법을 수호하려는 정신이다.

지금 이 순간에도 우리 불교계의 현실은 정법보다는 사법이 횡횡하다. 2천만 불교신도의 수가 중요한 것이 아니고 어떠한 불교이냐가 문제이다. 법은 배우는 바 없이 내 한 몸 잘되고 내 가족 잘되기만을 바라는 기복적이고 이기적인 불교가 거의 대부분인 것이 현실이다. 적어도 대승불교를 공부한다고 한다면 보살정신의 함양과 실천을 기본적인 이상으로 삼아야 한다. 불교를 믿음으로써 내가 행복해야 하지만 나의 행복을 이웃과 나눈다는 기본적인 생각을 가지고 있어야 하는 것이다.

각 종교에서 발표한 신도 수를 합해 보면 6천만이나 된다. 사실 여부를 떠나 모든 사람이 종교를 갖고 있다는 것이 되는데 그렇다면 오늘날 매우 심각해진 사회문제는 어떻게 설명될 수 있을까? 언젠가 교도소에서 나온 통계를 본 적이 있다. 교도소에 오기 전에 이미 종교를 갖고 있었던 사람 가운데 기독교를 신앙했던 사람 중에 가장 많은 것은 강간이었고, 불교를 믿는 사람들 중에 가장 많은 것은 폭행과 살인이었다. 이런 현상을 어떻게 설명할 수 있을까? 잘못 가르쳤거나 잘못 배웠거나 두 가지 중 하나라고 볼 수밖에 없는데 내가 생각하기에는 두 가지 모두이다. 선생도 엉망이고 배운 사람도 엉망이다. 이번 문제에 대해 깊이 반성해 보아야 한다.

셋째는, 보살 정신의 함양과 실천이다. 보살정신을 현실 속에서 드높이고자 하는 것과, 보살의 기개라는 것은 참으로 높고 그윽한 것이다. 《본생담》을 보면 자기의 온몸을 다 던져서 짐승에게 보시한다거나, 《화엄경》에 나오는 문둥병 환자의 고름을 입으로 빨아내는 공주님에 대한 이야기들을 볼 수 있는데, 그것이 바로 보살의 정신이고 행위이다. 현대적으로 말하자면 더불어 살아가는 사회를 만드는 노력들이다. 나 혼자만, 내 가족만, 내 나라만 잘 살기를 바라는 것이 아니라 더불어 잘 살자는 것이다. 그것은 다른 이를 먼저 생각할 줄 아는 자세이다.

현대인의 삶은 에릭 프롬이 《소유냐 삶이냐》라는 저서에서 말하고 있는 것처럼 소유의 삶이다. 한 예로 주변에 자동차를 사는 것만 보아도 알 수 있다. 차를 바꿀 때 결코 작은 차로 바꾸는 경우는 없다. 반드시 큰 차로 바꾸는 것이다. 더 좋은 것, 더 큰 것, 더 많은 것 이렇게 앞으로 나아가기만 하는 것이 소유이다. 남보다 더 나은 것을 소유하기 위해 서로 치열하게 경쟁하는 것이다.

에릭 프롬은 소유의 삶을 통해서는 평화는 영원히 없으므로 버릴 줄 알아야 한다고 하면서 그 정신은 불교에서부터 온다고 말하고 있다. 버림의 미학, 버릴 줄 아는 삶이 예찬될 수 있는 시대 분위기를 만들어가는 것이 중요한 것이다. 지금은 그렇게 살면 바보로 취급하는 시대이다. 능력이 없어 못산다는 것이다. 그러나 불과 100년 전만 해도 어떤가? 사회에서 존경받는 사람은 선비였다. 쌀거리 없어도 정직하게 살려고 노력하고 가난해도 학문이 있는 사람이 존경받았는데, 지금은 바보로 본다. 이런 시대 분위기 자체를 바꿀 책무가 우리에게 있는 것이다. 그것이 보살정신의 함양이고 실천이다.

이상의 세 가지를 한국불교의 긍정성이라고 말할 수 있다. 한국불교 사상사를 공부할 때 이 세 가지 관점을 갖고 보게 된다면 아무런 관점 없이 그냥 보는 것과는 그 의미가 사뭇 다를 것이다. 취사선택의 안목이 열릴 수 있는 것이다

이제까지 나는 우리 불교가 가지고 있는 부정성보다는 긍정성을 부각시켜야 한다고 말했다. 우리 불교가 예전과 같은 대접을 받지 못하는 것은 시대 상황의 변인 때문이라고 생각해 왔고, 불교가 누리던 옛 영광의 그림자들을 세 가지로 요약해서 그 중의 두 가지는 이미 잃어버렸

고, 이제 한국불교의 장점으로 부각되어야 할 것은 도덕적 청정성 외에는 견지할 것이 없다.

　국제화에서 중요한 것은 한국적인 것이다. 가장 한국적인 것이 가장 세계적인 것이기 때문이다. 그런 까닭에 한국불교의 특징을 보다 세밀하게 논증해 내지 않으면 안 된다. 얼마 전에 '우메하라 다케시'라는 일본인이 쓴 참 재미있는 역사소설 비평방식을 본 적이 있다. 《7C 중반 동아시아 삼국의 지도자 비교연구》였는데 중국의 양무제, 우리 나라의 문무왕, 일본의 성덕태자 세 사람을 놓고 비교분석한 것이다. 학점을 매긴다면 문무왕이 A, 성덕태자가 B, 양무제가 F학점이라고 할 수 있다. 세 사람의 불교관은 어떤 차이점이 있고 각각은 무엇을 잘하고 못했는지를 논증해 가는 것이다. 그래서 7C 중반 동아시아에서 신라가 가장 우수했던 이유는 바로 지도자 때문이라는 결론이었다.

　역사인식이나 문화비평의 방법은 그와 같아야 한다. 그런데 우리가 지금까지 배운 방식은 그것과 다르다. 성덕태자도 양무제도 생각하지 않는다. 문무왕은 삼국을 통일했기 때문에 위대하다는 식으로만 배우는 것이다. 한국불교는 비교논술의 안목이 있어야 한다.

　그리고 국제적인 감각을 키우기 위해서는 남의 나라말을 많이 공부해야 한다. 지금까지 50이 넘도록 공부를 해오면서 30년 동안은 남의 나라 말만 공부해 왔다. 대한민국에 태어나 남의 나라말 공부를 하기 위해 젊은 날의 정력을 다 바쳐야만 하는 현실에 대해서 한탄했다. 혼신을 다해도 한계는 있지만 그래도 남의 글과 말을 모르면 알 길이 없다. 약소민족이 갖는 한계이므로 다른 방법이 없다. 국제감각을 지니려면 국제언어를 많이 알아야 하는 것이다. 한문 조금 볼 줄 안다고 불교공부를 잘 할 수 있다고 생각하면 안 된다. 부처님은 중국사람이 아니라 인도사람이다. 인도사람으로서 인도식으로 사고하고 말씀하셨으며 인도식으로 행동하고 살다 가신 분이다. 중국자료는 인도자료를 번역한 것에 불과하다. 불교의 본모습을 알려면 인도의 모습을 알아야만 하는 것이다. 그런 까닭에 산스크리트어와 팔리어 등은 최소한 사전을 볼 수 있는 정도는 알아야 한다.

　우리 나라에서 불교 공부하는 사람들은 보통 금강경부터 시작한다. 그에 비해 카톨릭 신학대학에서는 정식으로 신부가 되는 데 6년 과정을 거쳐야 하는데, 그 기간 중 2년 동안은 하루 4시간씩 라틴말을 배우고 본과 1학년이 되면 철학과 논리학, 윤리학을 배우고 불교도 배운다. 지금 우리 나라 강원, 선원에서는 《초발심자경문》과 화두를 드는 법을 배워도 인도불교사, 한국불교사는 가르치지 않는다. 이렇게 해서는 한국불교의 국제화는 생각할 수도 없다. 국제적인 감각을 키우기 위해 국제적인 언어를 많이 공부하고, 그런 후에 한국불교의 복수성을 부각시킬 수 있도록 비교학 차원의 공부가 되어야 한다. 여기에 정신적 차원에서 청정성의 제고라는 특성을 내세워야 한다. 이것이 한국불교의 국제화를 위해 견지해야 할 입장이라고 생각한다.

　이와 같은 과제를 실행해 감에 있어서 재가불자의 위상은 참으로 중요하다. 아직까지 우리 나라의 재가불자들은 불교공부를 하는 일보다는 절에 공양 올리고 보시하는 것이 신자로서의 기본적인 책무라고 생각하고 있다. 불사하는 데 얼마를 냈다고 우쭐해 하고 대웅전 앞까지 차를 댈 수 없어 짜증내는 정도의 모습으로는 진정 불자라고 이야기할 수 없다.

　그런 신도들이 많은 책임은 어디에도 있지 않다. 바로 재가신자들의 책임이다. 부처님의 제자, 불자는 부처님의 가르침을 이해하고 따라 행하는 자를 말한다. 그래서 아들자(子)를 써서 부처님의 자식이라고 하는 뜻인데 자기 아버지가 무엇을 말했고 어떻게 사셨는지 모른다면 불자라고 이야기할 수 없는 것이다.

　그렇다고 부처님의 가르침을 알기만 해서는 안 된다. 실천해야만 한다. 불교에 대해 바르게 이해하고 행하여 실제 증득할 수 있도록 아는 바를 차츰 행으로 옮겨갈 때 불자된 책무를 다할 수 있는 것이다.

비단길과 한국불교

1. 머리말

중앙아시아는 옛부터 여러 이민족들의 생존 각축장이었다. 남쪽으로는 인도와 티벳트, 그리고 곤륜(崑崙, Kunlun) 산맥에 막혀 있고, 동쪽으로는 타클라마칸(Taklamakan) 사막이 길게 누워 있다. 이 일대는 험준한 산맥과 고원, 흙먼지뿐인 사막과 암석 등이 끝없이 펼쳐지는 거친 자연환경들을 갖고 있다. 이 깊숙한 사막 지역의 군데군데에는 오아시스를 중심으로 부족 국가들이 생겨나기 시작하였다. 이미 신석기 시대의 것으로 믿어지는 유물들이 출토되고 있기 때문에 중앙아시아 민족의 기원은 상당히 오래된 것으로 보인다. 그러나 이른바 '실크로드' (Silk Road)라는 동서 교역의 개통 이후 주로 중국과 서양을 잇는 가교로서 이 일대의 역사와 문화가 알려지게 된다.

'서역'이라는 말은 인도와 중국의 변경을 일컫는 지역 개념으로서, 이 지역의 세력이 강성할 때면 인도나 중국 등 대국에게 큰 위협이 되기도 하였으며, 실크로드의 상권을 장악하기 위한 많은 대립들도 있었다.[1] 대체적으로 서역의 제국은 인도와 중국의 가교적 의미를 강하게 띠고 있다.

《한서(漢書)》〈서역전(西域傳)〉에 의하면 서역제국은 다음과 같은 분포를 보이고 있다. 먼저 중국본토[甘肅省]에서 서역으로 들어가는 입구에 옥문관(玉門關, Yümen Kuan)과 양관(陽關, Y'ang Kuan)이 있다. 이 두 지역은 자연히 서역의 남북 양로와 연결된다. 양관을 지나 서역남로를 따라가면, 선선(鄯善, Charklik)에 이른다. 여기서 남산(南山, Altin Tagh)의 북쪽을 따라 서쪽으로 나아가면 단말(且末, Cherchen), 우미(扜彌, Uzun tati), 우전(于闐, Khotan)을 거쳐 사거국(沙車國, Yarkand)에 이른다. 이곳에서 총령(葱嶺, Pamir)을 넘으면 대월지(大月氏, Bactria)를 비롯한 안식(安息, Parthia) 등의 대국(大國)에 도달하게 된다.

한편 서역 북로는 옥문관에서 시작되며, 대개 흉노족이 진출했던 거사전왕정(車師前王庭)이 서역 최초의 국가로 발전하게 되는 지역이다. 이곳에서는 얼마 뒤 한왕조(漢王朝)의 출장소격인 고창벽(高昌壁)이 세워지는데, 훗날 한인들의 식민왕국으로도 불리는 고창국(高昌國)이 그것이다. 다음으로 천산(天山, T'ien Shan) 산맥의 남쪽 주변을 따라 언기(焉耆, Karashahr), 구자(龜玆, Kucha), 온숙(溫宿, Aksu) 등을 지나면 소혁국(疏勒國, Karashahr)에 이른다. 그리고 이곳에서 총령의 북쪽 변경을 넘어 가면 대원(大宛, Ferghana), 강거(康居, Sogdiana) 등에 닿는다. 또한 여기서 약간 뒤쪽으로, 천산산맥의 북쪽 변경에도 교통로가 뚫려 있는데, 거사후왕국(車師後王國)이라든가 위계(爲孫), 이열(伊列, Ili), 암채(奄蔡, Aorisi) 등의 나라들이 서로 인접해 있었다. 이들 제국은 지리적 위치상 일찍부터 서방의 유럽

---

1) 長澤和俊, 《실크로드의 역사와 문화》 제7장 모래에 묻힌 文化, p. 75.

지역과 동방의 중국본토 사이를 잇는 문물교류의 중개지 역할을 하고 있었다. 이 지역의 중앙부는 황사로 유명한 곳인데, 그 북쪽의 천산산맥과 남쪽의 곤륜산맥은 유사의 영향으로 자연히 지형의 높낮이를 만들어내었고, 이들 산록 가운데의 비옥한 땅, 즉 오아시스 지대의 사람들이 정착하게 되면서 국가를 형성하게 되었던 것이다.

중국의 후한 말엽에 이르게 되면 서역 승려들의 중국 입국이 현저하게 늘어난다. 중국에서는 한역경전의 보급이 절실한 과제였기 때문에 서역승의 동점(東漸)을 적극적으로 후원하였다. 이와 같은 서역승들의 입국으로 많은 한역 불전들이 등장하였고, 그것은 중국 대륙에서 불교가 정착하게 되는 획기적인 계기가 된다. 현장(玄奘, Hsüan-tsang, 600~664)의 신역불전(新譯佛典)들이 많이 등장하는 7세기 후반에 이르기까지 서역승들의 활약은 끊임없이 진행되어 왔다. 이미 5호 16국의 시대에 들어서면서 불교는 안심입명을 위한 초월적 종교로 인식되었고, 각국의 제왕들은 다투어서 서역승을 초빙하였기 때문이다. 축법호(竺法護, Dharmarakṣa, 3~4경), 구마라집(鳩摩羅什, Kumārajīva, 343~413) 등이 그 대표적인 케이스였다.[2]

또한 4세기 후반부터는 한국이나 중국 스님들이 실크로드를 통해 대거 서역으로 구법을 떠나게 된다. 다행히 저술의 일편이 전하고 있는 혜초(慧超, 704~787) 이외에도 혜업(慧業, 미상, 선덕여왕(재위: 632~646) 때의 승려), 아리야발마(阿梨耶跋摩), 현태(玄太, 미상, 당 고종 永徽年間(650~656) 경에 인도 구법), 구본(求本) 등은 모두 서역을 여행한 신라의 求法僧들이다. 따라서 서역승의 입국과 많은 스님의 불교문화가 그 토양에 맞는 문화의 기반으로 자리를 잡게 된다. 특히 주

---

2) 서역승의 도래에 관해서는 《梁高僧傳》, 《出三藏記集》, 《漢魏兩晋南北朝佛敎史》 (中華書局, 1955) 등에 상세히 기술되어 있다.

목되는 점은 초기 한국불교의 전법(傳法) 승려들은 거의 인도나 서역 출신이라는 점이다. 대부분은 중국을 통해서 한국에 입국한 경우이지만, 인도에서 곧바로 건너온 경우도 적지 않은 것으로 본다. 본 논문에서는 실크로드를 넘나든 한국 승려들과 서역 승려들의 행적을 살펴보고, 그 사상적 의미를 논술하고자 한다.

2. 실크로드의 불교문화

기원전 250년경 중앙 아시아의 아무다리야(Amu-darya) 유역에서 박트리아(Bactria)국이 일어나는데, 이와 거의 같은 무렵 이란계 유목민인 파르니(Parni)족의 족장 아르사케스 1세(Arsakes, B.C. 250~211 경 재위)가 박트리아의 서쪽, 즉 오늘날 이란지역에다 새롭게 파르티아(Parthia)국을 세웠다. 이 파르티아국의 중국식 호칭이 이른바 안식국이다. 이 나라의 국왕이 대대로 아르샤카(Arshaka)라는 명칭으로 불렸기 때문에 자연히 안식국으로 표기하게 되었던 것이다. 그런데 이 파르티아인들은 본래 터키족과 동일한 민족으로 보이며, 거칠고 용맹스런 기마민족이었기 때문에 박트리아인들과 마찬가지로 그리스문화에는 동화되지 않았다. 오히려 그 후 동남방으로부터 들어온 불교의 영향을 받게 되는데, 이것이 안식국 불교의 기원이다.

기원전 2세기 중엽, 즉 중국의 한무제(B.C. 141~87) 때 장건(張騫)이 서역으로 파견되었을 무렵, 안식국은 이미 유목생활을 청산하고 농

---

3) 義淨 撰・李龍範 譯, 《大唐西域求法高僧傳》(東國大 현대불교신서 권26, 1980).
4) 鄭柄朝, 《西域의 佛敎》(東國大 실크로드 탐사보고서, 1994), pp.203~205.

경에 종사하면서 도성 내에 거주하고 있었다. 이 시기를 전후하여 지정학적 영향으로 동서 무역의 중개자가 되었으며, 이에 따라 상업·무역업 등이 번성하게 된다.

이 나라가 위치했던 이란 지역에는 원래 조로아스터교(Zoroastrianism)가 행해지고 있었는데, 다른 한편으로는 인도와의 교류에 따라 자연히 불교도 신봉하고 있었던 것으로 보인다. 우선 후한의 환제(桓帝, 146~167) 때(148) 낙양으로 건너갔던 안세고(安世高, Parthamasiris, 147년경 중국 도착)를 비롯하여, 영제(靈帝, 168~189) 때의 안현(安玄, 178), 삼국위(三國魏) 때의 담제(曇諦) 등이 중국으로 건너가 경전 번역에 종사했다는 기록이 보인다. 이들은 주로 부파불교의 문헌을 번역했던 것으로 판단되므로 이들의 본국인 안식국에서도 소승불교가 성행했던 것으로 볼 수밖에 없다.

여기서 특히 주목해야 할 사람은 안세고이다. 그는 원래 안식국의 황태자였다고 하며, 훗날 그 자리를 버리고 승려가 된 뒤, 중국으로 건너왔다고 한다. 안세고가 번역한 경전이 주로 소승계통이라고는 하지만, 그 중에는 《안반수의경(安般守意經)》 같은 선관(禪觀) 관계의 저술도 포함되어 있음에 주목해야 한다. 또한 경부(經部) 가운데서 《아함경》의 일부분을 번역한 것도 있다. 한편 안현의 초기불교에 미친 안식국 불교의 영향도 상당했으리라고 짐작된다. 오늘날 같은 선관의 교법은 남양(南陽: 河南省)의 한림(韓林), 회예(會稽: 浙江省)의 진혜(陣慧) 등이 실수(實修)의 문제를 제기함으로써 중국사상계에 소개하게 되었다고 전해진다. 그 뒤 삼국위 때, 안식국의 승려 담제가 중국으로 건너와 《사분율(四分律)》 관계의 경전을 번역했다. 그는 중국 계율의 기초를 닦은 사람으로 알려져 있다.[5]

---

5) 한국의 경우에는 百濟 謙益이 《律藏》의 산스크리트 本을 漢譯했다는 기록이 있

3세기 후반이 되면서, 안식국은 주변 부족이었던 페르시아의 사산왕조의 압력으로 인해 북쪽 변경의 아무다리야 유역으로 옮겨가게 되었다. 이때 중국에서는 전위(前魏)에서 서진(西晋) 시대(265~316)로 접어들고 있을 무렵인데, 안법현(安法賢)이라든가 안법흠(安法欽: 서진의 武帝 太康 2년(281)에 낙양에 옴) 등의 역경승이 중국으로 들어와 대승계통의 경전을 소개했다. 예를 들어 《화엄경(華嚴經, Avataṁsaka Sūtra)》의 일부분이라든가 《열반경(涅槃經, Nirvāṇa Sūtra)》의 별경(別經) 등이 안식국으로부터 전해지고 있다. 대체적으로 이 시기는 인도에서 대승불교가 큰 영향력을 얻은 시기였기 때문에 안식국 또한 그 사상적 영향을 입은 것으로 볼 수있다.

　다음으로 북인도의 북방 변경지역에 존재했던 계빈국, 즉 캐쉬미르(迦濕彌羅, Kaśmīra)국은 옛부터 중국에서, 이른바 새종족(塞種族)이라고 불리던 민족이 대월지국에게 망하여 이 곳에 나라를 세웠던 것이라고 한다. 현장의 《대당서역기(大唐西域記)》 권3에 의하면 캐쉬미르 국은 석존이 장차 마딘케이카(末田底迦)의 힘에 의해 불법이 융성한 나라로 될 것이라고 예언했던 인연을 전하고 있는데, 실제로 아쇼카(Aśoka)왕과 카니시카(Kaniṣka)왕의 불교보호정책이 미쳤던 곳이다. 나아가 현장은 이 나라의 불교에 대해 묘사하기를, 가람은 100여 곳, 승려는 5,000여 인이 있으며 불탑은 4곳에 있는데, 이것은 모두 아쇼카왕이 건립한 것이라고 기록하고 있다. 이 지역의 불교는 다분히 소승불교 중심이던 것으로 생각되지만, 대승불교적 요소가 전혀 없었던 것으로는 보이지 않는다. 예를 들어 《출삼장기집(出三藏記集)》의 《불타야사전(佛陀耶舍傳)》(권14)이나 《법용전(法勇傳)》(권15)을 보면 이 나라에서는 《허공장경(虛空藏經)》과 《관세음수기경(觀世音授記經)》의

　고, 新羅에서는 南山律宗이라고 통칭한다.

원본을 구할 수 있었다고 적고 있으며, 더욱이 그 북쪽의 총령 즉, 파미르(Pamir)고원 지대에는 대승과 인연이 많은 사거국(沙車國) 또는 자합국(子合國) 등의 나라가 있었고, 특히 동서 교통로에 해당하는 지점에 가까이 위치해 있었기 때문에, 대승적 흔적들이 전혀 없었다고 생각하는 것은 온당치 못하다고 본다.

실크로드의 근간이 되는 남북 양로를 따라 일어났던 남로의 호탄(Khotan, 우전국)과 북로의 쿠차(Kucha, 구자국)는 고대의 대표적인 불교국이었다.[6] 호탄이 세워진 시기는 대체로 아쇼카왕 시대 즉 기원전 3세기경의 일로 추정된다. 호탄의 불교 기원에 대해서는 지금까지 아쇼카왕 때의 일이라는 것이 정설로 받아들여지고 있다. 이후 3세기에서 5세기에 이르는 동안 호탄의 불교는 크게 발달했던 것으로 보여진다.[7] 예를 들어《송고승전(梁高僧傳)》권4의《주사행전(朱士行傳)》을 보면 삼국위 때에 초기 대승불전인《반야경(般若經)》정본 구십장(九十章)을 호탄에서 구했다는 기록이 있다. 이것은 대체로 260년경의 일이 된다. 또한 그 다음 시대인 북위국(北魏國)의 담무참(曇無讖)은 이 나라에 와《대반열반경(大般涅槃經)》의 산스크리트본 (경의 중간부분)을 얻었으며, 진(晋)의 지법령(支法領)도《화엄경》의 산스크리트본(앞부분의 36,000偈)을 이 나라에서 구했다는 기록이 보이는데, 이런 기록들은 모두 이 나라의 불교가 대승적이었다는 증거가 될 수 있다. 뿐만 아니라 이 시기에는 국성(國城) 교외의 우각산(牛角山, 瞿室餕伽山)이라는 성산(聖山)에 절이 세워져, 석가모니불이 머물면서 호탄불교의 융성을 예언했다던가, 또는 미륵불의 출세를 기다리던 대아라한이 이 산

---

6) 寺本婉雅,《于闐國史》(平樂寺書店, 1992) 참조.
7) 玄奘이나 慧超의 기록에 의해 볼 때, 호탄불교의 쇠퇴기는 5세기말로 보이며 法難도 있었던 듯하다. (鄭柄朝,《西域의 佛敎》, p.207)

의 석굴에서 멸심정(滅心定)에 든 채 정진하고 있었다는 전설이 생겨났다. 이것은 《화엄경》의 〈보살주처품〉에 나오는 우각산의 설화를 현전화한 것으로 생각되는 동시에 불국토 사상의 전개라는 면에서 흥미를 모은다.

동서문화의 교통 통로로서도 호탄에 이어 유명한 쿠차는 북로에 위치해 있던 고대국가이다. 쿠차 불교의 기원에 대해서 확실한 전거는 없지만 2~3세기경부터 불교가 시작된 것으로 보인다. 쿠차에서는 인도에서 전래된 초전불교가 행해지고 있었으며, 소승에다 대승사상이 추가됨으로써 구마라집 같은 위대한 인물

을 낳기에 이르렀다. 또한 혜초의 《왕오천축국전(往五天竺國傳)》에서는 쿠차에 소승법이 행해지고 있었음이 나타나는데, 이로 미루어 이 나라를 왕복하던 한승(漢僧) 즉 중국 계통의 승려들만 대승법을 행하고 있었던 것으로 보인다. 근래 서역 탐험대가 가져온 자료에 의하면 쿠차 주변에는 당나라 문화의 영향을 받은 것으로 보이는 지역이 있으며, 여기서 종종 대승교 계통의 굴원(窟院) 유적 또는 대승경전의 일부분이 발견되고 있다. 그러나 의식 등에서는 역시 소승적인 요소가 주류를 이루고 있었던 것으로 생각된다.

서역불교는 시대와 부족에 따라 각각 현저한 차이를 보이고 있지만, 초기에는 부파불교적 특성이 지배하였고 8세기 이후부터는 서서히 대승불교가 주류를 이룬다. 한편 돈황(敦煌, Tunhuang) 일대는 대략 786년경부터 티베트의 지배하에 들어간다. 8세기 후반부터 티베트의 세력이 급격히 부상하면서 이 지역의 강자로서 군림한 적이 있다. 이 기간은 약 60여 년 되는 것 가운데 티베트 불교의 것들은 대부분 변상도(變相圖)이다.

전통적으로 티베트의 밀교는 다음과 같은 네 가지 방법 — ① 소작(所作) 탄트라, ② 수행(修行) 탄트라, ③ 유가(瑜伽) 탄트라, ④ 무상유

가(無上瑜伽) 탄트라 — 으로 분류된다.[8] 첫째, 소작 탄트라는 기초적인 작법을 말한다. 이것은 단순한 삼매의 경지이다. 둘째, 수행 탄트라는 예배법에 대한 해설이다. 셋째, 유가 탄트라는 삼밀행(三蜜行)이 완전히 갖추어져서 진언(眞言)·인상(印相) 만다라를 사용해서 내가 곧바로 대일여래라고 하는 자각을 갖는 시기이다. 넷째, 무상유가(無上瑜伽) 탄트라는 최고의 탄트라(Tantra)라는 뜻이다. 티베트에서는 특히 달라이라마(Dalai Lama)라는 독특한 종교지도자의 인격성으로 대비시키기도 한다.

　인도에서 서역으로 전래된 밀교 루트에 관해서도 이론이 많지만 대략 캐쉬미르 간다라를 거쳐 힌두쿠시(Hindukush)와 파미르 고원을 넘는 길일 것이라고 추정한다. 8세기 후반부터 인도대륙은 서서히 정치적 혼란을 겪게 되고 불교교단은 혼미를 거듭하게 되면서, 불교의 잔존세력은 데칸고원(Deccan Plateau)이남의 인도 남부로 피신하거나 티베트 등 서역으로 피신하게 된다. 그때 그들이 주로 전파시켰던 밀교가[9] 결국 이 일대의 열악한 자연환경에 대한 경외심과 습합하면서 하나의 전통으로 자리잡게 된다.

---

8) 티베트의 學僧 푸톤(Buston rin chen grub, 1290~1364)이 이와 같은 분류의 효시이다. (賴富本宏, 《密敎의 역사적 진리》, p.18)
9) 점성술이나 논리학, 불교의학에 이르기까지 티베트 불교의 밀교적 경향은 강하게 표출되고 있다. 한국의 경우 강력한 채색의 단청이나 붉은 색 위주의 탱화 조성 등은 밀교적 경향이라고 본다. 또 고려에 들면서부터 나타나는 탑의 장식화 경향 또한 라마(Lama) 불교의 직접적 영향이다.

3. 西域 승려의 불교전파

1) 한국불교 초전(初傳)의 특징

우리 나라에 불법이 들어온 것은 고구려 소수림왕 2년(372)에 중국 태왕 부견(P'u Chien, 338~385)이 사자를 시켜 불상과 경문을 보냄과 동시에, 부도(浮屠) 순도(順道)가 따라 들어오게 되면서부터이다. 또 백제에는 침류왕(枕流王) 원년(384)에 진(晋) 나라로부터 호승(胡僧) 마라난타(摩羅難陀, Marananta)가 찾아옴으로써 불교가 전래되어 279년 동안 유포하였고, 신라시대는 법흥왕 15년(528)에 국교령을 편 이래 신라의 마지막 왕인 경순왕 9년(935)까지 약 407년 동안 불교가 성행하였다.

이러한 한국불교의 초전은 중국을 통한 불교전래의 성격을 나타낸다. 그러나 인도로부터 백제·신라·가야 등지에 직접 전래되었을 가능성도 농후하다. 예를 들면 김해·구포지역에 집중적으로 나타나는 아쇼카 대왕과 관련된 불상과 탑이 많다는 점, 한라산에 위치한 존자암의 연원에서 나타나는 점,[10] 수로왕의 부인인 허황후가 인도인이라는 점들 외에도 많은 부분에서 인도의 불교가 직접 전래되었을 가능성을 충분히 보여주고 있으며 이 분야에 대해서는 지금도 학계의 폭넓은 연구가 진행 중에 있다.

먼저 중국을 통한 고구려의 불교전래는 그 성격이 정치적 상황에 따른 것이라 할 수 있다. 4세기경의 중국은 5호 16국 시대로 혼란시기였

---

10) 제주도 한라산의 尊者庵은 阿羅漢의 설법처로 알려져 왔다. 이 일대를 불래골이라고 하는데, 필자는 그 이름이 소승불교의 성자를 의미하는 不來에서 왔다고 보고 있다.
11) 拙稿, 《韓國佛教思想史》(연세대출판부, 1990).

으며 한반도 또한 삼국이 점점 대치하는 상황이었다. 이에 국경을 서로 접하고 있는 고구려와 전진은 선린관계를 유지하기 위해 전진의 국교인 불교를 우호사절로써 고구려에 파견했던 것이다.[11] 이러한 시기에 입국한 순도는 어떠한 사람인지는 잘 알 수 없으나 덕이 높고 표치(標致)가 뛰어났으며, 인자하고 연민에 넘치는 마음으로 중생을 제도하고자 하여 부처님의 교화를 널리 펴기로 결심하고 중국을 두루 돌아다니며 이르는 곳마다 기회가 있으면 사람들을 가르치기를 게을리 하지 않았다. 고구려에 불교가 전래된 이후 소수림왕은 성문사(省門寺)를 창건하여 순도를 여기에 머물게 했다. 또한 소수림왕 4년(374)에 아도가 진으로부터 왔는데, 왕이 이불란사를 지어 아도를 있게 하였다.

　백제에 불교를 전래한 이는 마라난타라는 인도 스님이다. 그는 신통함이 사물에 감통(感通)하여 그 변화를 헤아릴 수 없었다. 사방으로 주유함에 뜻을 두어 어느 한 곳에 체류하지 않았다. 옛기록을 보면, 그는 본래 천축으로부터 중국에 들어가 인재를 따라 몸을 의지하고 남 모르게 벗을 불렀으며, 위태롭고 험난한 땅으로 다니면서 온갖 어려움과 신고를 무릅쓰고 겪으며 인연이 있으면 따라가서, 아무리 먼 곳이라도 밟지 않은 곳이 없었다고 한다. 침류왕 원년(384) 9월에 진(晉)으로부터 백제에 오니 왕이 교외에 나가 맞이하여 공경히 받들고 공양하여 받들고, 공양하여 그의 설법을 받았다. 침류왕 2년(385) 봄에 한산(漢山, 지금의 南漢山)에다 절을 창건하고 승려 열 사람을 보냈는데 이것은 법사를 높이 대우했기 때문이다. 따라서 백제가 고구려 다음으로 불교를 일으켰다.

　신라의 경우에는 불교전래의 시기가 뚜렷하지 않지만 눌지왕(訥祗王, 417~457) 때 묵호자(黑胡子)란 사람이 고구려에서 일선군(一善郡, 지금의 경상북도 善山郡지역)으로 와서 교화를 편 인연이 있어, 그 고을 사람 모례(毛禮)가 집안에 굴을 파고 모셨다. 이때 양나라에서 사신을 시켜 의복과 향물(香物)을 보내왔는데, 군신 중에서 향물의 이름과 사용하는 바를 아무도 아는 이가 없었다. 이에 묵호자는 그 이름을 말하고 이르기를 "이것을 태우면 냄새가 향기로와 정성이 신령에 통할 수 있게 되니, 이른바 신령이란 삼보를 뜻하는데 그 첫째는 불타요, 둘째는 달마요, 셋째는 승가라 이른다. 이 향을 사르고 축원하면 반드시 신령한 감응이 있을 것이다."라고 하였다. 때마침 공주가 병이 나서 위독하여 왕은 묵호자로 하여금 향을 사르고 서원을 올리게 하였더니 곧 병이 나았으며 이후 묵호자는 갑자기 사라졌다.

  이 부분에서 신라의 초기에 전래된 불교의 특징을 추정해 볼 수 있다. 첫째, 묵호자가 굴에서 머물렀다는 점은 당시까지도 신라에서는 불교가 공인을 받지 못했다는 점을 나타내 준다. 둘째, '묵호자'란 이름 자체에서 인도승려라는 점이 짙게 나타난다. 이와 동시에 의학적 지식을 소유한 지식인의 인물로 추정되는데, 공주의 병을 치료할 수 있었다는 점과 인도에서 우리 나라까지의 긴 여정을 생각한다면 적어도 상당한 의학적 지식을 소유하고 있었기에 가능하리라는 점이다. 셋째, 불교를 아주 간략하면서도 일목요연하게 설명한 삼보의 부분을 미뤄보아 아주 비범한 인물임을 추정할 수 있다. 넷째, 공주의 병을 치료함으로써 불교가 부분적으로 인정받게 되는 부분은 한국불교가 기복적 성격을 띠게 됨을 암시해 준다고 볼 수 있다.[12]

  한편, 묵호자와 아도에 관련된 문제점들이 나타난다. 즉 여러 자료들에서 묵호자와 아도의 비슷한 행적과 그 시기도 또한 비슷한 부분들이 이 두 사람을 동일 인물로 간주하는가 하면, 아도의 행적이 미추왕(262~283) 때의 일로 나타나면서 소수림왕 때의 순도와 동시대의 인물로 보고 있기도 한다.[13] 예를 들면, 양나라 대통(大通) 원년(527) 3월 11

---

12) 鄭柄朝, Ibid.

일에 아도가 일선군에 오니 천지가 진동하였다. 스님은 왼손에 금환석장(金環錫杖)을 쥐고, 오른손에는 옥발응기(玉鉢應器)를 들고, 몸에는 누더기 장삼을 입고, 입으론 화전(花詮)을 외면서 신사(信士) 모례의 집에 찾아왔다. 때마침 오나라 사신이 다섯 가지의 향을 가지고 와서 원종왕(原宗王)에게 바쳤는데, 향을 쓸 데를 몰라 사자가 아도에게 가서 물었다. 이에 아도는 "그 향은 불로 태워 부처님께 공양하는 것이다."라고 말하였다. 그 사자는 아도와 함께 경사(京師)로 돌아오니 왕은 오나라 사신을 보라고 명하였다. 이에 사신은 아도에게 절하고 말하기를 "이런 변방의 나라를 고승께서 멀다 않으시고 어찌 찾아오셨습니까?"라고 말하였다. 이로 인해 불승(佛僧)은 공경해야 하는 것임을 알고 칙령으로 반행(班行)을 허가하였다고 한다. 또 고득상(高得相)의 시사(詩史)를 살펴보면, "양나라에서 사신 원표(元表)를 시켜 침단향(沈檀香)과 경상(經像)을 보내왔는데, 그것을 어디 쓰는지 몰라 사방으로 물었다. 때마침 아도 스님을 만나 법상(法相)을 가르쳐 주었다."라고 적혀 있고, 그 주석에, "아도는 두 차례나 점율(斬戮)의 해를 당했으나 신통력으로 죽지 않았으며, 모례의 집에 숨은 사람은 곧 양나라와 오나라의 사신이었다."라고 기록되어 있다. 그러나 박인량(朴寅亮, ?~1096)이 지은 《수이전(殊異傳)》을 살펴보면, 아도의 아버지는 위나라 사람 굴마(堀摩)이고, 어머니는 고도령(高道寧)으로서 고구려 사람이라고 한다. 이후 어머니의 가르침을 따라 스님이 되었고, 16세에 위나라로 들어가 현창화상(玄彰和尙)에게서 배움을 받았다. 19세에 돌아와 역시 어머니의 가르침을 따라 신라의 궐서리(闕西里, 지금의 嚴

---

13) 一然은 阿道基羅에서 이 두 인물이 同一人이라고 간주하고 있다.
14) '阿道'는 뜻으로 번역할 수 없기 때문에 산스크리트의 음譯일 수 있다. 그러나 六堂 崔南善(1890~1957)은 이를 '아두'의 와전이라고 해석한 바 있다. 順道의 경우도 뜻으로 해석하기 곤란하다.

莊寺)에 살았는데, 이때는 미추왕이 즉위한 지 2년인 263년에 해당한다. 이때 미추왕에게 불교를 시행할 것을 청하였는데, 왕은 전에 한번도 보지 못하던 스님이라 괴상하게 여겼고 심지어는 죽이려는 사람도 있었으므로, 아도는 속촌(續村) 모록(毛祿)의 집으로 물러나 숨었는데 선주(善州)라는 곳이다. 이후 3년(266)이 지나던 해에 성국궁주(成國宮主)가 병들어 누워 낫지 않았으므로 사람을 사방으로 보내어 병 고칠 사람을 찾던 중 아도가 치료하여 낫게 하였다. 이에 미추왕은 아도의 청을 받아들여 천경림(天鏡林)에 절을 창건하기로 허락하였지만, 불교에 대한 당시의 인식이 희박하였기 때문에 가난한 초가집으로 절을 삼았다. 그 뒤 7년(273)이 되어서야 비로소 불에 귀의하려는 이가 찾아와 법설을 들었으며 모록의 여동생 사시(史侍)도 또한 승려가 되었다. 이에 삼천(三川)의 거리에 절을 세워 영흥사(永興寺)라 이르고 그곳에 의지해 살았으며, 미추왕 이후 부도(浮圖)를 공경하지 않게 되자 다시 속촌으로 돌아와 스스로 무덤을 만들고 그 속에 들어가 봉분을 닫고 입적을 보였다고 한다. 이러한 부분들을 시기적으로 보았을 때 뿐만 아니라 아도와 묵호자를 별명으로 보았을 때, 아도는 어린애와 같이 머리를 깎은 인도승려를 나타나는 '아두(阿頭)'에서 비롯된 이름으로 보인다.[14] 이는 곧 아도와 묵호자가 동일인으로 간주될 수 있는 하나의 증거라고 본다. 즉 삼국불교의 초전을 주도한 이들은 모두 서역 승려였음을 알 수 있고, 묵호자의 삼보관(三寶觀)에서 보는 대로 그들의 사상 경향은 대승불교적이었음을 알 수 있다. 아울러 모례의 기사에서 보는 대로, 이들 서역 승려의 전법이 순조롭지 못했고, 상당한 박해와 정치적·사회적 압력을 시사하고 있다.

2) 한국 불교미술의 서역적 영향

간다라(Gandhara) 지역이 동서문화의 교차로로서 세계문화사상 중요시되고 있는 것은 주지의 사실이다. 특히 불교미술의 경우에는 간다라 불상이 서역·중국, 그리고 우리 나라 초기 불상의 근간이 되고 있었다. 간다라는 좁은 의미에서는 페샤와르(Peshawar) 분지의 옛 간다라국 영토를 가리키지만 보편적으로는 페샤와르뿐 아니라 스와트(Swat)·탁실라(Taxila)·핫다(Hadda) 등 이른바 실크로드의 북부 인도 지역을 통칭하는 의미로 쓰인다. 이 일대는 7세기경에 이르면 대승불교의 중심지로서 각광을 받게 된다.

① 《법화경, Saddharma Puṇḍarīka Sūtra)》,《아미타경, Amitābha Sūtra》등의 원본은 모두 이 지역에서 발견되었기 때문에 그 편찬지로 볼 수 있다. (權尾 匡,《佛敎經典槪說》, 日本 東京, 1933).

② 대승불전의 중국어 번역을 담당한 승려들은 대부분이 간다라 지역 출신이었다. (宮本正尊,《大乘佛敎の成立史的 硏究》, 日本 東京, 1972. pp. 485~493)

③ 유식(Yagācāra)불교의 완성자인 무착(無着, Asaṅga, 310~390), 세친(世親, Vasubandhu, 320~400) 또 그들의 스승인 미륵(彌勒, Maitreya, 270~350) 등도 간다라 출신이며, 카니쉬카(Kanishka) 사원에 그들의 유적이 남아 있다. (玄奘,《大唐西域記》권2, [健陀羅國])

간다라 지역의 불교미술이 직접적으로 신라에 끼친 영향으로는 마애불 조성을 들 수 있다. 스와트 지역에는 특히 마애불의 조성이 많았다. 우리 나라의 경우에는 경주 남산의 마애불 군이 그 대표적 실례이다.

우선 두 지역의 마애불상이 갖는 공통적 현상을 살펴본다.

① 통견(通肩) 불좌상이 많다. 이때의 수인은 모두 선정인을 취하고 있다.

② 우견편단(右肩偏袒) 불상의 경우에는 지권인(智拳印), 혹은 항마인(降魔印)이 많다.

물론 간다라 지역의 경우에는 좌상과 입상이 거의 비슷한 수요이지만, 우리 나라의 경우에는 좌상이 압도적이다. 또 수인의 경우에도 조성하는 이의 원력에 따라 상이한 불상이 있을 수 있다. 그러나 그 조형양식은 철저히 간다라적 수법(手法)이라는 점에서 신라와 인도 문화교류의 전형을 보여주고 있는 것이다.[15]

4세기 후반부터 한국이나 중국 스님들이 대거 서역으로 구법을 떠나게 되면서, 인도불교의 조각기법과 예술성 등이 동쪽으로 전래되었는데 그 천축 여행의 길목에 있던 서역불교도 그 직접적인 영향을 받게 된다.

불교예술의 조각기법은 서역남도와 북도의 경향이 현저하게 다르다. 서역남도에 있던 서역불교는 간다라지방의 불교예술적 성향이 보다 직접적으로 나타나고 있다. 그리스 예술적인 기법이 담긴 간다라 예술의 양식대로 묘사하며 특히 이 지역에는 스투파(Stūpa)가 많다. 니야, 누란, 단단위릭 등지에서 발견된 이곳의 스투파는 이른바 간다라 형식이 그 주종을 이루고 있다.[16] 밥그릇을 엎어놓은 형태의 탑신과 기단부에 나타나는 희랍식 기둥돌의 조각 등이 전형을 이루고 있는 것이다.

반면 서역 북부지역에는 스투파 대신 굴원의 건립이 성행한다. 자연적 암벽 속에 굴을 만들고 그 벽면에는 불상, 보살상 혹은 본생담(Jātaka)의 설화 등을 주로 조각한다. 간혹 벽화도 발견된 바 있는데 역시 그 테마는 팔상도, 본생담 등이 주류를 이루고 있다. 다만 원만상

---

15) 文明大, 〈카르카이(karkai) 간다라 마애불상의 비교연구〉, 제2회 국제학술세미나 주제발표 논문, pp. 91~93.
16) 文明大 외, 제2회 국제학술세미나, "인도미술과 한국미술의 비교연구", 1998.

보다는 험상궂은 모습의 조각상이 많은데, 이것은 거친 자연을 지킨다는 수호의 의지가 강하게 작용하고 있기 때문인 것으로 보인다. 특히 쿠차, 투르판 등지의 석굴사원 양식은 돈황·운강(雲崗)을 거쳐 우리나라의 동해변 석불사(石佛寺)의 조형에 지대한 영향을 끼치게 된다.

한편, 한국불교의 초전에 있어 불교미술의 서역적 영향을 가늠할 수 있는 부분은 구체적인 자료로 남아 있지는 않으며, 일반적으로 불교전래의 과정과 특징에서 나타나는 뚜렷한 불사는 사찰의 건립이다. 고구려 소수림왕은 성문사와 이불란사를 창건했고 백제 침류왕은 한산에 절을 창건했다는 부분은 불교의 공인과 더불어 불교미술이 본격적으로 전개되었다는 점을 시사해준다. 그리고 당시 사찰의 건립방식은 불교전래 시기상 중국을 경유하였다고 하더라도 완전히 중국화되었다고 보기에는 아직 시기상조이다.

고구려의 유물 중에서 서역적인 영향을 나타내 주는 것 가운데 하나는 1959년 서울 뚝섬에서 발견된 인도적인 선정인을 하고 있는 금동불좌상을 들 수 있다. 이는 4세기경의 불상으로 추정되는데 이 시기 중국에는 인도의 영향이 절대적인 간다라 불상이 유행하고 있었다. 또한 이와 비슷한 양식의 불상이 1985년 국내성이었던 집안에서 출토되어 고구려 초기의 불상형식을 잘 말해주고 있다. 이와 더불어 고구려 초기의 불교미술을 알려주는 중요한 유적이 장천일호분벽화(長川一號墳壁畵)이다. 여기에 그려진 불상그림은 대부분 돈황벽화의 불상그림과 매우 흡사하며 앞서 발견되었던 불상과도 비슷한 양식을 보여주고 있다.

백제의 경우 불교의 초전에서 나타나는 뚜렷한 유적들을 찾아 볼 수 없다. 단지 인도 승려 마라난타가 불교를 전래한 점과 한산(漢山)에 절을 창건한 점으로 미뤄 보아 인도의 영향을 받은 불상 및 불화가 있었을 것으로 추정된다. 그리고 고구려와 연계성을 찾으면서 검토해 본다면, 고구려의 불상과 불화의 양식에서 크게 벗어나지 않았으리라고 추정된다. 즉 불교가 공인되는 시점이 시기적으로 크게 차이가 나지 않으며 당시 한강을 중심으로 펼쳐진 고구려와의 관계를 본다면 뚝섬에서 발견된 인도풍의 금동불좌상의 양식을 크게 벗어나지 않았을 것이다.

신라는 눌지왕 때에 불교가 전래되었지만 법흥왕 14년(527)에 공인받을 정도로 고구려와 백제에 비해 당시의 사회가 폐쇄적이었다고 할 수 있다.[17] 하지만 초기 불교미술에 있어서는 공인이 늦었던 만큼 고구려와 백제의 영향을 많이 받았을 것이다. 따라서 신라에서도 불교공인 초기에는 불상과 불화의 제작이 활발했을 것으로 보인다. 신라의 초기 불교미술의 흔적을 볼 수 있는 유물은 황룡사 금동불입상정도이다. 이상의 초기전래 과정에서 나타난 특징은 당시의 불교미술 양식이 완전히 중국화된 불교였다기보다는 어느 정도 인도적인 간다라 양식에서 크게 벗어나지 않았음을 알 수 있다. 이후 한국불교는 그 전개과정상 사회에 엄청난 영향력을 발휘하면서 불교미술에도 지대한 영향을 끼쳤다. 그 대표적인 예가 반가사유상들과 신라화랑들과의 관계에서 볼 수 있다. 반가사유상의 연원을 살펴보면, 원래 인도에서는 반가사유상을 관음보살상으로 부르는데 이 관음보살상이 중국으로 넘어오면서 부처님의 세속 모습을 형상화시킨 태자사유상으로 만들어진다. 이후 이 태자사유상은 6세기부터 미륵보살이 하생을 고민하는 모습인 미륵보살상으로 형상화되었다. 이에 신라에서는 미래의 주역으로 화랑을 미륵보살로 상징했기 때문에 그 맥을 같이 하고 있으며, 국보 78호와 83호 금동미륵보살반가사유상과 봉화군 물야면 석조반가사유상들을 이 시기의 대표작으로 꼽을 수 있다. 또한 신라의 통일과 해외 유학승려의 귀국 등으

---

[17] 백제나 고구려가 강력한 전제왕권을 형성한 데 반해, 신라의 경우에는 법흥왕 이후부터가 그 기점이었다고 볼 수 있다. 즉 六村長 중심의 권력구조가 고대 신라 발전의 저해요소였다고 평가할 수 있다.

로 불교문화는 한층 더 꽃을 피우게 되는데, 바로 이 시기가 불교문화의 황금기라고 할 수 있다. 인도 굽타(Gupta) 및 당의 사실주의 양식(불상이나 기타 조각들을 대상 그 자체와 비슷하게 조각한다)을 받아들인 신라에서는 보다 새롭고 세련된 양식의 불교미술을 전개하게 되는데, 그 대표적인 예들이 태종무열왕릉의 귀부(龜趺)나 이수(離首), 김유신 묘의 십이지신상, 감은사 사리기사천왕상(舍利器四天王像), 사천왕사 소조신장상(塑造神將像), 안압지 출토 금동삼존상(金銅三尊像), 경주박물관 사암불입상 등을 들 수 있다. 그리고 이를 집대성한 것이 바로 토함산 석굴암이다.[18]

이는 불교미술에 있어 인도 및 서역, 중국으로 전개된 미술기법이 총 망라되어 있고, 바로 그 밑바탕에는 신라의 뛰어난 미의식이 반영되어 있다고 볼 수 있다.

4. 실크로드를 넘나든 한국 스님

1) 나란다사의 한국 스님들

나란다(Nālandā)사는 실리샤갈라순저(室利鑠羯羅眹底, Srisakraditya : 帝日王, Kumaragupta(415~454)의 異名)가 북인도의 필추할 라사반사(苾芻曷羅社槃社)를 위하여 세운 것이다. 이 절의 처음 기틀은 겨우 사방이 도(堵: 一丈의 울타리로둘러싸인 넓이가 一板, 五板의 넓이가 一堵) 남짓하였다. 그 뒤에 왕의 후손들이 이어서 절을 확장하였다. 절의 규모는 매우 커서 인도 전역에서 이보다 더 큰절은 없다. 그

---

18) 한국불교연구원 사찰시리즈 2, 《석굴암》, pp.31~52.

절의 규모를 대략 살펴보면, 그 형태는 정사각형이며 사면에는 직선의 처마로 된 집이 지어져 있고 장랑은 이들을 둘러싼 형태로 이어져 있다. 즉 예배소의 기능을 지닌 챠이티야(chaitya)와 수행소로서의 비하라(vihara)가 합쳐진 형태이다. 이는 실리나란타막하비하라(室利那爛陀莫訶毘訶羅)의 모습이다. 번역하면 길상신용대주처(吉祥神龍大住處)라고 한다. 인도에서는 무릇 군주 및 고관에 속하는 사람과 아울러 큰 사찰의 이름을 부르는 데 있어서는 모두 먼저 실리(室利)라는 말을 붙이는데 그 뜻은 길상존귀(吉祥尊貴)라는 말이다. 나란다는 곧 용의 이름이며, 이를 이름으로 삼았다. 비하라(毘訶羅)는 곧 '사는 곳'이라는 뜻이며 이것을 절(寺)이라고 한다.

이 절은 남으로 왕성을 바라보아 겨우 30리이며, 영취산, 죽원은 모두 그 성 곁에 있다. 서남쪽으로는 대각사를 향하고 정남에는 존족산(尊足山)이 있어 모두 대략 일곱 역(一驛: 약 30리) 가량의 거리다. 북으로 벽사리까지는 25역이고, 서쪽으로 녹원을 바라보고 20여 역이다. 동으로 탐마립저국(耽摩立底國)으로 향하면 60~70역이면 도착한다. 즉 해구(海口)로 배를 타고 당으로 돌아가는 곳이다. 이 나란다사 안에는 승려의 수가 3천5백 명이 되며 절에 속하는 마을과 농장은 201소인데 모두 역대의 군왕이 그 인호(人戶)를 바쳐 길이 공양에 충당한 것이다.

이 절의 사제(寺制)는 극히 엄격하다. 보름마다 전사(典事: 절 일을 담당)와 좌사(佐史: 典事를 보좌)로 하여금 방을 돌아다니며 사제를 읽게 해서 스스로 되새겨 지켜 나가도록 했다. 여러 스님들의 이름은 국가의 호적에 넣지 않는다. 이 가운데서 죄를 범한 사람이 있으면 승려들 스스로 벌을 주며 국가에서 간섭은 하지 않는다. 이런 이유로 승려들은 모두가 서로 존경하고 또한 두려워한다.[19]

이러한 구법의 중심인 나란다사에도 한국 스님의 자취가 남아 있다.

그 흔적들을 살펴보자면, 여러 명의 신라 스님과 한 명의 고구려 스님이 있다. 아리야발마(阿離耶跋摩: Aryavarma)는 처음에 신라로부터 중국에 들어가 스승을 찾아 배우며 어디든지 참례하지 않음이 없었다. 오직 당시를 규범할 뿐만 아니라 또한 내세까지 구제하려 하였다. 당 태종의 정관 원년(627~649)에 장안의 광협(廣脇)을 떠나 인도에 와서 불교의 정법을 추구하고 성스러운 불교유적을 몸소 순례하였다. 나란다사에 머물면서 불교윤리의 율과 이론의 학문인 논을 익히고 여러 가지 불경을 간추려 베꼈다. 이후 이 절에서 돌아가셨으며 나이는 70세였다.

혜업법사(慧業法師)는 도량과 재간이 온화하고 깊었으며, 기도(氣度)가 굳고 원대하며, 용의가 준엄하고 풍채와 골격이 깎은 듯했다. 정관 년간에 인도로 갔다. 언제나 맑은 새벽에는 깊은 숲속에 들어가 숨고 밝은 달이 하늘에 잠기면 먼길을 떠나곤 하였다. 생명을 가벼이 여기고 법을 따라감으로 그 뜻은 불교를 널리 베풀고자 하였다. 대각사에 머물면서 성스러운 불교유적을 순례하고 나란다사에 진구(眞久)의 청으로 머무르면서 《정명경(淨名經)》[20]을 읽고 더불어 당나라의 책도 아울러 검열해서 속뜻을 모두 통했다. 《양론하기(梁論下記)》에 "불치수(佛齒樹) 밑에서 신라 중 혜업 씀."이라 기록되어 있으며 또 전에는 "혜업이 이때 죽으니 나이 60이 넘었다."라고 전해진다.

현태법사(玄太法師)는 인도의 이름이 살바진야제바(薩婆眞若提婆, Sarvajinadeva: 一切智天)이다. 어려서부터 사람됨이 깊고 침착하여 대인의 기상이 있었고, 생강이나 파같이 맵거나 냄새가 나는 채소를 먹지 않았고, 남과 다툼을 싫어했다. 일찍이 배를 타고 당나라에 가서 유

---

19) 義淨,《大唐西域求法高僧傳》, pp. 63~64.
20) 《維摩詰所說經》,《維摩經》의 다른 이름.

학했는데 학문이 보통이 아니어서 오묘하고 현미한 이치를 연구하여 밝혔다. 영휘(永徽) 년간(650~656)에 티베트를 경유하는 길을 잡아 네팔을 거쳐 중부 인도에 이르렀다. 보리수를 예배하고 사자존자(師子尊者)의 유행같이 반려(伴侶)를 구하지 않았다. 오루(五樓)의 금책(金策)을 떨치고 삼도의 보계를 바라보았으니, 멀리 간난과 위험을 무릅쓰고 그 나라 풍토를 두루 유람하였으나 다하지 못하고 대각사로 가서 불교의 경과 여러 논을 상세히 조사한 후 발걸음을 중국으로 돌렸다. 토욕혼(吐浴渾)에 이르러 도희법사(道希法師)와 만나게 되어 다시 더불어 발길을 인도로 돌려 대각사에 돌아왔다. 그 뒤 당나라로 돌아왔으나 그가 언제 죽었는지는 알 수 없다.

현각법사(玄恪法師)는 어려서부터 뛰어났고 경직하였으며, 넓은 지식과 견문을 갖추고 있었다. 성품이 강설하기를 좋아하여 감응하는데 나아가 기회가 있을 때마다 설교하니 그때 사람들이 그를 가리켜 불 속의 연꽃이라고 하였다. 현조법사(玄照法師)와 더불어 정관 년간에 다 같이 대각사에 이르렀다. 공부할 때는 깊이 연구하여 마치 옥을 갈아 그릇을 이룬 듯하였다고 한다. 그곳을 예경하는 소원을 품고 나서 병에 걸려 죽었는데, 나이는 고작 40세를 넘었을 뿐이다. 현조스님 또한 신라의 높은 법사로서 현각법사와 함께 같은 과정으로 처음과 끝이 같은 법을 닦았으나 그 종적을 알 수 없다.

혜륜선사(慧輪禪師)의 범명(梵名)은 반야발마(般若跋摩, Prajnavarmah; 慧甲)라고 한다. 신라에서 출가하여 성스러운 불교유적을 순배할 뜻을 품고 뱃길로 중국의 복건(福建)에 상륙하여 육로를 걸어서 장안에 도착하였다. 그 후 칙명(勅命)을 받들어 인도로 가기로 된 현조법사(玄照法師)의 시자로 따라가게 되었다. 인도에 가서는 고루 성스러운 불교유적을 돌아 참배하고 갠지즈 강 북쪽의 암마리발왕국(菴摩離跋王國)에 가서 그 국왕이 세운 신자사(信者寺)에서 10년을 살았다. 이후 동쪽으로 가서 북방의 토카라 스님들이 사는 절(覩貨羅僧寺)에 머물렀다. 원래 이 절은 토카라 사람이 그 본국의 승려를 위하여 세운 것이다. 이 절은 자산이 충분하여 공양 및 식사차림이 이보다 더한 곳이라고는 없었다. 그러므로 북방에서 왕래하는 호승들이 모두 이 절에 모여 저마다 법문을 닦았다. 이 절 이름은 건타라산다(建陀羅山茶)라고 하였다. 혜륜스님은 이 절에 머물렀다. 이미 범어를 잘 하였으므로 구사도 깊이 연구하였다. 이때 혜륜스님의 나이는 40세 남짓 되었다.

또 다른 신라 스님 두 분이 있었는데, 죽은 뒤에 지어주는 이름인 휘는 알 수 없다. 장안에서 출발하여 멀리 남해로 갔었다. 배를 타고 슈리비쟈국(室利佛逝國)의 서쪽 파로사국(波魯斯國)에 이르렀으며 모두 병에 걸려 죽었다.

현유(玄遊)스님은 고구려 스님이다. 성품이 허영(虛靈)하고 투명하였으며 타고난 자질이 온후하고 고아하였다. 이리(二利), 즉 자리와 이타를 생각하고 여러 스승을 찾아 도를 구하는 데 뜻을 두었다. 조그마한 물줄기를 따라 근원을 거슬러 찾았고, 깊숙한 골짜기에 사색하는 집을 짓기도 하였다. 당나라에 들어가 승철선사(僧哲禪師)를 예로써 섬기며 옷을 걷어 올리고 불교의 깊은 뜻을 물었다. 성인의 자취를 사모하여 배를 타고 인도에 건너가 교화에 맞추어 인연을 따라 성지의 순례를 대강 마쳤다. 동인도에 가서 유람할 때, 항상 왕자를 따라 다니다가 그대로 그곳에 머물러 살았다. 지혜의 횃불은 진작부터 밝았고 선의 가지도 일찍이 무성하였으므로 불법을 끝까지 궁구하여 도량을 마냥 채웠다.

신라에《80화엄경(八十華嚴經)》을 도입한 인물로 원표(元表) 또한 주목할 만한 인물이다.

《송고승전(宋高僧傳)》에 언급되고 있는 기록은 다음과 같다.

"승 원표는 본래 삼한인(三韓人)이다. 천보년간(天寶年間, 742~755)에 입당하여 천하를 다녔다. 그는 서역에 가서 성지를 참배하였는데, 심왕(心王)보살을 만나 지리산(支提山)의 영부(靈府)를 지시받았다. 그리하여 80권 화엄경을 짊어지고 곽동산(霍童山)을 심방(尋訪)하며 천관(天冠)보살님께 예배하였고, 지제산의 석실에 이르러 집을 삼았다. … 중략… 원표는 경을 가지고 머물면서 산골물을 마시고 나무열매를 먹었다. 이후에는 그의 자취를 알 수 없었다. 회창폐불(會昌廢佛: 841~845) 때 이 경을 화려목(華櫚木)으로 만든 함에 넣어 석실 깊숙한 곳에 보관하였다. 선종(宣宗) 대중(大中) 원년(A.D. 846)에 보복사(保福寺)의 혜평(慧評)선사가 이 이야기를 듣고 신사(信士)들과 함께 감로도위원(甘露都尉院)에 나가 경을 받았다. 그 경의 지묵이 방금 베낀 것 같았고, 지금 복주승사(福州僧寺)에 보관하고 있다."[21]

본문에는 원표를 삼한인이라고 하였고, 제호에는 고려 즉, 고구려 사람이라고 기록하였다. 이때는 이미 고구려가 멸망한 지 70여 년 후이기 때문에 고구려계의 유민이었던 신라 사람이라고 보아야 한다.

주지하는 대로 80화엄은 60화엄에 비해 볼 때, 신역이다. 특히 금강산 신앙 등 새로운 사상 형태가 담겨 있기 때문에 의상 이후의 화엄종 사상가들에게는 가장 기본적인 텍스트가 되었다.

위의 기록대로라면 원표가 보관했다는 《80화엄경》은 대중 원년에 발견되었고, 《송고승전》을 편찬하던 988년 당시에도 남아 있었음이 확실하다. 신라에서의 80화엄 유통이 언제부터인가는 좀더 연구해야 할 문제이지만, 8세기초로 보는 데는 문제가 없다. 의상의 시대 때에는 60화엄, 그 이후에는 80화엄과 병행한 연구가 성행했다고 볼 수 있다.

---

21) 《宋高僧傳》 권30, 雜科聲德篇 10~2, 唐高麗國 元表傳(T. 권50, p.895 B).

또 원표의 인도 여행과 관련하여 그가 인도와 중국에 보림사(保林寺)를 창건했다는 기록이 있다.

"원표 대덕이 월지국(月氏國)에 있으면서 창건한 절이 가지산 보림사(保林寺)이다. 당요(堂寮)를 구비했고 법려(法侶)들이 무리를 이루니 불림(佛林)의 별세계이며 금모래인 보배로운 땅이라 하여 절을 보림으로써 이름함이 진실로 옳다. 이어 중국으로 다시 되돌아온 뒤 월지국의 산과 흡사한 곳에 범사(梵寺)를 지으니 규모와 모습이 월지국의 절과 흡사하여 산명(山名)과 사명(寺名)도 같이 하였다."[22]

그러나 원표가 인도와 중국에 보림사를 세웠다고 단언하기는 어렵다. 우선 당시의 서역에 월지국은 없었고, 또 중국에서 그가 두타행을 닦은 곳도 지세산의 석실이기 때문이다. 따라서 그가 인도를 여행할 당시 보림사에 잠시라도 머물러 있었거나 또는 인도 어디인가 절을 지었을 가능성은 높다.[23]

따라서 원표를 비롯한 구법 승려들의 인도여행은 성지 참배, 교학 연구, 그리고 두타행 등으로 특징지을 수 있다.

원표와 비슷한 시기에 인도 여행을 다녀온 신라 승려로는 무루(無漏)를 들 수 있다. 그는 왕자 신분이었고, 오천축의 불팔탑을 두루 순방하였다. 그는 철저한 두타행으로 일관한 인물인데 다음과 같은 기록이 이를 뒷받침한다.

"무루는 총령 독용지(毒龍池)에서 선정할 때에 불을 내뿜었으며 나타

---

22) 保林寺事蹟, 長興郡誌, pp. 1030~1036. (考古美術 통권 81호, 1990).
23) 金相鉉, 《신라화엄사상의 연구》, 민족사, 1991, p.151.

난 괴물(구렁이)에게 삼귀의계를 주었다. 관음 보살을 친견하기 위해 49일 동안 종기의 고통을 참으며, 서 있기로 결심하고 정진하였다."[24]

무루는 무상(無相), 김지장(金地藏) 등과 함께 모두 신라의 진골 출신이라는 공통점이 있다. 또 당나라 신임과 존경을 얻었으며 당에서 입적한 이들이다. 다만 이들이 철저한 두타행의 신봉자였다는 것이 주목된다. 즉 당시 신라의 경덕왕 때는 두타행보다는 교학연구가 주류를 이루고 있었다. 이들은 결국 신라불교의 형식적 교학연구에 대해서는 반대의 입장을 보였던 것이며, 그것이 천축순례로 나타나기도 했던 것이다.

그가 괴물을 교화하였다는 것은 그의 감화력이 뛰어났다는 상징이며, 그 감화력이 결국 두타행에서 나왔다는 암시라고 해석할 수 있다. 따라서 신라 중·하대의 입축구법은 그와 같은 두타행의 결실이라고 이해할 수 있다.[25]

이 이외에도 수많은 한국 스님들이 실크로드를 통해 구법 여행을 떠났으리라고 짐작된다. 또한 7~8세기를 전후해서 본격적으로 많은 서역스님들이 실크로드를 통해 중국과 한국에 입국했으며 당시 인도에서는 정치적 혼란과 불교가 쇠퇴의 기미를 보이고 중국과 한국에서는 대승불교가 정착되어 발전하는 시점이었다. 예컨대, 안함(安含)이란 스님은 신라사람이며 속성이 김씨이고 시부이찬(詩賦伊湌)의 손자이다. 태어나면서부터 도리를 깨달았고 성품이 맑고 허심탄회하며 의연히 깊

---

24) 《宋高僧傳》 권21, 唐朔方靈武下院 無漏傳, p.846.
25) 呂聖九, 〈元表의 생애와 天冠보살 신앙 연구〉(《국사과논총》 48, 1993, 국사편찬 위원회).

고 큰 도량은 그 폭을 헤아릴 수 없었다. 일찍부터 뜻을 방외에 두어 풍속을 살펴보고 교화를 크게 베풀었다. 진평왕 23년(601)에 왕명으로 중국사신과 동행하여 배를 타고 중국에 갔으며 대흥사(大興寺)에 머물렀다. 그 뒤 열흘이나 한 달 사이에 현지를 환히 이해하였으며 십승(十乘)의 비법, 현의(玄義)와 진문(眞文)을 5년 동안 빠짐없이 두루 살펴보았다.

진평왕 27년(605)에 우전국(Khotan) 스님 비마진제(毗摩眞諦)와 농가타(農加陀) 등과 함께 돌아왔는데, 서역 호승들이 신라에 입국한 것도 대개 이때부터였다고 한다.

2) 혜초의《왕오천축국전》

1908년 3월 프랑스의 동양학자이며 탐험가인 펠리오(P. Pelliot)는 중국 감숙성 돈황 천불동으로부터 필사본의 각종 경전을 비롯하여 고문서·불화 등 값진 문화재들을 프랑스로 가져가 연구에 착수하였다. 이 문화재를 조사하던 중 앞뒤가 잘려진 두루마리로 된 필사본 하나를 발견했는데 제명도 저자명도 없이 겨우 230줄에 한 줄은 30자 내외로 된 총 6천여 글자에 불과한 짤막한 글을 발견하였다. 그는 이 글이 인도방면을 여행한 구도승의 기행문임을 알고서 전부터 이용하던 당나라의 스님 혜림(慧琳)이 지은《일체경음의(一切經音義)》제1백권 속에 들어 있는《혜초왕오천축국전》에 보이는 낱말과 일치하는 부분이 많음을 알게 되었고 이로써 혜초스님의《왕오천축국전》은 세상에 널리 알려지게 되었다.[26]

---

26) 1908년 펠리오(P. Pelliot)가 발견하였고, 1909년 청나라 羅振玉이 '敦煌石室遺書 속에 이 글을 영인해 넣으면서 혜초의《왕오천축국전》이라고 단정하였다.

혜림이 지은《일체경음의》제1백권 속에 들어 있는《혜초왕오천축국전》과 일치하는 부분을 간추려 보면, 상권에 나오는 단어로서 발견된 필사본에 부합되는 것은 없다. 그러나 중권에 나오는 18개 단어 중 5개가 필사본의 것과 일치한다. 나형국·파라니스·아수카(阿育王)·모갈·토와 등의 단어가 이에 해당한다. 그리고 하권에 나오는 26개 단어 가운데 13개가 부합한다. 파케쯔·모우·아슬기슬·위오야차·사율·시저·호멸(胡蜜)·파멸(播蜜)·초의(𠷲嶷)·벽지멸(擗地裂)·폭포(瀑布)·가시미라(迦葉彌羅)·이정(頤貞)등의 단어도 그것이다.[27]

이상의 근거는《일절경음의》본의 중권부터 시작하여 하권의 내용 대부분이 필사본과 일치함을 보여준다. 따라서 이 필사본이 세 권짜리《왕오천축국전》을 권으로 나누지 않고 모조리 베껴 쓴 완본일 것이라고 주장하는 학자도 있다. 그러나 필사본의 유실 부분을 추정해 보더라도《일체경음의》속의《혜초왕오천축국전》의 단어가 더 많으므로 이는 상·중·하로 된 원본을 줄여 쓴 절략본이라고 보는 것이 타당하리라 여겨진다. 물론 필사본 본문 가운데에서도 완본으로 미뤄 볼 만한 곳은 있지만《일체경음의》만 대조해 보아도 혜초스님의《왕오천축국전》임을 알 수 있다.

혜초스님은 신라 성덕왕 3년(704)에 신라에서 태어났다. 성덕왕 18년(719), 나이 20세 때에 중국 광주에서 인도의 스님 금강지(金剛智, Vajrabodhi, 671~741)와 불공(不空, Amoghavajra, 705~774)을 만나 금강지를 사사하다가 금강지의 권유로 723년경 약관의 나이로 구법의 여행을 떠났다. 이렇게 해서 혜초스님은 중국의 남쪽 광주에서 해로를 따라 배를 타고 남지나해를 돌아 동부 인도로 들어갔는데 먼저 나례(裸體)의 나라를 구경하는 데서부터 기행이 시작된다.[28] 그의

---

27) 李錫浩 譯,《왕오천축국전》(1970), pp. 30~31.

여행일정은 다음과 같이 진행되었다.

쿠쉬나가라(Kushināgara)→바라나시(Varanasī)→라지기르(Rajgir)→보드가야(Bodgaya)→룸비니(Lumbini)→쟈란다라→탁실라(Taxila)→힌두쿠쉬(Hindukushi)→카쉬미르(Kashmir)→대발률·소발률→우디아나(Udiyana)→간다라(Gandhara)→람푸르(Rāmpur)→카피사(Kapiśa)→쟈브리스탄→바미얀(Bamian)→투카라

그 이후의 일정에 관해서 직접 가 본 것이 아니라 풍문을 들었다고 하였다. 즉 이른바 오천축을 포함하여 오늘날의 아프가니스탄(Afghanistan), 파키스탄(Pakistan), 러시아(Russia)일대까지 두루 방문하였음을 알 수 있다.

그는 투카라에서 서쪽으로 페르시아를 지나 소불임국(小拂臨國)·대불임국(大拂臨國)에 관한 풍문을 들었다. 또 투카라국 북쪽 지금의 소련에 해당하는 곳의 안국(安國)·조국(曹國)·사국(史國)·석라국(石騾國)·미국(米國)·강국(康國)·퍼르간나국(跋賀國)등에 관한 이야기를 들었다. 곧 안국·조국 등의 나라에서는 불교는 모르고 조로아스터교를 믿으며, 어머니나 자매를 아내로 맞아들이고, 또 투루카·카피스·바미얀·자부리스탄 등에서는 형제가 몇 명이 되는지 공동으로 하나의 아내를 갖는 풍습 등이 있음을 기록하고 있다. 그는 투카라국에 오래 머무르면서 앞서 여행한 서쪽·북쪽 여러 나라의 풍습을 듣고, 다시 동쪽으로 길을 접어들어 지금의 파미르고원에 위치했던 와칸국(胡蜜國)을 지나고, 다시 북쪽으로 삭니아국을 거쳐 총령을 지나 지금의 중국 땅인 총령진(葱嶺鎭), 곧 커판단국(渴飯檀國)에 도착한다. 그는 다시 동쪽으로 카시가르(疏勒)를 지나 쿠차국, 곧 당나라 안서도호부가

---

28) Ibid, p.33.

있는 현재의 쿠차에 도착한다. 이때가 727년 11월 상순이었다.

그 후 장안에 머무르다가 733년 정월부터는 장안에 있는 천복사(薦福寺)에서 스승인 금강지를 모시고 《대승유가금강성해만수실리천비천발대교왕경(大乘瑜伽金剛性海曼殊室利千臂千鉢大敎王經)》이라는 밀교 경전을 8년간 연구했다. 그리고 740년부터 금강지는 이 경전을 한역하기 시작하고 혜초스님은 이를 필수(筆受)했다. 그러나 다음해 가을에 금강지가 죽자 그 사업은 중단되었다. 혜초스님은 금강지가 죽자 773년 10월부터 대흥선사(大興善寺)에서 그의 제자인 불공에게 다시 이 경전을 수학하였다. 774년 5월 7일에 불공의 6대 제자 중의 제2인자로 유촉을 받았다. 그 유촉하는 유서에 혜초스님은 신라인이라고 기록되어 있다. 따라서 혜초스님은 중국 밀교 개종의 초조인 금강지를 사사하고 금강지의 제자인 불공을 사사하여 곧 금강지─불공─혜초로 맥을 잇는 중국 밀교의 정통을 이어받는 계승자가 되었던 것이다.

이후 780년 4월15일 불경을 번역하고자 혜초스님은 오대산 건원보리사(乾元菩提寺)로 들어갔다. 스님은 이 절에서 앞의 경전을 5월 5일까지 20일 동안 다시 베끼어 그 신비한 뜻을 서술했다. 787년 입적할 때까지 여기에서 여생을 보냈다.

이와 같이 혜초스님은 신라에서 태어나 중국을 거쳐 인도까지 다녀왔으며 대부분의 삶을 중국에서 보내게 된다. 또한 유명한 구도여행기 《왕오천축국전》을 남겼다. 수만리의 여행길이지만 비교적 기술이 간략해서 법현의 《불국기》에서 보이는 바와 같은 문학적 가치가 덜하고, 현장의 대당서역기에 버금가는 서술도 없다. 하지만 8세기 전반의 인도불교의 상황을 전해주며, 또한 그 경로가 실크로드를 경유하였기 때문에 지금의 캐시미르 · 파키스탄 · 아프가니스탄 · 페르시아 · 터어키 · 중앙아시아 등지의 풍속 · 지리 · 역사 등을 알려주는 점등에 있어 서역의 연구분야에 다른 어떤 것도 비교할 수 없는 아주 귀중한 자료가 된다.

5. 맺는 말

　서역불교는 거친 자연환경 속의 부족연맹들에게 선진문화를 접할 수 있는 중요한 계기를 마련해 주었다. 유목생활 중심이었던 서역일대의 여러 나라들을 불교의 수입을 통하여 문자를 갖게 되었고 문화적 삶을 누릴 수 있었다. 이 일대는 실크로드의 연변이었기 때문에 불교를 비롯하여 이슬람·조로아스터·힌두교 등 여러 종교가 유입되었다. 그러나 가장 현저한 호응을 받았던 가르침은 역시 불교였다. 다만 험난한 풍토 때문에 이 일대에서는 교리 위주의 불교가 발전될 수 없었다. 다만 형식의례, 주술의례에 치중하면서 불교를 안심입명 내지는 호신의 절대적 가르침으로 이해하였다. 그렇기 때문에 인도의 밀교는 서역에 이르러 라마적 불교전통으로 바뀌어 수용하게 된다. 서역에서 명멸했던 부족들은 적어도 60여 종족 이상이었을 것으로 추정된다. 그러나 그들 대부분은 다른 민족의 문화권에 동화되어 버리거나 철저히 침략자, 약탈자로서의 짤막한 발자취를 남겼을 뿐이다. 비교적 현저하게 그 서역의 문화를 간직하고 있는 곳은 티베트 정도가 꼽힐 따름이다.

　실크로드를 통한 중국과 한국의 불교전래와 많은 스님들의 구법활동은 불교 자체의 사상적인 면에 있어서도 획기적인 발전을 마련해 주었다. 또한 선진문화를 수용함에 따라 한국의 고대사회는 그 기본적인 틀을 마련할 수 있었다. 그리고 구법에 대한 열의와 한국불교의 상관관계는 당시 구법의 중심지였던 나란다사의 스님들의 행적에서도 그 단면을 볼 수 있고, 특히 혜초스님의《왕오천축국전》은 인도와 서역 등 실크로드와 관련된 불교전래, 불교문화 등의 연관성을 찾아볼 수 있다는 점에서 아주 귀중한 역사적 자료가 된다. 나아가 한국불교는 인도 및 서역, 중국불교의 영향을 받으면서도 독특한 체계의 문화를 형성하였고 그것

II. 한국불교, 어디로 가야 하나?

이 일본으로 건너가 고대 국가 성립의 토대가 되었던 것이다.

실크로드와 한국불교의 관련을 인물중심으로 살펴볼 때, 다음과 같은 결론에 이른다. 첫째, 한국에 불교를 전한 이들은 대부분 인도승려였다는 점, 둘째, 한국 승려들이 실크로드를 따라 구법여행을 떠난 것은 성지 참배, 신학문수용, 경전수입 등의 목표가 있었다는 점, 셋째, 구법승려의 대부분은 두타행이 남다름으로써 존경을 모았다는 점 등이다.

이상의 고찰들은 많은 한계점을 안고 있다. 한국불교의 전래과정에서는 해로를 통한 남방불교의 유입 가능성이 여전히 존재한다. 최근에 이루어졌던 당시의 해로에 대한 실제적 항해실험에서도 그 가능성을 뒷받침해 주고 있다. 그리고 실크로드와 관련된 서역불교의 사료들은 주로 중국의 서역경영 결과로 남아 있는 정사(正史)의 기록이나 그 외의 한문 문헌 사료를 많이 이용할 수밖에 없다는 점에서 자칫 중국인들의 눈을 통해 본 불교사에 한정되기 쉬운 점도 부정할 수 없다. 본래의 이 지역주민들이 남긴 언어와 문자 등으로 된 사료에 기초하여, 이 지역주민의 입장에 서서 서역의 불교를 추적하는 작업이 필요하다고 생각되지만, 현존하는 호어(胡語) 관계의 사료들은 한자 자료들에 비해 그 수가 극히 적으므로 이것만으로 서역불교의 전체 모습을 가늠하기에는 역부족이다. 그런 점을 감안하더라도 금세기 초부터 이 지역에 파견되었던 각국의 학술조사단이 수집해 온 방대한 양의 연구자료도 충분히 참고하지 않으면 안 된다는 것은 두말할 나위도 없다. 이들 학술 조사단이 불러일으킨 이른바 서역붐이라는 것은 아직까지도 가시지 않았을 뿐만 아니라 오히려 더욱 고조되는 경향마저 보인다.

어쨌든 중앙아시아의 각 지역에서 행해졌거나 지금도 행해지고 있는 각국 학술조사단의 연구성과 및 그들이 가져온 자료에 기초한 각 분야의 연구 등을 종합하여 불교 동점의 역사를 보다 명확하게 밝혀보고 싶은 것이 우리의 심정이다. 이는 곧 한국불교 전래와도 깊은 연관을 가진다. 따라서 먼저 현지의 언어에 대한 인해와 서역문화에 대한 애정이 서역불교연구의 열쇠가 될 수 있다고 생각한다. 동서문화 교류의 루트였고 독특한 전통체계를 지녔다는 점에서 서역불교에 관한 연구는 보다 심도 있게 진행되어야 할 것이며, 아울러 지역적 특수성 때문에 일어날 수밖에 없었던 이 지역 불교의 밀교적 경향에 대해서도 좀더 깊은 연구가 뒤따라야 한다고 생각한다.

한국불교의 보편성과 특수성[1]

1. 한국불교의 초전(初傳)에 관하여

1) 삼국의 불교 수용

고구려에 불교가 처음 전래된 것은 소수림왕 2년(372)의 일이었다. 전진(前秦)의 부견이라는 왕이 순도(順道)라는 스님을 통하여 불상과 경전을 보낸 것이 해동 땅에 불교가 시작된 첫 번째 사례이다. 그로부터 12년 후인 백제 침류왕 원년(384)에 역시 호승(胡僧) 마라난타가 백제에 불교를 전하였다. 그런데 유독 신라의 경우에는 불교 수용이 늦다. 더구나 이차돈의 순교는 여러 각도에서 조명해야 할 '사건'이다. 역사학에서는 이것을 법흥왕(法興王)과 육촌장(六村長)과의 권력 다툼이라는 측면에서 이해하려는 경향이 있다. 그러나 그 순교의 기적은 역

---

[1] 이 논문은 1995년 9월15일~9월21일까지 미국 U.C.L.A.대학 주최 "동아시아에 있어서 한국불교의 위치"라는 세미나에서 'The University & Particularity of Korean Buddhism'이라는 제목을 발표된 영문 원고를 우리말로 옮긴 것이다.

시 종교적 상징이라는 관점에서 보아야 한다고 생각한다.

아무튼 이차돈의 순교가 있는 법흥왕 정미년(丁未年, 526)에 이르러서야 불교가 공인된다. 국경을 인접하고 있는 이들 세 나라에서 유독 신라만이 150여 년이나 늦게 불교를 받아 들였다는 사실은 납득하기 어렵다. 우리는 여기서 삼국의 불교 수용형태가 각각 상이했음을 지적할 수 있다.

4세기 중후반의 동아시아는 정치적 격변기였다. 일본은 인덕(仁德) 왕조가 비교적 평화를 유지하고 있었지만 중국은 동진(東晉)이 무너지면서 이른바 5호 16국의 시대가 전개되고 있었다. 한반도에서도 삼국의 각축이 노골화되면서 끊임없는 정복 전쟁이 수행되고 있었다. 전진이라는 나라는 오호에 속한 나라인데, 고구려와는 국경을 접하고 있었다. 주지하는 대로 고구려의 국시는 중원 정복이었다. 그러나 중원 정복을 위해서 가장 필수적인 요건은 남쪽의 신라, 백제와 화친하는 일이다. 그러나 4세기 후반의 고구려는 전진이라는 강자와 맞부닥치면서 북벌이라는 정책의 수정이 불가피하게 된다. 이와 같은 상황에서 불교가 들어오게 된다. 따라서 이 불교 수용은 문화 교류, 친선등의 의미가 있는 사건이라고 해석할 수 있다. 만약 고구려가 불교 수용을 거부한다면, 이는 고구려와 전진의 한판 승부를 예고하는 일이기 때문이다. 결국 고구려의 불교 수용은 다분히 정치적인 배려의 의미가 담겨 있는 것이다. 불교 수용 이듬해인 373년에 "살생을 금하라"는 교시가 내려진다거나 374년에 이미 평양에 아홉 개의 사찰이 세워진다는 기록[2]이 이를 뒷받침한다. 즉 고구려는 하향식 불교 수용을 보인다. 백제의 경우도

---

2) 고려본기에 말하기를 "소수림왕 2년에 전진의 국왕 부견이 順道스님을 고구려로 파견하였다. 또 2년 후에 阿道스님이 고구려로 입국하였다. 이듬해 (375) 2월에 성문사를 창건하여 순도 스님을 머물게하고, 이불란사를 지어 아도 스님을 머물게 하였다."《三國遺事》.

이와 크게 다르다고는 볼 수 없다.

그러나 신라의 경우만은 불교 수용의 태도가 판이하다. 즉 정부 차원에서의 불교 수용보다는 민간 차원에서의 교류가 선행하고 있다. 그 까닭은 신라 사회가 여전히 육촌장 중심의 권력 체제를 갖고 있었기 때문이다. 삼국 가운데 왕권의 확립이 가장 뒤떨어진 나라는 신라였다. 3세기 초중반에 이미 고구려나 백제는 강력한 전제 왕권을 갖춘다. 그러나 신라의 경우에는 법흥왕 이후에야 그와 같은 권력 체제가 갖추어진 것으로 보아야 한다.[3]

반도의 변방에 위치하고 있다는 지정학적 불리성, 육촌장 중심의 부족적 연맹 성격을 크게 탈피하지 못했다는 점등은 신라의 발전을 저해하는 가장 큰 요인들이었다고 말할 수 있다. 즉 불교를 받아들일 구심 세력의 확립이 없었다는 점이다. 고구려나 백제의 경우, 불교 수용이 다분히 정치적 선택이기는 했으나, 또 한가지 간과할 수 없는 점은 불교 수용이 곧 선진화였다는 점이다. 정복 전쟁의 와중에서 가장 필요한 일은 군비 강화와 함께 국민 정신의 응결이라고 볼 수 있다. 특히 혈연적 집단 의식을 국가의 목표와 일치시키려면 불교와 같은 위대한 종교의 도입이 불가피하였다. 또 불교 수용을 통해 유입되는 건축문화, 일반 예술의 발전 등도 고대 국가로서는 염두에 두어야 할 요소들이었다.

또 한가지 지적해야 할 점은 신라인들에게 어떠한 형태로든지 종교가 있지 않았을까 하는 의구심이다. 샤머니즘이건 토테미즘이건 간에 신

---

[3] 법흥왕은 528년에서 540년까지 재위한 인물이다. 본명은 原宗이고, 22대 智證王의 맏아들이다. 신라 최초로 왕위에서 물러나서 승려가 된 인물인데, 법명은 法空이라고 한다. 그의 시대를 전제왕권 확립시기로 보는 데에는 다음과 같은 결정적 사료들이 있다.
① 법흥왕 4년에 처음으로 兵府를 설치하였다.《삼국사기》
② 법흥왕 7년에 처음으로 문무백관들의 위계질서를 확립하였다. (위의 책).

라인들에게 선호되었던 종교가 있었기 때문에 불교수용을 거부했다는 점이다. 그런 의미에서 신라 불교 수용은 오히려 상향적이었다고 말할 수 있다. 즉 백제나 고구려가 왕실 중심의 하향식 불교를 이룬 점과 정반대의 수용 태도였다고 생각한다.

고구려와 백제에서 이미 불교가 신봉되고 있던 즈음, 신라에는 정부의 공인을 받지 못한채 은밀하게 불교 신행이 유포되고 있었다. 그 4세기 후반에서 6세기 초반까지의 신라불교 관계 기사 가운데 가장 주목을 모으는 부분은 아도(阿道)와 묵호자(墨胡子)에 관한 기록이다.

2) 아도와 묵호자

신라 땅에 불교가 전래된 첫 번째 기록은 눌지왕 때이다. 눌지왕은 417년부터 457년까지 재위한 임금이다. 이때 묵호자라는 스님이 일선군(현재의 선산)에 와서 모례(毛禮)라는 신자를 얻었고, 불교를 포교하였다고 한다. 그 때 중국의 양나라에서 신라로 향을 예물로 보냈다. 그러나 아무도 그 용도를 몰랐는데, 묵호자가 왕궁에 가서 그것을 설명했다고 한다. "이것을 태우면 향기가 사방으로 퍼집니다. 그런 연후에 신성스러움에 치성을 드리면 모든 소원이 다 이루어집니다. 그런데 신성스럽다는 것은 불법승 삼보를 벗어나는 것이 없습니다." 그 때 왕녀가 병이 들었는데 백약이 무효하였다. 묵호자는 향을 사르고 기도를 드렸더니 곧 왕녀의 병이 씻은 듯이 나았다. 왕은 크게 기뻐하여 많은 선물을 하사하였는데 묵호자는 모례에게 그것을 모두 주고 어디론가 떠나버렸다는 것이다.[4]

또 그로부터 조금 후인 소지왕 때(479~499)에 아도라는 스님이 역

---

4) 《三國遺事》卷三, 興法第二, "阿道, 新羅로 오다" 條 참조.

시 모례의 집에 왔다. 그는 세 명의 시자를 이끌고 왔는데, 용모가 묵호자와 비슷하였다. 머무른 지 몇 해 만에 죽었고, 시자들은 독경을 하며 지냈는데, 간혹 찾아오고 불교를 믿는 사람들이 있었다는 것이다.

위의 두 기록은 《삼국유사》에 언급되고 있는 바, 그것을 그대로 옮긴 기사가 《해동고승전》에도 있는데, 그 곳에는 묵호자 대신에 아도라는 이름을 써서 혼란스럽다. 또 위의 두 기록도 서로 혼동한 흔적이 많다. 만약 용모가 비슷했다는 기록을 믿는다면 묵호자와 아도는 동일인이라고 볼 수밖에 없다. 그러나 이곳에 나오는 아도가 고구려 초전 불교에 나오는 아도일 수는 없다. 왜냐하면 120여년의 연대차이가 나기 때문이다. 따라서 선산 지역에 처음에 온 묵호자와 그 이후에 나타난 아도가 동일인이냐 하는 점만이 논쟁의 대상이 될 수 있다. 우선 주목해야 할 점은 '묵호자'라는 이름이다 그것은 "검은 얼굴의 오랑캐"라는 뜻이기 때문에 사람의 이름이기 보다는 별명으로 이해해야 한다. 당시의 신라인들로서는 머리를 깎고, 승복을 걸친 모습이 기이하게 느껴졌기 때문에 붙인 별명일 것이다. 따라서 그는 이름을 알 수 없는 서역, 혹은 인도의 승려였음에 틀림없다. 또 그 후에 왔다는 아도 역시 비슷한 모습이었지만, 그때는 아도라는 본명으로 불렀으리라 짐작된다. 그가 왕녀의 병을 고쳤다는 기사 또한 영험담이었다기 보다는 실제적 상황이었으리라고 보는 것이 무난하다. 당시의 구법 승려들이 실크로드를 따라 동아시아를 왕래했다면, 그들의 의학 지식은 상식적 차원을 넘어섰다고 보아야 한다. 거친 사막과 미개인, 독충이 우글거리는 길을 따라 여행을 감행한다는 것은 독특한 의학지식이 있지 않으면 불가능한 일이다. 실제로 오늘날에도 티벳 불교의 승려 교육에는 불교의학이 중요한 부분을 차지하고 있다. 한국의 경우에도 한방 의학의 많은 이론 부분은 불교와 흡사하다.

다음으로 주목해야 할 점은 묵호자라는 별명을 가진 스님이 불교를 펴게되는 인연이 "기복적"이라는 점이다. 삼보에 대한 설명은 훌륭하였고, 또 그로 미루어 볼 때 묵호자는 상당히 실력있는 승려였다고 볼 수 있다. 그러나 불교 포교의 단초가 된 것은 바로 '왕녀의 병을 고친 인연'이다. 따라서 적어도 삼국 초기의 인심은 신비롭고 기이한 어떤 것을 불교에 기대하고 있다는 반증이 된다. 실제로 중국 불교의 경향은 극단적인 호국, 신이, 치병 등으로 나타난다. 물론 남조의 경우에는 수도중심적 기풍이 강한 것도 사실이지만 국가적 이익과 결부될 때 불교는 속절없이 현세 이익성을 띠게 된다. 적어도 4세기의 동아시아 불교는 한국, 중국, 일본을 가릴 것 없이 이와 같은 현세 이익성이 강하게 표출된다고 말할 수 있다. 당시의 국가 시책이었던 정복 전쟁의 승리, 왕권의 강화, 재난 소멸 등과 일치할 때 불교는 급속도로 현실 곳에 안주할 수 밖에 없었다. 따라서 인도 불교의 경향이 다분히 내세 지향적이며 초세속적인데 반해서 동아시아의 불교는 매우 현세이익적 욕구를 강하게 드러낸다고 볼 수 있다.

3) 가야불교의 문제

한국 불교 초전에 관해서 일반적으로 우리는 북방불교 전래설을 지지하고 있다. 그러나 보다 세심하게 논구해야 할 부분의 하나는 가야 불교 관계의 기사이다. 가야의 옛 이름은 가락이다. 부산·김해지역을 중심으로 국가를 건설하였던 가락국은 A.D.42년에 개국하여 A.D.532년 신라 법흥왕에게 합병 당할때까지 약 500년 동안을 독립 왕조로서 유지되어 왔다. 세력 범위는 동쪽으로 황강(黃江, 낙동강), 서쪽으로는 섬진강, 북쪽으로는 성주(星州), 남쪽은 남해안 일대까지 였다. 즉 오늘날의 경상남북도 일대가 가야의 고토(故土)였다. 근거는 김해였고, 최후의 거점은 고령(大伽倻)이었다. 그 국호 가락(Karak), 가야(Kaya)에 관해서는 드라비디안(Dravuidian)의 '물고기'라는 흥미 있는 연구가 있지만[5] 불교 지명인 가야(부처님 成道地, Bodgāya)에서 따왔다고 보는 것이 순리이다.

초기 가야의 역사에서는 중요한 불교관계 기사가 실려 있다.

1. 김수로왕 즉위 2년에 왕이 가로되 "내가 수도를 정하고자 한다" 하며 말하기를 "남쪽 신답평은 협소하나 산천이 수려해서 가히 십육나한(Arhat)의 주처가 될 만하다"고 말한 다음 환궁하였다.[6]

2. 수로왕의 8대손인 질지왕(銍知王)은 어머니 허황후(許皇后)를 위하여 절을 세우고 왕후사(王后寺)라 하였다. … 이 절이 생긴지 얼마 후에 또 장유사(長遊寺)를 두었는데, 절에 바쳐진 토지가 모두 300결이었다.[7]

즉 김수로왕은 어떠한 경로에서든지 불교에 대해서 알고 있었다는 확증이 된다. 한국 학계에서는 김수로왕과 허왕후의 존재를 고대 인도의 아요디야(Ayodhia)와 관련시켜 해석하는 경향이 농후하다. 즉 인도 불교의 직수입 가능성에 대해서 어원적, 인류학적, 문헌학적 접근을 시도하고 있는 것이다.

또한 사료적 가치는 없다고 할지라도 전설적인 불교 관계 일화들이 이 김해와 구포 일대에는 만연되어 있다. 그 중에서 몇 가지 주목되는 기사들을 적기 하면 다음과 같다.

---

5) 강길운의 《한국어 계통론》(보성출판사, 1988) 및 김병모의 〈고대 한국과 서역 관계〉(《한국학연구》, 1988), pp.6~13 등 참조.
6) 《三國遺事》, 〈駕洛國記〉.
7) 위의 책.

1. 김해군 불모산(佛母山)의 장유암(長遊庵) 설화

장유(長遊) 화상의 성은 허(許)씨이며, 이름은 보옥(寶玉)이고, 아유타 국왕의 아들이다. 인도에서 바다를 건너올 때 탑이 바람을 진압하였고 수십 명의 시종들이 그를 옹호하였다. 스님은 부귀를 뜬 구름처럼 보고 티끌 세상을 버리고 불모산에 들어가서 장유하여 나오지 않았기에 장유 화상이라고 하였다. 만년에 가락국의 7왕자와 함께 육장산에 들어가 부처가 되었으니 지금의 하동군 칠불암이 그 터이다.[8]

2. 성조암(聖祖庵)

김해의 동남쪽, 남역(南驛)의 산 기슭에 있던 절이다. 가락국의 2대왕 거등왕(居登王) 때 시조인 수로왕을 추모하여 창건한 절이다. 임진왜란 때 병화(兵火)가 이곳까지 이르자 주지는 이 절에 봉안하고 있던 수로왕과 허왕후의 영정을 해은사(海恩寺)라는 곳으로 이관하였다.[9]

3. 임강사지(臨江寺址)

김해군 상달리에 있다. 시조 김수로왕과 허왕후가 결혼한 장소에 왕후사를 세웠고, 그 후에 다시 장유사를 지었다. 이때 두 절을 병합하였다. 《신증동국여지승람》에 의하면 고려 광종 때 장유사를 세우면서 왕후사는 폐사가 되고 장사로 만들었다는 기록이 있는데, 이와도 합당하다.[10]

이상의 단편적인 자료들에 의해 가야 불교의 성격을 구명하기는 불가능하다 다만 4세기 후반에 중국을 통해 불교가 수입되기 이전에 한반도

---

8) 〈明月寺蹟碑文〉, 《金海邑誌》. 이에 관해서 홍윤식 교수는 長遊의 불교는 長老的(Theravadian) 전통이 강하며, 사회적 불교 활동의 필요성을 느끼지 않은 것이라고 해석하고 있다(홍윤식, 〈가야불교에 대한 諸問題와 그 史的 위치〉, 1992, 《가야고고학 논총》, pp.238~239).
9) 《김해지방문화유적》(사단법인 김해연구원, 1991).
10) 위의 책.

에는 이미 불교가 퍼져 있었다는 점과 그 불교는 북방 불교와는 성격을 달리하는 남방 불교의 성향이라는 점은 인정할 수 있다. 특히 신라와의 합병 이후 진흥왕 때는 아쇼카 왕(Ashoka)에 대한 기사가 자주 발견된다. 물론 아쇼카를 전륜성왕으로 인식하고 정복 전쟁의 와중에서 국민적 구심점을 이루려는 역대 신라 제왕들의 노력의 일부이다. 그러나 이 아쇼카 왕에 대한 신행 자체가 가야 불교의 전통에서 싹텄다고 보고 있다. 또 제주도 일대에 만연되어 있는 인도 불교와의 교섭 가능성도 이를 뒷받침한다.[11]

이 문제는 보다 심도있게 논의되어야 할 과제 가운데 하나라고 생각한다. 이미 고대 인도 사회에서 신라의 존재를 알고 있었고, 또 구법(求法)이 현실화되는 6세기 이후에 많은 신라승들이 천축으로 떠난다. 따라서 인도와 한국의 불교를 통한 직접 관련의 가능성은 상존(尙存)한다고 보아야 한다. 그럴 경우 남전 불교의 성격은 북방 불교와 전혀 판이한 경향이라고 말하지 않을 수 없다. 보다 장노 불교적인 전통이 강했을 것이며, 북방의 조사 위주적 사고경향도 현저히 얕았으리라고 본다.

---

11) 제주도 한라산에는 尊者庵이라는 암자가 있었다. 지금은 고려 때의 건물 초석들과 역시 고려 때로 믿어지는 부도, 탑신 등이 남아 있다. 그러나 寺誌에 의하면 이 절은 석가모니의 직계제자였던 16나한 가운데 한 분이 창건했다고 해서 붙여진 이름이다.
필자는 이곳을 두 차례 방문 답사하였고, 그 앞에 계곡 '불래골' 또한 不來, 즉 장로불교의 성자 四位 가운데 阿那含(Anaham)과 관련이 있기 때문에 이곳은 인도 승려의 거주처였다고 확신하고 있다.

2. 보편적 교리 수용과 그 한국적 전개

1) 대승 불교의 전통

1600여년 한국의 불교를 주도해온 경향은 대승적 전통이었다. 교학적인 면으로는 한국불교 관련 저술의 분석을 통해서, 그리고 사상적인 면에서는 시대별의 법회 의식을 규명함으로써 논증할 수 있다고 본다. 현재 한국불교 관계의 저술들은 거의 잃어 버렸지만 서목만으로 그 성격을 분류해보면 거의 대부분이 대승불교의 논서들이다. 특히 한국불교에서 선호해온 장르는 화엄, 정토, 선, 반야 등이다. 한국불교 찬술의 문헌들을 시대별로 정리하면 표1과 같다.

인 물	여래장	반야	유식	화엄	반야법회	정토	기타
圓光(531~630)	2						
지명 (585. 중국에서 수학)							1
慈藏 (636. 당에서 수학)						2	5
圓勝(?)							3
圓測(618~696)		3	12				4
神昉(?)			4				5
元曉(617~686)	3	5	14	4	4	5	51
義湘(620~702)				3		2	
法位(?)						1	
景興(?)		1	16		4	4	16

II. 한국불교, 어디로 가야 하나? 131

지인(?)			1				4
영고(?)			2			1	
행달(?)			2				
도증(692~701) 당에서 귀국	1	3	8				1
승랑(?)			5				2
현일(?)	1		2		2	4	1
오진(?)			2				1
치통(661출가)				1	1		
도신(?)				1			
의적(?)		4			8	4	9
表員(?)				2			
明晶(?)				1			
도륜(?)		4	2		3	1	8
慧超(727, 인도에서 당으로 귀국)							3
不可思議(?)				1			
대현(742~764) 청구사문으로 불림		6	28	1		5	12
연기(?)				3			2
대연(?)	4						
견등(?)	2			1			
月忠(?)	1						
진숭(?)				2			
의융(?)				1			

인 물	여래장	반야	유식	화엄	반야법회	정토	기타
정달(707년, 일본으로 건너감)							1
심상(?~742)				1			
범여(782. 활동)				1			
不歸(?)				2			
順之(858. 입당)							2
서목(?)							1
순경(667. 당에서 수학)			3		1		
대비(?)		1					
법륭(?)			1				
崔致遠(857~?)							18
失名	그 이외에 觀智, 寶一, 慧景, 極大, 玄範, 神廓 등의 書名이 발견되지만, 이들이 신라 승려라는 확증이 없기 때문에 생략할 수 밖에 없었다.(著者記)						

표1 신라시대(書誌, 傳記 등은 제외)

 불보살을 공양하고 제를 열어 설법하며 불타를 칭송하는 개인적 행위, 또는 집단적인 모임을 불사(佛事)라고 한다. 이것은 인간의 본원적인 욕구인 현세이익 추구, 그리고 재난을 탈피하려는 두 가지의 실제적 욕구를 충족시키는 불교의 사회적 기능이기도 하다. 따라서 불사는 단적이고 구체적인 어떤 욕구를 표상하는 상징이 될 수 있다. 우리는 한국 불교의 사상적 특성을 논의할 때, 이 불사를 통하여 그 이념적 실체를 밝혀 낼 수 있으리라고 본다. 왜냐하면 불사는 시대정신의 반영이기 때문이다. 어느 특정한 계기를 만나서 불보살의 가피를 염원하는 것이 인지상정이다. 또 지도자들의 불교관에 따라서 같은 형식이 반복되는 경우도 있다. 조선조의 경우에는 척불(斥佛)로 일관했기 때문에 왕실이 주도한 법회의식을 찾기 어렵다. 다만 신라의 경우에는 시대별로 뚜렷한 성격의 차이가 있다.

신라의 경우에는 대략 다음과 같은 다섯 가지 유형의 법회의식이 있었다.

법회명칭	성 격	전거경전
仁王百高座道場 文豆婁道場	호국, 호법과 왕실의 평안을 기원하는 법회	인왕호국반야경 최승왕경
消災道場	천재지변, 특히 가뭄, 홍수, 질병의 만연 등을 없애려는 불사	약사여래경 금광명경
講經法會	경을 설하면서 교학의 현양을 도모하는 모임	화엄경 법화경
占察法會(果證法會)	윤리의식의 함양과 실천을 도모하려는 일종의 참회법회	점찰선악업보경 범망경
信行結社	寶라는 조직을 통해 종교적 신행을 다지는 모임	화엄경 미륵삼부경

표2 신라의 법회의식

법회의식을 통해 볼 때 한국불교의 특색은 철저한 대승 정신의 토대라는 점과 함께 다음과 같은 세가지 점이 주목된다.

첫째, 매우 현실 긍정적인 경향이 농후하다. 특히 신라의 경우 통일전쟁을 수행하는 과정에서의 불교는 호국이라는 이상을 통해 백성과 왕실의 정신적 교감대를 이룬다. 다시 말해서 왕실에게는 반야를 통한 인왕의 이념을 고취시키고 백성들에게는 정법의 수호를 위한 성전이라는 국가의식을 고취함으로써 이들 양자의 괴리를 버티게 하는 가교의 역할을 수행한다는 것이다.

　둘째로 전반적으로 타력적 주술 신행의 경향이 농후하다는 점이다. 이것은 현세 이익을 강조하면서도 다분히 내세지향적 경향을 보이는 밀교적 분위기에 영향을 입은 것으로 보아야 한다.[12]

　더구나 경덕왕 즉위 이후인 9세기 초반에 정토 신앙이 이와 같은 사상 경향을 더욱 가중시켜 나간다. 이에 대한 불교적 반성이 점찰법회로 나타난다. 진표(眞表)에 의해서 처음 도입된 이 법회는 타락한 윤리의식을 고양시키려는 새로운 가치관의 제시라고 말할 수 있다.

　셋째로는 한국의 법회의식에는 매우 '레크리에이션(recreation)'적인 경향이 많이 드러난다. 점찰 법회는 참회의례인데도 불구하고 '윷놀이'처럼 놀이 문화가 가미되었다. 또 위령제의 성격을 띤 법회에도 예외없이 가무, 범패 등이 헌상되고 있다. 이와 같은 한국불교 법회의식의 사상 경향은 다양성 속에서 일승(一乘)을 추구하고, 일승 속에서 조화와 통일을 모색하려는 독특한 사상 전통에서 기인하는 것이라고 생각한다.[13]

2) 일승적 사상 경향과 선교 융합

　한국불교는 종파적 발전을 지양해 왔다. 중국불교의 큰 종파였던 화엄종, 천태종 등은 전혀 종지나 사자전승의 전통을 갖지 않는다. 오히

---

12) 한국의 불교에서 밀교 종파는 神印宗이라고 하는데,《삼국유사》에는 다수의 신인종 관련 기사가 실려 있다. 당나라 군사를 격퇴하기 위해서 경주 狼山에 사천왕사를 짓고 明朗스님이 주술을 썼다는 기록이 가장 대표적이다. 그러나 무엇보다도 직접적인 증거는 한국의 사찰이 울긋불긋한 단청을 필수로 한다는 점에서 강력한 밀교의 영향이라고 단정 할 수 있다.
13) 拙稿,〈신라 법회의식의 사상적 성격〉(《한국 불교 철학의 어제와 오늘》, pp. 204~208).

려 '종'으로서가 아니라 '학'으로서 관심을 표할 따름이었다. 한국불교의 흐름을 주도해온 사상성은 불이였다. 세속과 열반이 하나이며, 번뇌와 보리가 하나이다. 궁극적으로는 너와 내가 하나된다는 이념을 견지해왔던 것이다. 특히 신라 삼국 통일의 전야에 이와 같은 불이적 이데올로기는 삼국 통일의 정신적 기반을 이루게 된다. 원광을 통해서 나타난 세속오계는 그 단적인 실례가 될 수 있다. 다시 말해서 불교를 씨족 종심적인 일체감에서 국가의 통일 의지로 전환하는 구심적 원리로서 구현한 것이다.

즉 세속과 열반이 하나라는 대승불교의 논리를 현실 속에 구현시킨 실증이 될 수 있으리라고 본다. 또 원효에 의해서 제시되었던 일승 불교는 한국불교 철학의 영원한 지침이 되었다고 해도 과언은 아니다. 그가 말한 '귀일심원(歸一心源)'은 비단 원효 개인의 철학적 목표일 뿐 아니라 한국 불교의 '화두'로서 거의 모든 고승들에게 일관되어 왔다. '하나'를 추구하는 철학은 어느 시대에나 한국적 철학 원리가 되어 왔던 것이다. 또 이와 같은 사상 경향이 하나의 신행 형태로서 굳어진 실례를 우리는 '오대산 신앙'에서 찾을 수 있다. 물론 그 신행 형태를 내세우지 않는다. 오히려 그것을 하나의 전체로서 해석하려는 경향이 농후하다고 말할 수 있다.[14]

이 오대산 신행을 통해서 보이는 한국불교의 역사의식은 결코 어느 특정한 불보살을 선호한다기 보다는 전체로서 이해하려는 경향이 농후함을 지적해야 할 것이다. 즉 획일성보다는 다양성 속의 통일성을 추구하는 특징을 지닌다. 그러면서도 그와 같은 교설을 도그마(Dogma)로서 이해한다기 보다는 그 다양성을 일승의 방편으로 회향할 줄 아는 지

---

14) 《三國遺事》, 五臺山의 五萬眞身. 이와 같은 설화는 신라 불국토설의 한 전형일 수 있다고 본다(정병조, 위의 책, p.23).

혜를 보인다. 다시 말해서 오대산 신행은 일승적 이상향을 추구하면서
도 다양한 사상성을 선호하는 한국불교의 특징적 면모를 부각시키는 일
이라고 볼 수 있다. 그것은 조형예술, 건축물, 회화 등 거의 모든 유형
적 불교 문화유산에도 그대로 반영됨으로 말미암아 한국적 미의 창조에
도 큰 기여를 한다.

이와 같은 사상 경향이 구체화되는 실례를 우리는 고려의 보조국사
지눌에게서 찾아볼 수 있다. 고려불교의 일반적 경향이 주술적 의타주
의에 기울 때 그는 정(定)과 혜(慧)로써 신행의 결사를 도모하여 그 거
처를 송광사로 삼았다. 그의 사상체계는 '중생이 본래 부처'라는 확신
의 토대에서 출발한다. 따라서 그 부처인 자기 자신을 실현시키는 일이
중요하다고 강조하였다. 그리고 그 진심(眞心)에 대한 믿음은 어떠해
야 하며, 그 체(體)와 용(用)은 무엇인가하는 문제들을 논의하였고, 그
렇다면 어떻게 해서 이 진심이 고스란히 드러날 수 있느냐를 가르치는
열 가지의 공부 방법을 제시하였다.[15]

1210년 지눌이 입적하자 그의 제자 혜심(慧諶)은 왕명에 의하여 조계
산 수선사(修禪社)의 제2세가 되었다. 그때부터 조선왕조 초기에 이르
는 1510년까지 열 다섯 명의 국사가 이곳을 중심으로 수선사의 정신을
잇고 우리나라의 정신계를 이끌어 왔다. 다만 그의 후예들이 원융적 회
통이라는 실천적 사상 단계에 이르지 못했다는 아쉬움은 남는다. 즉 현
실 사회 속에 파고들어 무애행을 실천한다든지, 또는 결사의 이상을 사
회의 지배적 경향으로까지 성장시키지 못했다는 점 등이라도 지눌은 한
국에 있어서 독창적 선종을 개창한 인물로 평가 할 수 있다. 그 보다 앞
선 대각국사 의천(1055~1101)의 시대까지 이어오던 선교 병립의 양상
을 조계종이라는 독립된 선종으로 확립시킨 점이다. 다만 조계종의 원

---

15) 보조국사 지눌, 《眞心直說》, 十種 無心공부(탄허 역 《普照法語》) 참조.

류를 중국에서 찾으려는 경향은 조선조의 중·후기에 들어서야 이루어지는 번쇄적 논의 가운데 하나이다.

따라서 한국불교를 관통하는 정신적 지주는 일승불교의 추구였다고 말할 수 있다. 대립적 편견이나 투쟁적 사고가 '하나'에로 귀일되는 길, 나아가서 중생과 부처가 하나되려는 이상을 현전화하려는 끈질긴 노력을 발견할 수 있다. 이와 같은 일련의 특징적 면모는 비록 시대 상황에 따라 각각 상이한 엑센트를 지니지만 우리 불교의 저변을 흐르는 사상적 일관성이었다고 생각한다.

3) 한국불교의 신행 형태

한국불교의 교학 연구는 주로 '화엄학'에 집중되어 왔었다. 종파로서의 면모는 의상에 의해서 도입되었지만 그 사상적 도입은 그 보다 앞선 자장(慈藏)이었다고 볼 수 있다. 그는 이미 출가 전에 사택에 53선지수(五十三善知樹)를 심을 정도였고, 또 중국 유학 당시에도 문수 보살과의 인연으로 일관한다. 다만 그 비극적 최후에 대해서 화엄종과의 결별로 해석하려는 견해가 있으나[16] 필자는 견해를 달리한다. 즉 화엄사상이 강조하고 있는 원융무애의 삶에서 볼 때 자장은 매우 근엄하고 권위주의적인 면모가 강하다. 《삼국유사》에서 자장의 전기를 "자장정율(慈藏定律)"이라고 표기하는 바대로 그 사상적 경직성을 나무라는 설화로 이해해야 한다고 생각한다. 비록 한국의 불교 교학이 대승불교의 보편적 토대위에서 건립되었다고는 하나 그 민중적 전개를 논할 때 우리는 한국적 신행 형태를 논하지 않을 수 없다. 앞서도 지적한대로 한국불교의 민중 형태에서 가장 주목해야 할 점은 '현세이익적 기복성'이다. 즉

---

16) 李基白, 〈신라 五岳의 성립과 그 의의〉(《진단학보》 33) 참조.

불교를 수용함으로서 얻어지는 단적이고 가시적인 효과에 대해서 민중들은 언제나 환호한다. 중국의 경우에는 이것이 국가적 목적과 결부된다. 즉 정복 전쟁의 와중에서 주술과 신통력으로 상대방을 조복하는 특징이 부각된다. 따라서 신승전(神僧傳)과 같은 일종의 기이하고 초능력적인 신성함을 불교에 요구했던 것이다. 물론 한국불교에도 그와 같은 영험의 사례들이 '조직'화 되지 못했다. 다시말해서 그 점만을 부각시켜 불교를 신성화하기보다는 특이한 전형으로서 '개별화' 시키고 있다. 그리고 일반 민중들에게는 불교신행을 통해 얻어지는 복락에 대해서 더 엑센트를 두고 있다. 물론 불교 신행 형태는 시대 정신의 소산이기 때문에 특정한 시간과 공간에 따라 현격한 차이를 보이고 있다. 시대 순으로 정리하면 다음과 같다.

① 통일이전의 신라 : 미륵(彌勒)신앙, 관음(觀音)신앙, 밀교(密敎)신앙(神印宗)
② 통일이후의 신라 : 정토(淨土)신앙, 점찰(占察)신앙
③ 고려시대 : 주술(呪術)신앙, 공덕(功德)신앙(반승법회)
④ 조선시대 : 도참(圖讖)신앙, 효순(孝順)신앙

① 미륵신앙

미륵신앙이 신라 화랑들의 핵심적 사상 기반이었음에 대해서는 재삼 논의의 필요가 없을 줄 안다. 진흥왕은 스스로 전륜성왕을 꿈꾸던 인물이다. 미륵사상의 핵심인 미륵의 도래를 통해 스스로 전륜성왕이 되려고 했었다. 흔히 화랑들의 문무겸전을 취한 유행을 도가적 관점에서 해석하려 하지만 그것은 어불성설이다. 그들이 산수를 유람하며 도의를 연마했다는 것은 곧 선재동자의 구법행각에 대한 향수라고 보아야 한다. 실제로 김유신에게 신검(神劍)을 내린 인물이 난승(難勝)이며 그

이름은 《화엄경》〈십지품〉에 나타난다는 사실에 주목해야 한다. 화랑들은 스스로 선재의 후예라고 자부하였다. 그러면서도 화랑들은 스스로를 용화향도(龍華香徒), 즉 미륵의 후예라고 생각하였다. 미륵은 《화엄경》〈입법계품〉의 53 선지식 중 52번째로 등장하는 보살이다. 미륵의 화성(化城) 안에서 선재는 깨달음을 증득하는 것으로 묘사되기 때문에 미륵신앙과 화엄사상은 전혀 이질감없이 조화를 이룰 수 있는 것이다.

정복 전쟁의 승리는 정신적 구심점이 절대 조건이다. 따라서 전쟁의 명분을 찾고, 또 스스로의 죽음이 얼마나 고귀하냐 하는 신념을 확인시키는 점에서 미륵 신앙은 화랑들의 모태였다. 진흥왕의 여러 행적들 중에서 특히 이 화랑에 대한 집념은 바로 그 정치적 야심과 깊은 관련이 있었던 것이다.

② 관음신앙

한국의 관음신앙은 대중들에게 가장 친근한 신앙 형태이다. 복잡한 교리적 배경없이 단순히 그 명호를 외움으로써 복을 받을 수 있다는 호소력을 지니고 있다. 한국에서의 관음신앙 완성자는 의상(義湘)이다. 그는 중국 유학 후에 동해변에서 관음보살을 친견하였다. 낙산사 창건에서 보이는 이 설화의 모티브는 불국토 사상이다. 즉 중국이나 인도의 관음보살이 아니라 부처님과 인연있는 국토 해동의 보살이라는 점이다. 원효가 이 곳을 참배했다는 기록 또한 이에 대한 증명의 선언이다. 당대의 고승 원효와 의상에 의해서 확인되었다는 점이 강조되고 있는 것이다. 다만 그 관음신앙의 패턴을 반드시 타력적으로만 해석하려는 것은 문제가 있다. 《법화경》에서는 관음보살의 신통력을 강조한 바 있다. 그러나 그 관음보살은 기실 일심의 권화(權化)이다. 다시 말해서 관음보살의 가피력을 믿는 초보적 신앙 형태에서 내 안의 관세음 보살을 찾으려는 내면적 신앙, 그리고 궁극적으로는 내가 관세음보살이 되리라는 보살의 서원으로 회향되어져야 한다. 이와 같은 관음신앙이 대다수의 불교인들에게 이해되었다고 보기는 상당히 어렵다.

③ 정토신앙

정토신앙은 아미타불과 그의 세계 정토에 대한 믿음을 가리킨다. 당연히 대승 설교적 내세관을 대변하는 바, 한국에서는 뚜렷한 세력을 얻지 못했다는 것은 무엇을 의미하는가? 우선 한국인들의 '죽음에 대한 무관심'을 들 수 있다. 한국인들은 죽음에 대해서 많은 사색의 흔적을 남기지 않았다. 고전 중에서도 내세를 그린 작품은 한 편도 없다. 이것은 한국인들의 내세관이 지극히 소박하기 때문이다. 민담에서는 흔히 이승과 저승이 혼동된다. 일반적으로 묘사되는 음울하고 처연한 죽음의 길에서 또 다시 환생하였다는 설화는 많아도, 그 음습한 세계에 대한 형이상학적 논구는 없다. 따라서 정토에 대한 희망이 한국인들에게는 별다른 감흥을 주지 못했다고 보아야 한다. 오히려 고려시대의 선사들에게는 일심이 정토이고 평상심이 정토라는 선(禪)적인 해석이 주종을 이룬다. 물론 이에 대한 반론도 만만치는 않다. 그러나 전반적이고 일반적인 흐름만으로 말할 때 한국불교의 정토신앙은 오히려 현세적 경향이 강하게 표출되고 있다. 조선에 들어서면 이 정토관은 오히려 비과학적이라는 척불론(斥佛論)에 부딪치게 된다. 윤회 전생 자체를 매도하는 유교적 공세에 대해서 불교는 또 한차례의 곤욕을 치뤄야 한다. 따라서 한국의 정토사상은 그 본래적 기능에서 일탈하여 신라 통일 직후에 잠깐 그 모습을 드러냈을 뿐, 일본에서와 같은 큰 영향력을 얻지 못했다고 평가할 수 있다.

④ 밀교신앙

한국불교의 밀교신앙 형태는 주로 주술적 현세이익성으로 나타난다. 일반적으로 밀교가 가진 신비주의적 색채는 언제나 구고구난(救苦救難)이라는 실제성을 띤다. 또 성력(性力) 숭배와 같은 윤리적 타락의 모습도 전혀 나타나지 않는다. 오히려 도참설과 관련을 맺은 풍수설 등이 강하게 나타난다. 도선(道詵)을 효시로 하는 풍수설의 영향은 조선시대에 이르러 극대화된다. 정부의 압력 속에 존폐의 절박한 위기감에 선불교로서는 그 길만이 유일한 교화의 방편일 수 있었다. 즉 종교 본연의 신비성 위에 주술의 옷을 입혀서 초세속적 특수성을 부각시키기에 이른다. 물론 이와 같은 신행 형태는 부정성과 긍정성을 동시에 지니고 있다. 그 부정성이란 불교의 본질을 외면할 수 밖에 없는 개연성이다. 불교의 본질적 목표는 자성 성불이며 정토구현이다. 그러나 주술성만으로 깨달음의 세계를 호도해서는 안 된다. 반면에 긍정성이란 불교의 생명을 잇는다는 현실성과 함께 아노미의 대중들에게 희망과 위안을 줄 수 있다는 점이다. 삶에 지치고 어두운 미래 속에 허덕이는 중생들에게 밀교가 던져주는 암시는 의미심장하다. 깨달음이라는 관념성대신에 현전하는 신이로움은 훨씬 진한 감동을 줄 수도 있었다. 비록 자료로서 밀교신앙이 두드러진 것은 아니지만 한국불교는 그 직접적 영향 속에 있다고 생각한다. 왜냐하면 단청(丹靑), 개금(改金) 등의 일반적 장엄불사에는 밀교적 경향이 농후하기 때문이다. 예외없이 한국의 사찰은 울긋불긋한 진홍빛 단청을 항규(恒規)로 삼는다. 그것은 밀교적 영향의 구체적 증거라고 생각한다.

⑤ 승보(僧寶)신앙

구체적으로 사부중 가운데 스님들에 대한 공경의 법제화를 의미한다. 이미 문종 때에 이르면 "아들 셋 있는 가문에 한 아들은 출가할 수 있도록"[17] 정책적으로 배려한다. 그뿐 아니라 스님들에 대한 예우와 공경이 지속적으로 진행되기 때문에 승단에 대한 기강 확립이 거국적인 과제로까지 떠오른다. 즉 무뢰배가 승복을 걸치고 행패를 부린다든지[18] 기존

---

17) 《高麗史》, 文宗, "丙申十年 秋八月 丁亥 兩京及東南州郡 一家有 三子者 許一子 年十五 剃髮爲僧."

의 승려들이 각종 타락의 모습을 보이는 등 상당히 어수선한 양상을 보이고 있다. 그럼에도 불구하고 고집스럽게 '반승(飯僧)'을 고집해온 역대 고려 제왕들에게는 그 길만이 호국안민이라는 그릇된 믿음이 있었다. 이 지나친 승보신앙은 끝내 고려 파국의 한 원인이 되었고, 결과적으로 조선의 억불정책 수립에까지 이르게 된다.

3. 한국불교의 전망

한국불교는 1600여년 동안 이 땅의 정신적 뿌리로 성장하여 왔다. 불교는 한국인들이 접한 최초의 고급종교였다. 불교적 세계관, 이생관, 우주관은 곧 한국문화의 중핵으로서 성장하였다. 따라서 정치, 경제, 사회, 문화의 모든 면에서 불교는 지대한 영향력을 발휘하여 왔다. 역사적으로 보면 신라와 고려를 거치면서 완전히 토착화 되어 한민족의 생활과 의식구조 전반에 깊은 영향력을 발휘하여 왔다. 그러나 조선조 500여년 동안 정치적 탄압에 시달리면서 심산유곡으로 피신하는 비운을 겪기도 하였다. 해방 이후 불교는 정화의 격동기를 맞는다. 일제의 잔재로서 이른 바 대처승에 대한 비구승단의 대립이 있었다. 오늘날 두 종단은 각기 별개의 독립된 불교 종단으로 양립하고 있다.

한국불교의 승가가 더 이상 농경적 질서 속에 있을 수 없다는 것은 자명한 이치이다. 그렇다면 출가인들의 경우에는 그 '청정성의 제고'에

---

18) 위의 책, "丙申十年 九月 王制曰 釋迦闡教 淸淨爲先 遠離垢隔 斷除貪欲 今有避役之徒 號沙門 殖貨營生 耕畜爲業 進違戒 律之文 退無淸淨之約 袒肩之袍 任爲酒 之覆 通商賣買出入宮 關 與人相鬪 以致血傷 朕庶使之分善惡 肅擧紀綱 宜令沙汰 中外寺院 其精修戒行者悉令安住 犯者以法論."

초점을 맞추어야 하고 재가인들의 경우에는 '지성화의 발걸음'을 지속해야 하리라고 본다. 승가는 이미 고대사회에서 누리던 '정신적 권위'를 더 이상 지킬 수 없기 때문이다. 우주적 상상력은 과학이 차지하였고, 지적 권위는 대학이 앗아갔다. 이제 불교에게 남은 영역은 오직 '도덕적 청정성' 밖에는 없는 것이다.

그러면 어떻게 해야 승단이 미래사회에 그 정신적 기반을 잃지 않고 살아남을 수 있을 것인가? 우선 출가, 재가의 역할 분담과 함께 건전한 화합공동체가 될 수 있는 이념적 동질성의 확립이다. 그 구성원들 각자의 각고의 수행을 통해서 나타나는 고고한 정신의 빛이 이 사회 속에 흘러 넘쳐야 한다. 미래의 사회는 명백히 다원종교의 시대이리라고 예측한다. 이때 불교의 힘은 결코 교세나 교당, 성직자들의 숫적 우세나 재력에 따라서 나타나는 것은 아니라고 본다. 오히려 서로의 종교에서 표방하는 진리의 세계에 얼마나 가까우냐 하는 점이 판단의 기준이 될 수밖에 없다.

우리 나라의 불교 승단은 여러 가지 장점과 단점을 공유하고 있다. 단적으로 말한다면, 단점이란 교육부재에 따른 현실 감각의 결여이다. 옛 영광에 안주하려는 태도는 기성 종교, 기성 종교인들의 병이다. 반면 장점이란 전통을 온존하며 초세속을 지향하는 의연성이다. 결국 한국의 불교는 이 둘을 적절히 조화시킴으로써 발전해 갈 수 있으리라고 본다. 1960년 이후 한국 불교계의 동향은 크게 세 가지로 집약할 수 있다. 첫째는 불교의 현대화를 위한 노력이다. 실천윤리의 정립이라든지, 현대학문과 불교와의 관련 등을 조명하는 작업들이 활발하다. 도심에도 포교당이 등장하면서 이제 불교는 은둔의 모습에서 완전히 탈피한 것으로 보인다. 둘째는 재가 불교운동의 확신이다. 주로 출가승 위주로 전개해오던 불교학 연구나 법회 집전 등이 서서히 재가 불자들에게 개방되고 있다. 불교방송국의 개국이나 불교CATV의 개국 등은 재가 불교의 활성화를 도모한 직접적 계기가 되었다. 1994년 정식 발족한 '재가회의' 또한 많은 기대를 모으는 단체의 하나이다. 셋째는 불교의 사회화 현상이다. 즉 사회의 여러 양상들에 대해 민감한 반응을 보이면서 적절한 불교적 해답을 주려고 노력한다는 점이다. 이와 같은 움직임들은 여러 가지 면에서 긍정적 평가를 내릴 만 하다. 이제 한국의 불교는 새로운 해석, 미래의 비젼을 제시하는 불교로서 서서히 발돋움 해라고 있다고 생각한다. 한국은 대승불교의 회향처라는 자부심을 갖고 있다. 일본의 불교가 지나치게 생활불교로서의 면모를 가졌다면 한국은 여전히 수도 중심적 전통이 강하다. 남방불교가 지나친 형식성에 머물고 있다면 한국의 법회는 대승정신의 교육장으로서의 면모가 강하다. 따라서 보살정신을 함양하는 기개로서 현실적 난관을 타개해 나가려는 노력이 절실히 필요한 시점이다. 출가와 재가의 적절한 위상 정립, 현실 감각의 회복을 통해 한국불교는 새로운 지평을 열어 나갈 수 있으리라고 확신한다.

소외계층과 그 치유를 위한 불교적 제언

1. 머리말

오늘날 소외계층이라는 개념은 경제적 빈민층을 가리키는 용어이다. 특히 1960년대 초반 이래 산업화가 가속되면서 도시빈민계층이 생겨나게 되었고, 그들의 소외심리가 사회문제로 부각된다. 그러나 소외 계층의 분포에 대한 평가는 각양각색이다. 정부에서는 최저생계비에 미치지 못하는 영세 도시근로자들을 그 대상으로 잡는다. 소위 운동권에서는 그 범위를 확대하여 생계능력의 절대치가 부족한 구호대상자 농민, 노동자들을 대부분 그 범주에 넣고 해석한다. 그러나 소외계층은 경제적 평가로서만 이해되어서는 안 된다고 본다. 이른바 문화적·가치규범에 있어서의 소외현상은 심각한 양상의 하나이다. 즉물적(卽物的)이고 출세 지향적인 인간군의 대두는 사회의 가치영역에 큰 혼돈을 불러일으키고 있다. 비록 경제적으로는 중산층이나 그 이상을 자부하지만, 외세 의존적 경향을 가진 이들이 적지 않다. 한국적 가치규범을 무의식적으로 거부하는 한국 내의 '이방인'이다. 우리는 이들 신이방

인까지를 소외계층에 넣어서 생각해야 한다. 그리고 불교의 보편적 메시지가 어떻게 그들에게 전달되어야 하는가를 실천적 방향에서 논의해 보고자 한다.

2. 산업사회의 구조적 모순

소외계층의 대두에 대한 직접적인 원인은 사회구조적인 모순에서 비롯된다. 특히 한국사회 산업화의 과정이 신속하고 격렬하게 진행된 사회에서는 그 모순의 골이 깊을 수밖에 없다. 한국의 산업화는 이른바 경제개발 5개년 계획이 시행된 1962년을 그 시발로 한다. 이때부터 비철・중화학・기계 등에 대한 집중적 투자가 진행된다. 더구나 고급인력을 보유하고 있는 한국으로서는 값싼 노동력과 함께 비약적인 경제발전을 이룩할 수 있었다. 다만 수출주도형 산업구조는 재벌그룹을 탄생시켰고, 정경유착의 바람직스럽지 못한 사례를 만들기도 하였다. 산업화와 기계화는 인력의 창의력을 서서히 말살해 간다. 즉 잠재된 정서를 함양시키는 방향으로서가 아니고 기계적이고 능률위주적인 삶의 패턴을 만들어 간다. '보다 빠르게, 보다 정확하게, 그리고 보다 편하게' 산업사회는 발전해 나가는 것이다. 이렇게 되면 인격의 평균적 가치는 다만 경제적 능력에 의해서만 평가될 뿐이다. 그가 무엇을 하는가보다 중요한 것은 얼마나 이윤을 남기느냐 하는 지극히 산술적 척도가 일반화한다. 농경사회에서의 목가적 인간은 이렇게 서서히 경제적 동물로 전락해 간다.

산업사회의 또 다른 구조적 모순은 도시빈민층의 양산이다. 즉, 이농현상이 심화되면서 도시집중현상이 필연적으로 야기된다. 전통적인 가

부장제가 몰락하면서 핵가족화현상이 일고, 가치기준의 면에서는 가족적 소집단 이기주의가 팽배해져 간다. 나아가서 자신과 소속집단에 대한 맹목적인 집착을 일으킨다. 첨예한 이데올로기의 대립 또한, 이와 같은 집단 이기주의의 발로인 경우가 많다.

 A. 토인비는 건전한 사회의 조건을 중산층의 육성이라고 지적한 바 있다. 즉 사회의 양극화현상이 심화되면, 갈등이 현실화되고 그 결과 사회의 붕괴는 피할 수 없는 것이라고 말한다. 이것을 부의 재분배라고 말하지만, 현실적으로 이것은 어려움이 많아. 본질적으로는 도덕성 회복이 관건이지만, 공유의 질서의식을 성행시켜야 하리라고 본다. 불교적 연기관(緣起觀)의 확립이 절실한 과제라고 본다.

3. 조직적 비리와 상대성 빈곤감

 특정 사회의 부정부패는 동시대 사람들의 허탈감을 만연시킨다는 데에 그 심각성이 있다. 뭄훠드(Mumford)의 지적처럼 "미래사회의 평균적 기대치는 도박·모험·섹스"라는 주장은 상당히 설득력이 있다. 즉 가치창조를 위한 꾸준한 노력 대신에 일회적이고 감각적인 만족의 추구를 절대시하게 된다. 우리 사회의 비리 가운데 첫 손을 꼽아야 될 것은 바로 부동산 투기이다. 해방 이후부터 정권차원에서 이 문제를 언급하지 않은 적은 없다. 그러나 인플레에 대한 부담심리와 특정지역 개발이 맞물리면서 부동산 투기는 근절되지 않고 있다. 오히려 부의 증여 내지 상속수단으로서 숱한 토지가 서정되고 있다. 이 땅의 윤리는 한국적 귀소본능이 그 원인이지만, 종교적 원리의 관념화에도 간접원인이 있다. 가장 발달된 민주주의를 시행한다는 영국이나 독일의 경우에도 토지의 공개념은 어김없이 적용되고 있다. 자유경쟁체제를 지향하는 이들 국가에서 모순된 강제정책이 적용될 수 있는 까닭은 종교이데올로기의 영향 때문이다. 토지는 본질적으로 하늘의 것이라는 인식의 공감대가 두터운 것이다. 반면 우리의 경우 종교적 가치는 철저히 관념적인 대신에 그 현실적 응용이 제대로 이루어지지 못했다는 반증이 될 수 있다.

우리 나라의 가장 근본적인 부조리는 토지정책과 교육정책이라고 생각한다. 획기적인 개혁이 없는 미봉책을 오히려 근절시키려면 현행의 입시제도를 수정해야 한다. 대학의 자율권을 보장하고 인성교육을 부흥시켜야 한다. 토지정책에 관한 한, 장기적인 국가채권 발행을 통해서 국가가 유휴토지를 흡수해야 한다. 즉, 백 년, 이백 년 후불조건으로 국가보장 채권을 발행하고 그에 관한 면세를 통해 합법적인 상속수단의 길을 마련해야 한다.

그러나 현행의 무분별한 투기심리 속에서는 결코 건전한 가치의식이 싹틀 수 없다. 탐욕은 부를 낳고 부는 과대망상을 낳고, 그것은 극도의 이기심을 낳는 창세기의 일절이 연출되는 것이다. 너나없이 상대적 빈곤감에 허덕이면서 끝없는 욕망의 노예로서 살아간다. 그동안 비리 척결에 관한 노력이 없었던 것이 아니며, 또 반드시 실패했던 것만도 아니다. 그러나 충격요법에 따른 갈등과 복수심리는 끝없는 윤회였을 뿐, 새로운 가치질서를 만들어내지 못했다. 이제 우리는 악과 불의에 대해 불감증 환자가 되어 버린 것이다. 소시민적 이기주의로 무장한 채 덧없는 시공을 흘러가고 있을 따름이다.

4. 불교는 소외계층을 위해 무엇을 해야 하나?

　불교가 정치적·행정적 힘을 갖지 않은 상황에서 비리척결과 소외계층 치유를 말한다는 것은 어폐가 있다. 불교의 영역은 어디까지나 가치와 내면의 세계이며, 그 힘이 이 사회의 지배적 경향으로 전개되려는 데 있다. 불교의 이상은 '인격완성을 통한 사회정화'에 있다는 점이 다시 한번 상기되어야 한다. 불교의 기본적 방향은 이들 소외 계층을 경제적으로 돕고 문화적으로 성숙시키려는 양방향에서 전개되어야 한다. 전자의 경우는 신도들의 의식전환이 뒤따라야 한다. 반면 후자의 경우에는 스님들의 체질개선이 필요하다. 서양종교의 경우에는 도시선교회라는 조직과 개척교회의 활약이 두드러진다. 그렇다고 해서 불교 또한 그들 조직과 활동을 본뜨자는 뜻이 아니다. 그들은 긍정적 활약 못지 않게, 증오심의 팽배라는 부정적 면을 내포하고 있다. 표면적으로는 소외계층의 아픔을 나누는 포교사업을 진행해야 한다. 그러나 본질적으로는 그 삼독심(三毒心)을 불식시켜 나가야 한다. 가진 자의 오만 못지 않은 병폐는 못 가진 자의 원한 섞인 푸념이다. 결코 '가졌다는 이유로' 증오의 대상이 되어서는 안 된다. 첨예한 갈등구조를 푸는 열쇠는 '참회'와 '화해'이다.

　불교가 소외계층에 대해서 미미하나마 관심을 가지기 시작한 것은 1980년대 이후이다. 민중불교의 대두는 그 직접적 계기가 되었고, 현재는 전국에 다섯 곳 정도의 개척포교당이 설립 운영되고 있다. 그러나 탁아소 유아원 등의 명칭으로 운영되는 법당까지 합하면 약 20여 개 소가 있다. 이들 포교당은 다른 불교단체와 마찬가지로 교단차원의 지원은 전무한 실정이다. 대부분 젊은 비구·비구니의 개인적 원력으로 사업을 추진하고 있다. 필자가 생각하기로는 신행단체의 연합체로서 이들을 위한 후원단체를 만들었으면 하는 바람이다. 또 교단 차원에서 이들에 대한 직접 지원이 어렵다면, 옥석을 가리고 표창하는 혜안쯤은 지녀야겠다고 생각한다.

5. 맺는 말

현대 산업사회는 다변화를 특징으로 한다. 농경사회에서의 미덕이었던 절제나 내핍 대신에 끝없는 욕망의 추구가 정당화된다. 대량생산은 필연적으로 대량소비를 가져오기 때문이다. 그 욕망의 추구 또한 획일화되기 때문에 경제적 이윤이 그 구체적 목표가 된다. 이 산업화의 과정 속에서 야기되는 그늘이 바로 소외계층과 상대적 빈곤감이다. 우리는 '소외'를 경제적 불평등에서만 이해할 것이 아니라 그릇된 가치관의 팽배에로까지 확대해석해야 한다. 종교는 본질적으로 사회의 그늘진 곳을 지킨다는 양심의 집단이어야 한다. 그러나 다종교 상황은 '교세 넓히기' 경쟁을 부채질하였고, 그 결과 선교의 목적과 수단이 호도되는 가치전도현상을 일으키고 있다. 불교는 사회의 제문제에 대해서 오랫동안 침묵으로 일관하여 왔다. 슬픈 역사의 질곡과 내부적인 진통은 이 늙은 거인의 방향감각을 무디게 만들었기 때문이다. 그러나 이제 불교는 새로운 탈바꿈의 전기를 맞고 있다. 특히 불자의 지성화, 불교의 생활화를 강령으로 내건 1980년대 이후의 재가불교운동은 괄목할 만한 현상의 하나이다.

21세기에는 어떤 형태로든지 다종교적 상황은 정리가 될 수밖에 없다. 어떤 종교가 우월하냐는 전근대적 논의보다 절실한 과제가 있다. 각 종교의 실천행이 그들 종교가 표방하는 진리와 얼마나 가까우냐하는 점이 바로 그것이다. 불교의 목표는 성불에 있다. 그 성불의 현실적 적용은 바로 보살행이다. 따라서 미래불교의 위상은 바로 그 보살행의 실천여부에 달려 있다고 해도 과언이 아니다. 이 시대의 고통받는 이웃들에 대한 동체대비의 실현의지야말로 우리들의 화두여야 한다고 확신한다.

원효스님의 화쟁사상으로 본 민족통일 방안

1. 원효불교의 현대적 해석

　원효(元曉, 617~686)는 7세기 동아시아의 위대한 불교 사상가였다. 그는 한국불교의 사상적 주류를 이루었을 뿐 아니라 중국·일본불교의 교학적 발전에도 밑거름이 되었다. 고대 사회에서 불교문화의 도입은 곧 선진화를 의미하였다. 따라서 중국·한국·일본 등의 동아시아 세 나라는 적극적인 불교수용의지를 보였고, 그 결과 7, 8세기의 동아시아는 불교문화를 통한 사상적 공감대와 국가 발전의 기틀이 형성되었다. 그러나 서서히 불교가 왕권강화의 수단으로 이용되면서 민중적 이상과 귀족불교 사이에 괴리(乖離)가 싹트게 된다. 또 불교 수용은 이들 세 나라의 국민성과 밀접한 관련을 지니기 때문에 저마다 독자적인 '불교문화의 틀'을 지니게 된다. 중국불교는 중화적(中華的) 특수성, 현세 중심적 사고(思考)가 두드러진다. 즉 불교가 가진 형이상학성과 은둔성 대신에 구상적(具象的)이고 현세 이익적인 경향을 강조하고 있다. 일본의 경우에는 종파적(宗派的) 성격이 강하게 표출된다. 또 정토사상 등 타력적이고 신비적 성격이 농후하다. 그러나 한국불교의 경우에는 '원융적(圓融的) 조화'가 중심 테마가 된다. 즉 불교사상을 종파적으로 해석하려는 방편의 교판(敎判)이 아니라 '하나의 전체'로서 파악하려는 사상 경향을 보인다. 그 조화와 통일의 사상을 완성한 인물이 바로 원효였다.

우리는 흔히 원효를 회통불교(會通佛敎)의 완성자라고 부르는데, 그와 같은 표현에는 다분히 오해의 소지가 있다. 우선 회통을 절충과 혼동해서는 안 된다. 마치 불교적 중도(中道)가 어정쩡한 현실 도피로 인식되는 경우와 마찬가지이다. 원효가 말한 회통은 변증법적 논리구조를 가진다.

"사견(邪見)에는 다음과 같은 두 가지의 잘못이 있다. 첫째, 동정무이(動靜無二)라고 듣고 바로 그것이 일실일심(一實一心)이라고 생각하여 이제(二諦)의 도리를 배척한다. 경에서 말씀하신 '약설법유일 시여모륜 여수속전 위자처망고(若說法有一 是如毛輪 如水迷倒 爲諸處妄故)'이다. 둘째는 공유이문(空有二門)이라 듣고, 이법(二法)은 있지만, 일실(一實)은 없다고 생각하여 무이중도(無二中道)를 배척하는 경우이다. 경에서 말씀하신바 '약견어법무 시법동어공 여망무일전 설법여구모(若見於法無 是法同於空 如盲無日倒 說法如龜毛)'이다."[1]

위에서 인용한 첫번째의 사견은 진리에 대한 집착이다. 인용구에서 보는 대로 모든 사물의 근저에 일심(一心), 일승(一乘)이 있다는 생각 때문에 영원한 진리에 매달리는 경우이다. 마치 지친 나그네가 가물거

---

1) 원효, 《金剛三昧經論》, 동국대 영인본, pp. 255~256.

리는 아지랑이를 현실로 착각하는 경우와 같고, 목마른 사슴이 어른거리는 아지랑이를 물로 잘못 보는 경우와 같다. 따라서 이 진리에 대한 맹목적인 집착은 전도견(顚倒見)이며 망상일 따름이다. 두 번째의 경우는 정반대로 이제(二諦)는 있으나 일심은 없다고 고집하는 경우이다. 이제는 현실적인 대립관계를 상징한다. 현실에만 치우친 나머지 양극단을 초월하는 예지마저 상실한 경우이다. 마치 태양 빛을 보지 못하기 때문에 태양이 있다고 가르쳐도 그 뜻을 이해하지 못하는 것과 흡사하다. 원효가《금강삼매경론》에서 말한 초월의 논리를 상기해야 한다.

　　一心之源……離邊而非中　非中而離邊
　　三空之海……融二而不一　不一而融二

즉 양자의 대립을 불식시키려면 그 양자를 초월해야 한다. 원효는 일승불교를 추구하지만, 동시에 획일주의를 배격하고 있는 것이다. 요즈음의 용어로 표현하면, 다양성을 추구하면서 어느 특정한 이념의 노예가 되어서는 안 되리라는 입장이다. 원효의《십문화쟁론(十門和諍論)》이 말하려는 것이 바로 이점이다. 현실적인 이해관계와 대립 모순을 십문(十門)으로 나누고 그것을 화쟁하는 논리 해석이다. 그때의 방편을 원효는 '일심(一心)의 회복'이라고 본다. 즉 삼매에 의해서 일심의 근원으로 되돌아간다는 것이 궁극적인 지향점인 것이다. 이때 원효가 말하는 일심은 곧 일승이다. 수량적 의미로서의 '하나'가 아니라 조화, 평화, 통일의 '하나됨'이다.

원효는《법화종요(法華宗要)》에서 이렇게 말한 바 있다.

　　"十方三世　一切諸佛　從初成道　乃至涅槃　其間所說　一切言敎　莫不令一

切智也 是故皆名爲一乘教 如方便色說 是諸佛亦以無量無數方便 種種因緣 譬喩言辭 而爲衆生 演說諸法 是法皆爲一佛乘 一言一句 皆爲佛乘 一相一味 是故甚深 如是名爲一乘敎也"[2)]

부처님이 말씀했던 모든 가르침이란 결국 불지(佛智)로 이르기 위한 방편적이고, 비유적인 언사(言辭)에 불과하다. 따라서 일언일구도 모두 불승(佛乘) 아님이 없고 그렇기 때문에 일승이다. 《법화경》의 일승은 대승과 소승을 초월한 일승이다. 즉 소승의 한계를 극복했지만, 소승에 대한 우위를 설하는 대승이라면 그 또한 극복되어져야 하리라는 선언이다. 우리는 이 원효사상의 지향점을 통하여 오늘날 우리가 겪고 있는 이데올로기적 혼돈의 극복과 통일의 원리를 마련할 수 있으리라고 본다.

2. 원효의 실천적 의지

원효불교의 철학적 체계를 한마디로 요약하기는 어렵지만, 그 핵심은 '귀일심원(歸一心源)과 요익중생(饒益衆生)'으로 압축할 수 있으리라고 생각한다. 원효철학의 저변에는 반야와 유식이 깔려 있다. 그 위에 법화와 화엄의 가치관이 형성되었으며 실천적 의지로는 여래장 사상과 보살계 사상이 전개되고 있다. 실제로 그의 불교관은 이들 대승사상의 어느 한편에 편중되었다기보다는 그 모든 사상을 섭렵하고 있다. 이들을 회통하는 탁월한 안목과 실천력을 지녔다는 면에서 그는 보살행의

---

2) 元曉述, 《法華宗要》, p. 162.

실천자이자 완성자였다고 평가할 수 있다. 그런 의미에서 원효는 대중불교의 구현자였다. 그는 이미 신라사회에 일기 시작한 귀족불교의 풍조를 통렬하게 비판하였다. 불교가 권력층의 정권유지를 위한 지배이데올로기로 전락하거나 인과적 윤리의식이 패배적 숙명론으로 전락해서는 안 되리라는 점을 강조하였다. 위에서 말한 귀족 불교라는 개념은 결코 상류층이 믿는 불교라는 표면적 의미가 아니다. 불교의 교설이 기득권자만을 옹호하는 지배 이데올로기로 둔갑하는 것을 가리킨다. 예컨대 업의 사상을 숙명론적으로 인식시키면 백성들의 고통과 지배자에 대한 맹목적 굴종 등은 모두 정당화되어 버린다. 또 지배자들이 누리는 호사 또한 전생의 업보로서 미화될 수 있다. 원효가 비판하려 했던 점은 형식적 윤리 체재 옹호, 그리고 깨달음의 관념화 경향 등이었다고 볼 수 있다. 따라서 그의 대중불교는 결국 민중을 위한 불교, 민중 속에 뿌리 내리는 불교라고 말할 수 있다.

그는 물론 육두품(六頭品) 출신이었기 때문에 신분상승이 어려운 한계를 지니고 있다. 따라서 그의 행적은 철저히 귀족불교에 대한 저항의 몸짓으로 이해될 수 있다. 요석공주와의 혼인, 스스로 소성(小姓)거사를 자처한 점, 무애가(無碍歌)를 만들어 유포시켰다는 기사, 그리고 혈사(穴寺)에서 입적한 점 등은 모두 당시 귀족불교에 대한 반발의 흔적들이다. 그는 또한 선종을 직접 체험할 기회는 갖지 못하였다. 그러나 《금강삼매경론》 등에 나타나는 그의 어조는 다분히 선적이라고 평가할 수 있다. 그의 저술에는 유달리 '종요(宗要)'라는 제목이 많다. 그것은 경전의 핵심을 간추린다는 함축적 의미이지만, 직관적이고 초월적이라는 선적 암시가 내재되어 있기도 하다. 그와 막역한 교우 관계를 유지하였던, 대안(大安)·혜공(慧空)·사복(蛇福) 등은 모두 그 시대의 이단아였다는 공통점이 있다. 그들은 모두 기득권층에 의한 귀족불교에 대해서는 냉소적이었다. 원효의 출세작이었던 《삼매경론》이 강의 직전에 도난당하였고, 현재 약소(略疏)가 유통된다는 점, 또 그 강의 직전에 그가 남겼다는 냉소적 표현, "백 개의 서까래를 구할 때는 내가 낄 수 없었지만 한 개의 대들보를 구한즉, 나만이 그 일을 할 수 있구나"라는 발언 또한 그가 신라사회에서 질시의 대상이 되었다는 시사를 던져주고 있다. 특히 요석공주와의 인연과 설총을 얻었다는 기사는 관념적이고도 형식적인 기성 교단에 대한 비판의 상징성이 드러나는 대목이다. 그가 한 점 혈육이었던 설총에게 유학을 전공시킨 일은 매우 의미심장한 선택이라고 볼 수 있다. 원효는 고려시대 대각국사 의천(1055~1101)에 의하여 재발견된다. 또 일연(一然, 1206~1289) 등이 그의 사상성을 높이 평가하였고, 그 이후 한국불교의 위대한 전통을 수립한 인물로서 재평가되기에 이른 것이다. 우리에게 남겨진 과제는 이 원효 사상의 위대성을 통일이라는 민족적 과제에 적용시켜 나가는 일이어야 한다.

3. 통일을 위한 불교적 제언

한반도는 지구상에 남은 유일한 분단 국가이다. 그러나 그 갈등의 원인은 오늘날 벌어지고 있는 세계적 분쟁 지역의 양상과는 판이한 형태이다. 대립의 근본적 원인은 대략 인종적 차별, 종교적 대립, 영토 분쟁 등으로 요약할 수 있다. 그러나 한반도는 그 어디에도 해당하지 않는다. 강대국들에 의한 분할 이데올로기적 갈등 등이 분단의 직접 원인이 되고 있다. 더구나 전쟁의 상처를 안고 있는 분단 1세대가 상존하고 있다는 점에서 민족적 이질감은 심각한 수준에 이르고 있다고 보여진다. 그 동안 남북의 정치지도자들은 이 분단의 현실을 장기 집권의 방편으로 교묘하게 이용해 왔었다는 것 또한 통일에는 장애로서 지적되어야 할 것이다.

오늘날 논의되고 있는 통일 방안은 다양하다. 과거의 북진 통일, 적화통일 등의 논의는 물밑에 잠재해 있지만, 오늘날의 경제 협력 논의나 흡수 통일 방안에도 여전히 문제는 상존하고 있다. 남한 국민의 한결같은 바램은 전쟁억제이다. 반면 북측 국민들의 정서적 불안감은 흡수통일이다. 따라서 대안으로 제시된 것이 이산가족 상봉의 확대와 경제협력을 통한 민족동질성 회복이다. 어느 경우이건 막대한 통일 비용의 문제는 특히 남측에서 보면 커다란 부담이 아닐 수 없다. 따라서 원론적으로 통일문제를 정리하는 것이 바람직스러울 수 있다. 통일의 방법은 여러 가지일 수 있다. 그러나 가장 이상적 통일방안은 자각적이며 평화적이며 이타적인 마음의 통일이어야 한다는 점에는 이론이 있을 수 없다. 불교에서는 이 이상을 육화경(六和敬)으로 요약한다.

1. 견화동해(見和同解) : 마음으로 화합하라.
2. 신화공주(身和共住) : 몸으로 함께 살라.
3. 구화무쟁(口和無諍) : 말로 다투지 말라.
4. 의화동사(意和同事) : 뜻으로 함께 일하라.
5. 계화동수(戒和同修) : 몸으로 함께 닦으라.
6. 이화공균(利和同均) : 이익을 함께 나누라.

이 가운데서도 가장 중요한 덕목은 견화동해(見和同解)와 이화동균(利和同均)이라고 볼 수 있다. '견해를 같이 한다'는 것은 동질성회복이며 '이익을 함께 나눈다'는 것은 경제 협력이다. 특히 견화동해를 위해서는 지속적인 노력이 요구되는 부분이다. 오늘날의 통일논의는 지나치게 경제 교류, 스포츠 교류 등에 치중하고 있는 느낌이다. 불교를 통한 문화교류는 가장 시급한 과제이다. 오늘날 기독교 등 서양종교의 통일 의지는 매우 단호하고 신속하다. 그러나 그 밑바닥에는 선교라는 발상이 자리잡고 있다. 북측이 오랫동안 일인체제에 길들여온 국민들이라면 유일신적 종교가 가진 독선체재와의 갈등을 피할 수 없는 대결 양상으로 발전해 갈 수밖에 없다. 따라서 불교적 관용과 예지만이 극단적 대립을 종식시킬 수 있는 방편이 될 수 있다. 우선 우리는 남북 불교계의 정기적인 교류를 제안하고자 한다. 합동법회나 상호 불교성지 순례 등이 이루어져야 한다. 다음으로 공동관심사에 대한 양측 불교학자들의 공동참여이다. 불교유적지의 공동발굴이나 보고서 제작, 세미나 개최 등도 고려해 볼 만하다. 이어서 남측 불교단체나 본사 등지와 북측이 자매결연을 맺는 방안이 추진되어야 한다. 불교는 북측 국민들에게 민족종교로서의 동질감, 문화재로서의 자부심, 그리고 조화와 관용의 원리라는 안도감 등을 줄 수 있는 유일한 종교이다. 이제 불교는 원효의 화쟁사상이 삼국통일의 밑거름이었던 과거를 거울 삼아, 보다 창조적인 통일 논의의 초석이 되어야 한다. 원효의 중요성을 재발견했던 의천의 《원종문류(圓宗文類)》에 다음과 같은 오언(五言)의 시가 있다. 저자가 누구인지는 확실하지 않으나 오늘날의 우리 현실을 빗댄 듯한 감회가 돋보이는 구절이다.

> 人以南北異　佛法古今同
> 不壞眞明俗　還因色辨空
> 探幽唯罔象　失旨竝童蒙
> 有著欺爲諍　忘情自亨通

인심은 남과 북이 다르지만, 불법은 예나 지금이나 똑같구나.
진리를 파괴하지도 세속을 드러내지도 말라.

오히려 色으로 말미암아 空을 분별하는구나
그윽한 곳만 찾으면 현상의 모습을 잃게 되고
본지를 잃으면 어린 아이와 같으리라.
집착이 있은 즉 다툼이 있게 되고
정을 잊으면 스스로 만사에 형통하리라.

'본사(本寺) 중심제'고

1. 역사적 성격

 한국불교는 전통적으로 오교구산(五敎九山)의 법맥을 이어왔다. 이 불교학파의 성립이 신라 하대이냐 고려 초기이냐 하는 데 대해서는 적지 않은 논란이 있다. 그러나 적어도 대각국사 의천(1055~1101)의 시대 이전에는 원융(圓融)·계율(戒律)·법상(法相)·법성(法性)·열반(涅槃) 등의 교종과 실상산(實相山)·가지산(迦智山)·사굴산(闍崛山)·동리산(桐裡山)·성주산(聖住山)·사자산(師子山)·양산(陽山)·봉림산(鳳林山)·수미산(須彌山) 등으로 표방되는 구산선문(九山禪門)이 개창된 것은 확실하다. 물론 이때의 '종파' 개념은 오늘날 쓰는 섹트(Sect)라는 의미는 아니다. 대체적으로 선과 교를 겸수하는 것이 우리 불교의 전통이었다면, 그것은 다분히 학파를 가리키는 의미가 짙다. 조선 세종 때 이루어진 선·교 양종이라는 개념은 이를테면 불교 통폐합이라는 불교 억압정책의 발로 이외에는 다른 것이 아니었다. 다만 이 시대에 주목되는 점은 문정왕후(文定王后)에 의하여 시도되었던 수사찰(首寺刹)의 제도이다. 즉 태종 이래 폐지되었던 승과(僧科)를 부활시키면서 광릉 봉선사를 교종의 수사찰로 삼고, 봉은사를 선종의 그것으로 삼은 것이다.

역사적으로 볼 때 어느 특정 사찰을 본사적 성격으로 대두시킨 것은 황룡사가 그 효시이다. 혜량(惠亮)을 승통(僧統)으로 삼고 원광(圓光, 531~630) 등이 이어서 이곳에서 백고좌도량(百高座道場) 등을 주관하였던 것이다. 또 6세기 중반에 이르러 자장이 통도사에 계단을 설치하고 승니의 기강을 바로잡았다는 기록 등을 미루어 볼 때 본산적(本山的)인 성격을 띤 사찰이 있었음을 입증할 수 있다.

또 의상(620~702)의 화엄전교십찰(華嚴傳敎十刹) 등도 그와 맥락을 같이 한다. 그 후 의천이 천태종 개입을 주도하였던 국청사라든지 지눌의 조계산 송도사 등이 모두 이러한 예에 속한다. 그러나 학파적 개념이던 행정적 구획이든간에 실제적으로 우리 불교는 언제나 사자전승의 법통을 이어오고 있었다. 원효의 경우처럼 예외적인 적도 있기는 하였지만, 특히 법맥의 전승이 강한 전통으로 부각되고 있는 것이다. 흔히 대중공사라고 불리는 이 문도들의 모임은 사찰의 주지선임이라든지 산중의 중요한 일을 결정하는 전통적 불교회의의 한 방법이었다.

일제 때 조선총독부에 의하여 시행된 조선사찰령(朝鮮寺刹令)은 이와 같은 전통적 분위기에 편승한 교묘한 한국불교 통치책이었다. 그들은 한국불교의 지방자치적 행정구조를 악용하여 주지의 임면권을 장악하였다. 그리하여 1911년 당시에 30본산이었던 것을 1924년 다시 화엄사를 추가함으로써 이른바 31본산 제도가 확립된 것이다. 당시의 본사는 다음과 같다.

용주사(龍珠寺)・전등사(傳燈寺)・봉은사(奉恩寺)・법주사(法住寺)・마곡사(麻谷寺)・동화사(桐華寺)・금룡사(金龍寺)・고운사(孤雲寺)・은해사(銀海寺)・기림사(祇林寺)・범어사(梵魚寺)・통도사(通度

寺)·해인사(海印寺)·위봉사(威鳳寺)·보석사(寶石寺)·선암사(仙岩寺)·송광사(松廣寺)·건봉사(乾鳳寺)·월정사(月精寺)·유점사(楡岾寺)·성불사(成佛寺)·법흥사(法興寺)·영명사(永明寺)·보현사(普賢寺)·석왕사(釋王寺)·대흥사(大興寺)·백양사(白羊寺)·봉선사(奉先寺)·귀주사(歸州寺)·화엄사(華嚴寺)·패엽사(貝葉寺).

이외 말사는 당시 1,384개 사찰이 있었다. 이 본산제를 볼 때 역사적·문화적 배경뿐 아니라 지방에 대한 안배도 고려되고 있음을 알 수 있다. 즉 조직면에서는 전통적 방법을 답습하면서도 다분히 행정위주적 편제였음이 나타나고 있다. 이때 본산제는 여러 우여곡절을 겪으면서 1962년 대한불교 조계종이 통합 종단으로 출범하면서 25교구 본산제가 실시되고 있다.

따라서 역사적인 관점에서 보면 본사중심제는 한국불교의 전통이라고 말할 수 있다. 다만 그 행정조직의 면에서 다시 총무원이 이 본사주의의 인사권을 갖게 되므로 말미암아 여러 차례의 분규가 야기된 것으로 이해된다. 엄밀한 의미로 말하면 현재의 총무원 중심제 행정조직은 일제의 잔재라고 말할 수밖에 없다. 전통적 의미로서의 본사중심제 논의는 결국 우리 불교의 원류로 또다시 환원한다는 의미가 있다고 본다.

2. 현행 25교구 본사의 문제점

현행의 25교구 본사제는 북한지역에 있는 여덟 곳의 본사를 제외한 채 재구성되었다. 총무원 중심제이기 때문에 직할교구를 조계사로 한 점, 또 지리적 여건 때문에 (남방한계선) 건봉사가 신흥사로 대치된 점, 제주지역에 관음사를 신설한 점 이외에는 대체적으로 전술한 31본사제를 그대로 따르고 있다. 교구 본사의 지역별 통계와 말사 현황은 다음과 같다.

번호	본사명	지 역	말사
1	조계사	서울특별시 · 고양시 · 시흥시 · 광주시 · 양평군 · 강화군 · 김포군 · 포천군 · 파주군 · 연천군 · 부천군 · 가평군	173
2	용주사	화성군 · 수원시 · 안성군 · 용인군 · 평택군 · 여주군 · 이천군	54
3	신흥사	고성군 · 양구군 · 철원군 · 춘천시 · 춘성군 · 양양군 · 인제군	22
4	월정사	평창군 · 원주시 · 원성군 · 횡성군 · 강릉시 · 명주군 · 삼척군 · 홍천군 · 정선군 · 영월군	57
5	법주사	보은군 · 청주시 · 청원군 · 충주시 · 중원군 · 옥천군 · 영동군 · 진천군 · 괴산군 · 제천군 · 단양군	56
6	마곡사	공주군 · 대전시 · 대덕군 · 논산군 · 부여군 · 산천군 · 보령군 · 청양군 · 아산군 · 연기군 · 천안시 · 은산군	79
7	수덕사	예산군 · 홍성군 · 당진군 · 서산군	36
8	직지사	금릉군 · 김천시 · 선산군 · 문경군 · 예천군 · 상주군	68
9	동화사	달성군 · 대구시 · 청도군 · 칠곡군 · 고령군 · 성주군	91

10	은해사	영천시 · 경산시 · 군위시 · 청송시	47
11	불국사	경주시 · 월성군 · 영일군 · 영덕군 · 포항시 · 울진군 · 울릉군	53
12	해인사	합천군 · 함안군 · 거창군 · 진주시 · 함양군 · 산청군	37
13	쌍계사	하동군 · 남해군 · 사천군 · 삼천포시 · 고성군 · 거제군 · 충무시 · 통영군	38
14	범어사	부산광역시 · 동래군 · 김해군	111
15	통도사	양산군 · 진해시 · 창령군 · 울산시 · 울주군 · 밀양군 · 신령군 · 마산시 · 창원시	80
16	고운사	의성군 · 영양군 · 안동시 · 안동군 · 영주군 · 봉화군	60
17	금산사	김제군 · 이리시 · 익산군 · 전주시 · 완주군 · 옥구군 · 남원군 · 무주군 · 진안군 · 장수군	84
18	백양사	장성군 · 담양군 · 함평군 · 영광군 · 나주군	27
19	화엄사	구례군 · 곡성군 · 광양군	14
20	선암사	승주군 · 여수시 · 여천군 · 순천시	16
21	송광사	승주군 · 보성군 · 화순군 · 광산군 · 광주시 · 장흥군	41
22	대흥사	해남군 · 강진군 · 진도군 · 완도군 · 목포시 · 무안군 · 영암군	45
23	관음사	제주시 · 북제주군 · 남제주군	43
24	선운사	고창군 · 부안군 · 정읍군 · 임실군 · 순창군	26

번호	본사명	지 역	말사
25	봉선사	양주군 · 의정부시 · 광주군 · 동두천시	33

현행의 25교구 본사제 가운데 전남 선암사의 경우 분규사찰이기 때문에 현실적으로는 24교구 본사가 운영되고 있는 셈이다. 이들 교구 본사제 운영에는 다음과 같은 결정적 문제점들이 있다. 첫째, 서울의 교구 본사가 조계사 한 곳뿐이라는 점이다. 인구비례나 포교의 영향력으로 보아 최소한 두 곳(즉 서울 교구 3) 이상의 본사 승격은 불가피하다고 본다. 두번째, 비구니 본사가 전무하다는 점이다. 만약 본사중심제가 실현된다고 하면 마땅히 비구니 전문 수도도량이 있어야 한다. 전국적으로 적어도 두 곳 이상은 되어야 한다고 본다. 세번째, 위의 표에서 보이는 대로 소속 말사의 수효가 지나친 편중현상을 보이고 있다

따라서 본사의 재구성 및 말사 관할지역의 재조정 등이 불가피하다고 본다. 현실적으로 말하면 다음과 같은 방안이 적절하리라고 본다. 첫째, 서울·경기지역에 두 곳의 본사를 신설해야 한다. 그때 강화지역·김포지역은 전등사를 다시 본사로 승격시켜서 실제적으로 세 곳의 본사가 새로 생겨야겠다고 본다. 둘째, 역사성과 지역안배 등을 고려하여 비구니 본사를 두 곳 이상 신설해야 한다. 그 특징에 맞추어 선학 수련의 총본산으로 가꾸는 것이 바람직하다고 본다. 그렇다면 전등사를 제외하고 나머지 네 군데의 본사 승격 기준이 마련되어야 한다. 두 말할 나위도 없이 본사 기준은 ① 역사성 ② 지역성 ③ 전문성이 고려되어야 한다.

이와 같은 관점에서 볼 때 서울 경기에서의 본사 승격이 가능한 사찰은 봉은사·개운사·도선사·홍국사·회암사 등이다. 반면 비구니 수도 전문 도량으로서의 본사 후보로는 운문사·동학사·석남사·내원사 등을 꼽을 수 있다. 위에 말한 전등사까지 합하여 30본사제를 실시하는

것이 시급한 과제라고 생각한다. 다만 기존의 본사는 물론, 신설되는 교구본사의 경우는 다음과 같은 기본적 골격을 갖추도록 유도해야 하고, 또 제도화시킬 필요가 있다. 첫째, 선원 혹은 강원의 운영을 필수요건으로 해야 한다. 현재 전국에서 운영되는 강원은 22개소, 선원은 24개소에 불과하다. 적어도 기본적인 교육기관의 운영과 그에 따른 부수시설, 예컨대 박물관·도서관·문화관 등을 갖추도록 유도해야 한다. 둘째, 재산관리는 공개되어야 한다. 이 점은 경영합리화작업이 선행될 때 가능하다. 현재의 삼직(三職)을 보다 전문직으로 양성해야 하며, 기획·집행·감사 등의 일반 행정 기준이 적용되어야 한다. 특히 각 사원의 성격에 맞추어 독자적인 불교문화 창달의 프로그램들을 개발하지 않으면 안 된다. 본사 단위의 수익사업 전개도 고려되어야 한다. 셋째, 지역단위로 포교당 운영을 필수요건으로 해야 한다. 특히 대도시나 중소읍면에 이르기까지 지역포교에 과감한 투자를 해야만 한다. 단순히 찾아오기를 기다리는 수동적 자세에서 찾아가는 불교로 질적 전환하는 것이 시급하다. 아울러 관광객에 대한 제반 편의시설이나 포교 확산의 방법 등도 강구되어야 한다.

3. 본사 주지의 선출과 임기

본사제도가 확립될 때 야기될 수 있는 문제로는 그 본사를 통괄할 수 있는 기구가 없다는 점으로 집약될 수 있다. 즉 현재의 총무원이 주지 임면권을 갖지 못하게 될 때, 독자적 발전은 기약할 수 있겠지만, 독립 종파로서의 분열이 우려된다는 뜻이다. 이 문제의 해소방안으로는 '본사주지연합회'의 기능을 활성화시키는 방안이 있다. 즉 정기적 회의와

임시회의를 분기별로 소집하여 문제를 해결할 수 있다. 또 현재의 원로회의를 활용하는 방안도 있다. 그러나 본질적으로는 각 본사 단위의 자율적 발전이 이룩되어야 한다.

 이 경우 가장 중요한 문제는 본사 주지를 어떻게 선임하며, 그 임기는 어떻게 하느냐 하는 점이다. 최근의 총무원안에 따르면 '선거제' 등이 거론되고 있는데, 이와 같은 방법은 타당하지 않다. 불교의 법식(法式)에 따라, 또 우리 불교의 전통적 선임방법에 의하여 뽑혀지는 것이 바람직하다. 전통적으로 우리 나라에서 주지를 정하는 방법은 다음과 같은 세 가지가 있다. 첫째는 스승이 제자 가운데 적합한 인물을 지명하는 경우[師資相承]이다. 둘째, 본말사의 문중에서 협의하여 대중의 지지를 얻은 자를 주지로 정하는 방법이[法類相續]이다. 셋째는 학덕이 높은 이를 초빙하는 경우[招待繼席]이다.

 어느 경우이든 별다른 문제점은 없겠으나 필자의 개인적 견해로는 ①, ②안을 절충하는 것이 좋겠다고 본다. 즉 대중의 의사를 반영하여 후보자를 삼배수 정도로 추천한 다음 조실 등 산중의 어른들이 그 중 한 사람을 지명하는 방안이 타당하다고 생각한다. 말사의 경우도 마찬가지 방법을 펴는 것이 좋을 것이다. 다만 말사 단위로 추천된 주지 후보자들에 대한 최종 임명권을 본사 주지가 갖는 것이 좋을 것이다. 단 포교당의 경우 본사 주지가 임명권을 가져야 한다. 아울러 전통적으로 주지를 보좌하는 삼직은 그 기능과 조직을 확대시켜야 한다. 교무의 경우, 강원(혹은 서원)을 전담하는 임무와 산중의 제반 교무 행정을 분리시켜야 한다. 재무의 경우도 절의 살림살이와 일반 회계를 구분해야 한다. 따라서 본사 단위로 전술한 삼직 이외에 기획실(홍보포함)의 독립이 절실히 필요하다.

 주지의 임기는 7년 정도가 적당하리라고 본다. 불교행사라는 성격상 지나친 단임강조는 의미가 없다. 오히려 지속적 사업추진·연계성 등을 고려하여 사회의 장보다는 긴 편이 나으리라고 본다. 일 회 정도의 연임은 허용되어도 무방할 것이다.

이렇게 되면 현재의 총무원 기능은 대폭수정이 불가피하다. 즉 대외의 홍보차원과 행정적으로 불교의 제반업무를 처리하는 본사연합체의 성격으로 바뀌어야 한다. 이럴 경우, 총무원이라는 명칭도 적합하지 않다. 오히려 조계종 종무원이 적합하리라고 본다.

1962년의 조계종 통합종단 출범 이래 우리 불교는 불화의 질곡에 시달려 왔다. 종단의 안정은 이제 불교일 뿐 아니라 우리 국민의 한결같은 바람이 아닐 수 없다. 우리는 지난 불협화음이 제도적 모순에서 비롯되었다고만은 생각하지 않는다. 고질적인 문중 의식, 재산권 문제, 인사비리 등이 복합적으로 작용하였던 난제들이다. 따라서 본사중심제가 실현된다고 해서 모든 문제가 해결된다는 식의 환상적 낙관론도 금물이다. 불교분쟁이 갖는 악순환은 끝내 이 땅에 '수도자의 상실'이라는 비극을 가져다 줄 뿐이다. 우리 불교의 빛나는 전통은 결코 유형문화재라든지 오래된 역사성에서만 남아 있는 것은 아니다. 오히려 진실로 시대의 아픔에 공감하며 그 다툼을 종식시키려는 원행(願行)을 지닌 보살의 출현으로서만 가능한 일이다. 따라서 앞으로의 과제는 얼마나 우리 불교가 '사람키우는 불사(佛事)'를 원만히 회향시키느냐 하는 점에 달려 있다고 본다. 30개 본사뿐 아니라 전 종도들은 이와 같은 역사의식과 자각을 통해 창조적 불교전개의 밑거름이 될 수 있어야 할 것이다.

총무원장 선출제도의 개선방향

1. 현행 총무원장 선출제도의 문제점

　대한불교 조계종이 통합종단으로 출범한 지 40년이 되었다. 그러나 1962년 이래 조계종은 분규의 소용돌이 속에 휘말려 왔다. 70년대 초반의 이른바 개운사 사태는 3년이 넘도록 지속되었었다. 곧이어 10.27 법난이 있었고 90년대에는 개혁종단의 출범, 승려대회 등으로 얼룩졌다. 총무원장 3선의 문제로 야기된 종단 불화는 90년대 말에 이르러야 진정의 기미를 보인다. 조계종단의 분규는 거의 주기적으로 벌어졌고 아직도 그 불화의 씨앗은 잠재해 있다고 본다. 종단불화의 표면적 원인으로는 재산권 분쟁·문중 대립 의식·종권 다툼 등이지만 보다 근본적으로는 종헌·종법의 미비와 불교인들의 의식 저하 등을 꼽을 수 있다. 오랜 분규는 수도자의 상실, 종단에 대한 냉소적 무관심을 낳게 된다. 더구나 종단 내부의 문제를 세속법에 호소하는 가치의 전도현상은 이제 불식되어야 마땅하다는 공감대를 형성하고 있다.

　종헌은 조계종의 모법(母法)이지만 1962년 3월22일 제정한 이래 현재까지 무려 22차례나 개정을 거듭하였다. 물론 그 가운데는 피치 못할 개정사유가 있다. 1998년 이른바 정화개혁측과 총무원간의 분규 가운데 종회 소집 절차상의 하자가 법적 문제로 제기된 경우 등이다. 이 당시 새로운 총무원장 선거법 등을 개정했고 2001년 11월 13일에는 다시 총무원장 선거관련 입법청원서가 중앙종회에 제출된 상태이다. 종헌·종법·선거법 등은 실정법에 비추어 모순된 점이 없나 하는 것을 면밀히 검토해야 한다. 또 승가의 화합 정신을 해치지 않는 범위에서《율장(律藏)》에 대한 현대적 해석이 병행되어야 한다. 법을 집행하는 것은 인간이다. 아무리 완벽한 법을 제정한다하더라도 악용의 소지는 상존(尙存)하는 법이다. 따라서 종헌·종법의 골격을 무너뜨리지 않는 범위에서 가장 보편 타당한 결론을 내리는 것이 현재로서는 최선의 방법이라고 생각한다.

  1994년 종단개혁의 대표적인 성과가 총무원장 선거제도의 개선이었다. 즉 중앙종회의원과 교구종회에서 선출된 10인의 선거인단으로 하여금 총무원장을 선출토록 한 것이다. 교구종회에서 선출되는 선거인단은 대의제에 의한 전형적인 간접선거형식이다. 반면 산중총회에서 뽑는 본사주지는 직선의 선출형태이다. 좀더 세부적으로 보면 51명의 중앙종회의원과 각 교구 종회의원 10명은 직선으로 선출된다. 나머지 30여 명의 종회의원은 간선으로 선출됨으로써 직간선이 복합된 형태이다. 현행의 총무원장 선출은 전형적인 대의제 선거인데 24교구에서 선출한 240명의 선거인단과 중앙종회의원 81명이 선거인단이 되어 전체 321명에 이른다. 321명의 선거인단은 그 규모에 있어서 직접 선거에 준하는 방대한 숫자이다. 여기서 제일 문제되는 부분은 본사별 10명의 선거인단이다. 중앙종회의원과 교구 본사 주지는 이미 해당 교구 선거권자들에 의해 직선으로 선출된 경우이다. 그런데 다시 옥상옥(屋上屋)으로 10인을 선출함으로써 이중의 부담을 주고 있다. 총무원장 선출 때마다 제기되는 문중간의 대립, 서로 다른 지지자들 간의 반목 불신 공허한 정책남발 등은 또 다시 다음 선출 때까지 연장되는 불협화음의 연속이다. 가장 중요한 점은 공개선거 보장이며 선거인단 규모의 축소이다.

선거인단 구성을 직선으로 하느냐 간선으로 하느냐 하는 점은 좀더 연구해야 할 과제이다. 다만 현행의 중앙종회의원 선거의 경우 직선·간선이 5:3의 비율이다. 교구 본사 주지의 경우는 직선이기 때문에 그 비율은 직선이 더 우세한 쪽이다. 간선의 경우는 전문성에 근거한 직능직 의원의 명분으로 선출되는바 좀더 다듬어야 할 면이 많다. 당연직 간부들과 함께 비구니의석을 좀더 늘려야 할 줄 안다. 경선이 될 경우 그 조정능력은 원로 회의가 갖는 것이 바람직하다. 권위주의적 행정질서를 자제해온 것이 불교의 특징이기 때문에 결과적으로 분쟁의 소지는 높다. 따라서 사전 조정이나 거부권 등을 행사할 수 있는 권한이 원로 회의에 부여되어야 한다. 이것은 본사 주지 선거에도 적용될 수 있어야 한다. 총무원장 선출이 더 이상 종단 불협화음의 빌미로 떠올라서는 안된다. 언론 매체의 가십거리로 전락하게 될 때 불교의 이미지는 동반 추락할 수밖에 없기 때문이다.

2. 《율장(律藏)》을 통해 본 승가회의(僧伽會議)

1) 승가갈마법(僧伽 羯磨法)

부처님 당시부터 이어온 불교고유의 회의법을 승가갈마라고 한다. 《율장》에서 규정한 승가갈마(Saṃgha Karman)는 새로 영입된 비구나 장노(長老)를 막론하고, 또 스승이나 제자의 경우에도 평등한 권리로서 동참한다. 교단의 중요한 정책결정에서부터 동의를 얻어야 할 각종 사안이나 결정 등은 모두 이 현전승가(現前僧伽)에서 여법(如法)하게 이루어진다. 세부적인 면에서는 경선이나 자유로운 의견개진이 있을 수 있지만 일반에 공포될 때는 반드시 만장일치의 형식을 취한다. 승가의 회의형식은 다음과 같은 세 가지 방법이 있다.

A. 단백갈마(單白羯磨) : 혹은 백일(白一)갈마라고도 하며 대중에게 통보하는 형식이다. 출죄(出罪)·출가·삭발·자자(自恣) 등 39종의 단백갈마가 있다.
B. 백이갈마(白二羯磨) : 결의안을 알리고 그와 같이 처리해도 좋은가를 묻는 형식이다. 대체적으로 가부를 물을 때 사용하며, 승물분배(僧物分配), 소임자 선출, 결계(結界) 등 57종의 갈마가 있다.
C. 백사갈마(白四羯磨) : 세 번 반복하는 형식인데 중요한 문제의 결정에 쓰인다. 수구(受具)·징계·출죄(出罪) 등 38종이 있다.

이 방법은 교단에서 다루는 사안의 내용과 경중(輕重)에 따라서 세 가지 중에 하나를 선택하도록 규정되어 있다. 이 갈마의 개최와 성립을 위해서는 세부적인 형식이 많지만 생략한다.[1]

승가에는 비구승가(比丘僧伽)·비구니(比丘尼)승가·현전(現前)승가·사방(四方)승가가 있는데 모든 행사는 '현전승가'에서 처리한다. 불참자의 경우는 자격이 있는 지욕인(持慾人)을 통해 위임할 수 있다. 병자인 경우에는 간병처(看病處)에서 직접 행할 수도 있다. 각 갈마를 행할 수 있는 최소한의 인원도 규정하고 있는데 4비구승가, 5비구승

---
1) 《四分律》 권44 및 《南傳》 卷3 등 참조.

가, 10비구승가, 20비구승가, 과이십비구승가(過二十比丘僧伽) 등의 구분이 있다. 따라서 최소한의 단위가 4명이며, 부득이한 경우에는 20인 이상이라도 가능하다.

앞서 말한대로 모든 결정은 만장일치를 원칙으로 하지만 부득이한 경우는 다수결의 원칙이 적용된다. 언쟁(言諍)의 경우에 적용되는바, 이것을 다인어법(多人語法)이라고 한다. 언쟁에는 사종쟁사(四種諍事)가 있으며 갈마사가 이 다인어법을 제안함으로써 다수결의 원칙이 적용되어 쟁사를 없애게 되는 것이다.

2) 단사인(斷事人)과 행주인(行籌人)

단사인(Ubbahika)은 회의의 다툼을 해결하는 이, 또는 선거관리위원의 역할을 하는 사람이다. 따라서 위원회 형태로 여러 사람이 이 일에 종사하기도 한다. 단사인은 10가지의 자격을 갖춘 자에 한해서 선임하며 그 열 가지 내용은 첫째, 계행(戒行)을 갖추고 둘째, 학식이 풍부하며 셋째, 비구·비구니의 이부율(二部律)을 잘 알아야 한다는 등의 조건을 갖추어야 한다.

행주인(行籌人)은 투표를 관리하는 이를 말한다. 단사인의 자격과 더불어 삼독심(三毒心)이 없어야 할 것, 행할 것과 행하지 말아야 될 것을 아는 자 등의 열 가지 덕목이 있다.[2] 다음으로는 투표방식에 관한 일이다. 현로(顯露)·이어(耳語)·비밀(秘密)의 세 가지 투표방법이 있다. 현로는 공개투표를 의미한다. 이어는 반공개투표로서 행주인의 귀(耳)에 자신의 의견을 밝히는 투표방식이다. 비밀은 요즈음 말하는 비공개투표를 말한다.

---

2)《五分律》卷23 및《摩訶僧祇律》卷13 참조.

3) 승가회의의 현대적 의의

위에서 상세하게 언급하지 않았지만, 이 승가회의는 포살(布薩)이나 자자(自恣) 등 정기적인 법회 이외에도 모든 승가규율에 적용되었다. 또 단사인(斷事人)이나 행주인(行籌人)의 자격기준뿐 아니라 지도자의 자질 검증, 다른 승려의 죄상을 물을 수 있는 자격요건, 다른 승려를 충고할 자격, 지율(持律)의 7법, 갈마사(羯磨師)의 자격정지내용, 다른 비구의 허물을 드러낼 자격이 없는 자, 쟁송(諍訟)이 끊이지 않는 이유, 승려대중을 대표할 8덕목(德目) 등 완벽한 선출의 방법이 명시되어 있다. 이 갈마작법은 불교의 근본정신에 부합한 최선의 투표방법이다. 또 여러 가지 갈등을 해소하는 민주적 절차에 의존하고 있다.

잘 알려진 대로 승가(僧伽)의 사전적 의미는 '화합하는 무리'라는 뜻이다. 화합을 위한 방편이 이 모든 절차의 핵심이라고 이해할 수 있다. 위에서 언급한 다수결의 원칙도 결국 화합중(和合衆)을 이루는 수단의 하나이다. 민주를 표방하는 현대의 법정신은 개인에 대한 자유와 권리, 이익의 균등한 분배, 타인에 대한 배려가 그 핵심을 이루고 있다. 그러나 동시에 다수의 횡포, 소외와 억압으로부터 자유로울 수 없다는 한계점을 지니고 있음도 사실이다.

불교의 궁극적 목표는 성불(成佛)이다. 따라서 대중을 계도하고 참회케 함으로써 이 공동의 이상을 이루려는 서원이 담겨 있다. 이 화합승가의 이상 또한 해탈에 이르는 불교적 방편이라고 말할 수 있다.

3. 바람직한 제도개선 방향

《사분율(四分律)》에는 승가회의의 규정에 대해서 다음과 같은 언급이 있다. "설사 규율을 정하여 이를 잘 지킴으로써 안락하게 살지라도, '서로 가르치고 서로의 말을 들어주고 점차 깨우쳐 주는 일(彼此相教 共相受語 展轉開悟)'이 없다면 그와 같은 삶은 의미가 없다."[3]

이점은 파괴나 혁명의 급진적 방법을 개혁으로 보려는 이들에 대한 경종의 의미가 담겨 있다고 본다. 우리의 목표는 제도개혁 그 자체에 있다기보다는 이를 통한 수도정신의 회복에 있다고 단언할 수 있다. 70년대 이후 꾸준히 단행되어온 개혁·정화의 물결 속에서도 여전히 답보 상태를 면하지 못하고 있는 종단질서가 이를 웅변으로 말해주고 있다. 특히 자비의 실현을 이상으로 삼아온 청정 승가에서 폭력이 난무하고 소송사태가 줄을 잇는 현실은 어떠한 이유로도 용납될 수 없는 바라이죄(波羅夷罪)일 뿐이다.

총무원장은 한국불교를 대표하는 실질적 대표권자이다. 《율장》의 해석을 따르면 승단지도자인데 그에 관해 짤막하지만 인상적인 자격규정이 있다. "소욕(少欲)으로 지족(知足)하는 이어야 하고 부끄러움을 아는 자여야 하며 경율(經律)에 밝아야 한다" 이것은 바로 인천(人天)의 스승이라는 불교적 사문상(沙門像)에 부합하는 모습이다. 그러나 존경과 권위는 스스로 만든다기 보다 주위의 도움으로 얻어지는 명예로움이다. 더 이상 총무원장 선출에 관련된 모든 사항을 세속화시켜서는 안 되리라고 본다. 갈마법에 준하여 제도를 개혁해야 하며, 결과에 승복하는 전통을 만들어 가야 한다. 따라서 제도 개선은 다음과 같이 진

---

3) 《四分律》卷37, 自恣犍度. 한글대장경,《사분율》2. p.477 이하.

행되어야 한다.

첫째, 총무원장 선출은 본사 주지, 중앙종회의원, 포교원장, 교육원장을 선거인단으로 하는 방식이어야 한다.

둘째, 경선이 불화로 이어질 경우 그 중재권은 원로회의가 지니도록 해야 한다.

셋째, 총무원장의 자격기준, 중앙종회의원의 선출, 본사 주지의 선출 및 임기 등 세부사항은 엄격함을 원칙으로 하되 보다 항구적인 대책 수립이 있어야 한다.

이제 불교는 전통의 무게에만 안주(安住)하는 안일함에서 벗어나 체질개선과 창조적 역량 결집에 그 힘을 모아야 할 때이다. 불조(佛祖)의 혜명(慧命)을 잇는다는 자부심은 결코 구호나 관념만으로 얻어질 수 없다.

Ⅲ. 재가불교의 방향

현대 한국의 재가불교운동 연구
불교사회화를 위한 재가불자의 역할
한국불교의 정치참여 현황과 그 배경
건전종교 문화환경 조성을 위한 종교계의 역할

현대 한국의 재가불교운동 연구

1. 머리말

한국의 불교는 21세기를 향하는 길목에 서 있다. 60년대 이후 꾸준히 진행되어 온 산업화와 정치변혁이 멈추어지리라는 징후는 보이지 않는다. 물질적이고 편의위주적인 산업문화는 미래사회에서도 지속될 것으로 보인다. 한국의 산업화는 '조국의 근대화'라는 슬로건으로 시작되었다. 그러나 근대화의 과정에서 야기되었던 빈부격차, 가치혼란, 도덕성 상실 등을 사회적 '보상심리'로서 풀려는 경향이 강하다. 불교 또한 내외의 격동과 무관하지 않다. 현대 한국불교는 다음과 같은 몇 가지 두드러진 양상을 보이고 있다.

첫째, 재가불교운동의 확산이다. 도심의 포교당, 재가법사의 양산, 사회사업의 확대 등이 그 구체적 징후들이다. 둘째, 승단의 불화이다. 해방 직후 재산권의 인수문제로 야기되었던 갈등은 급기야 비구·대처의 극한적인 대립으로 이어진다. 통합종단으로서 대한불교 조계종·태고종이 양립한 이후에도 그 분열은 계속되어 현재 43개의 불교종단이 난립하고 있다. 셋째, 불교인의 의식구조가 변모해 가고 있다는 점이다. 멀리는 한국적 자존심의 회복을 바라는 사회심리와 구체적으로는 대승불교의 정신을 회복하려는 의지들이 병합한 결과라고 보여진다.

과거의 한국문화는 거의 종교적 이데올로기에 의하여 주도되어 온 것이 사실이다. 근세에 이르기까지 그 주도적 역할을 담당하였던 종교는 불교와 유교이다. 현대사회 속에서 이들 전통종교는 각자의 적절한 위상정립을 위하여 노력하고 있으나 그 방향이 바람직스럽다고만은 여겨지지 않는다. 외적으로는 전통종교를 '골동품적 가치'로만 인식하려는 대중들의 알레르기가 잠재되어 있다. 내적으로는 현실의 '문제'를 해소하려는 미래 지향적 안목이 결여되어 있다. 따라서 오래되었기 때문에 존중받아야 한다는 논리는 이미 설득력을 상실하고 만 것이다.

불교 포교와 운동의 방향 또한, 이 점을 전제로 하여 수립·운영되어야 한다. 그 동안의 불교운동은 지나친 호교성(護敎性)에 의해 전개되어 왔다. 서양종교에 대한 반발심리와 불교적 아이덴터티 확립 등이 그 저변에 깔려 있었던 것이다. 그러나 미래사회에서의 불교운동은 단순한 '교리 소개'의 단계를 넘어서 응용과 현실적응의 차원으로 들어설 것이 예상된다. 다시 말해서 불교적 원리에 의한 사회·정치·경제 문제의 갈등 해소를 진지하게 논의하고 실천할 수 있어야 한다. 따라서 불교운동 또한, 보다 실천적이고 객관적인 타당성을 갖는 방향으로 전개되어야 한다. 다만 실천적 운동이라고 해서 훈고학적 연구 태도와 자세가 무시되지 않는다면, 이와 같은 운동 방향은 바람직한 결과를 낳을 수 있으리라 기대된다.

이런 의미에서 불교운동의 현실적 주체로서 재가자들의 활동은 미래 불교운동의 큰 변수가 될 수 있다. 특히 심화되는 종교 다원사회 속에서의 재가불교운동은 막강한 영향력을 지닐 수밖에 없다. 우리는 현대 재가불교운동의 양상과 전망을 객관적으로 정리해 보고자 하는 것이다.

일단 1945년에서 1991년까지를 연구 범위로 삼는다. 자료는 각종 연감의 통계와 설문지를 인용한다. 다만 불교학 연구의 동향은 재가불교운동연구에 첨가시키지 않았다. 재가자들의 사회활동과 사회교육을 중심으로 논의하면서, 그 바람직한 방향 전개를 서술하기로 한다. 특히 이념적 방향에 대한 논의보다는 구체적 실천 방향에 역점을 둔다. 자세한 통계자료는 일일이 열거하지 않았는데, 한국정신문화연구원 간,《한국의 사회변동과 종교》(1988) 및 종교사회연구소 간,《한국종교연감》(1992)을 참조해 주기 바란다. 재가불교운동의 사상적 흐름에 초점을 맞추어서 그 바람직한 전개를 도모하려는 것이 이 글의 목표이다.

2. 불교 사회활동의 제문제

1) 불교 사회봉사활동의 현황과 문제점

대승불교의 이상은 이익중생의 실현에 있다. 불교 도입의 초기에서 오늘에 이르기까지 한국불교의 주류를 이루는 사상 맥락은 바로 불법을 통한 요익유정(饒益有情)의 발자취였다고 본다. 따라서 불교의 존재당위는 사회를 계도하는 기능이라고 말할 수도 있다. 왜냐하면 '사회'(世間, loka)란 결국 중생들의 삶의 터전이기 때문이다. 승가의 기능이 보다 생산적이고 다변화해야 한다는 것은 현대사회의 요청이며 여망이라고 생각한다. 그러나 사회봉사의 면에서 불교계의 움직임은 바람직스럽다고 말하기 곤란하다. 다른 종교와 대비해 볼 때, 그 교세에 있어서 우위를 점하면서도 그 방면에 소홀한 점이 있다는 것을 시인하지 않을 수 없다.

〈표1〉 사회사업기관 현황

종교구분 \ 사회봉사 유형	병 원	고아원	양로원	사회봉사단체	기타(탁아소·학생회관·기술학교·공민학교·나환자구호소)	유치원
불 교	1	2	1	1	0	23
개신교	39	20	2	68	36	468
천주교	51	15	13	49	28	215
원불교	11	4	3	3	2	6

※ 1982년 문공부 종교단체현황, 문공부등록기준

〈표2〉 교육기관 및 의료원 현황

종교구분 \ 현 황	대학교(대학·전문대포함)	교육원(종단운영교양대학포함)	중·고등학교	의료원	고교 신행단체
불 교	3	4	22	3	20
개신교	97	279	68	53	89
천주교	13	318	62	51	138
원불교	2	0	7	5	9

※ 문공부,《한국의종교》, 1989, pp.121~353

　불교의 사회봉사가 활발하지 못한 가장 중대한 이유는 불교인의 자각이 미흡하기 때문이라고 본다. 또한 제도적인 뒷받침도 충분하지 못하기 때문에 큰 실효를 거두지 못한 것으로 생각한다.
　다행스러운 점은 1980년대 이후, 두드러지게 불교사회 복지시설이 늘어나고 있으며, 재가불자들의 관심이 점증되고 있다는 점이다. 1988년 5월을 기준으로 할 때 등록된 전국의 불교 신행단체는 다음과 같다. 일반 신도회:70, 청년회:46, 대학생회:98, 중고등학생회:66, 어린이회:26. 이들의 주요 사업 내용을 행사별로 분석해 보면 다음과 같다.

〈표3〉

신도단체구분 \ 행사내용	불교강좌위주 (法會)	사회사업위주 (의료봉사 등)	친목위주	기타
일반신도회	50%	12%	20%	18%
청년회	32%	15%	32%	21%
대학생회	53%	3%	23%	21%
중고등학생회	46%	10%	27%	17%
어린이회	30%	0	60%	10%

즉 신행단체의 주요행사는 불교강좌임을 알 수 있다. 그러나 이 가운데서 정기적인 강좌가 설치·운영되는 단체는 전체의 17%에 불과하다. 따라서 법회의 정기운영 필요성과 그 질적 개선이 시급한 과제라고 평가된다. 그러나 동시에 강좌중심의 재가불교운동에는 긍정적 요소도 상당히 있는 것으로 보인다. 즉 불교포교라는 측면과 함께 이른바 '불교 현대화'의 선도적 역할을 담당해 왔음에 주목해야 한다. 70년대 이후 주로 논의된 재가불자 세미나는 종단제도 개혁·의식화의 현대화·불경의 우리말 번역 등을 주제로 삼고 있다.[1] 이들 세미나에서 내려진 결론은 각기 상이하지만 대략 다음과 같은 문제들이 제기되었다고 본다.

첫째, 승단의 조직제도가 개혁되어야 한다는 점이다. 즉 불합리한 조직·행정 여건 등을 개선하여 현대사회에 알맞도록 탈바꿈하여야 된다

---

1) 1970년대 이후 재가불자들을 중심으로 '불교 현대화'와 '불교 사회교육'이라는 기치가 들려진다. 1990년까지 대규모의 학술회의는 20여 차례 열렸는데, 그 가운데 '불교 현대화'와 관련 있는 학술회의는 16회에 이른다. 다시 말하면 70년대 이후 재가불교가 가장 力點을 두었던 부분은 현대 속에 불교를 적용시키려는 노력이었다고 보아도 무방하다.

는 구체적 방법론들이 모색된 바 있다.

둘째, 승단의 운영에 신도가 어떠한 형태로든 참여해야 한다는 주장이다. 즉 비구승 위주의 승단 행정조직이 전문성을 갖추게 되어야 한다는 논의이다.

셋째, 승가대학을 비롯한 불교교육 전담기관의 육성이 시급하다는 지적이다. 특히 평생교육의 관점에서 볼 때, 사회교육을 위한 프로그램의 개발이 역설되고 있다.

넷째, 불교의식이 보다 새로워져야 한다는 주장이다. 다라니(陀羅尼) 위주의 염불·독경 등을 과감히 우리말로 옮기자는 주장이 대두되었다.[2]

다섯째, 계율에 대한 새로운 해석의 요청이다. 농경 위주적이고 전통 묵수적인 계율들을 과감히 대승적으로 수용·실천해야 한다는 주장 등이다.

물론 이와 같은 주장들이 반드시 바람직스럽지는 않다. 다만 불교라는 전통을 현대의 프리즘으로 재조명해야 한다는 물결이 주목된다. 즉 한국 재가불교운동의 초점은 '불교 현대화'의 물결이라고 이해될 수밖에 없다.

2) 활성화를 위한 이념적·행정적 방안

한국의 불교는 전통적으로 사부중(四部衆)의 승가체제를 견지하고

---

[2] 실제로 재가신도법회에서는 9할 이상이 찬불가라는 현대음악을 사용하고 있다. 현재 약 450곡 정도가 있으나 일반적으로 통용되는 곡은 약 50곡 정도이다. 이 노래들은 가사와 리듬 등에 있어서 불교적이지 못하다는 혹평을 받기도 하나 실제 법회에서 통용된다는 점이 중요하다. 또 발원문 등 중요한 법회의례는 한글로 재구성되어 법회에서 사용되기도 한다(《통일법요집》, 대한불교진흥원,

있다. 그러나 실제로 승가의 핵심그룹은 비구였다. 또 사찰의 운영에 있어서도 비구승 위주로 발전되어 왔다. 급변하는 사회변혁에 맞추어 사회가 승가에 요구하는 것은 그 질적인 변화이다. 승가의 변환을 위해서는 불교인들의 의식구조 고양이 그 밑거름이 되어야 한다. 1988년 5월에 시행한 '불자의 종교의식'에 대한 설문조사에 따르면[3] 아직도 한국의 불교인들은 사회정의 실현에 대체로 소극적인 반응을 보이고 있다.

그 원인은 여러 가지로 분석된다. 첫째 불교교리에 대한 체계적 이해의 결핍, 둘째 조직력의 빈곤, 셋째 청소년 불자층의 상대적 빈약 등이 그 원인이라고 본다. 또 재적 사찰을 비율로 분석해 본 결과, 특정한 연고 사찰이나 신행단체에 소속되지 않는 경우가 남성은 28.5% 여성은 20.6%였다. 특히 30대 남성의 경우는 42.1%가 연고 단체 없는 불자들이었다. 즉 사원의 기능이 '관광지'로 밖에는 인식되지 않음의 반응이다.

이념적인 면에서 말하자면, 우선 불교인의 의식수준이 고양되어야 한다. 또 불교인들의 사회봉사 의지기반이 보다 확고해져야 한다. 이미 조직된 신행단체의 경우는 물론이고, 앞으로 확산될 어린이회, 어머니회, 사회 각계 각층의 불교 인력 잠재력을 사회봉사의 방향으로 계발해 나가야 한다. 그뿐 아니라 그들에게 사회봉사자의 임무를 부여하

---

[3] 불기 2532년 佛誕日 기념 설문조사의 주제는 '불자의 종교의식과 신앙생활'이었다. 표본추출방법은 할당 표본추출법에 의한 질문유치법을 사용하였다. 서울, 부산, 대구 등 전국 13개 시도 120개 사찰 및 신행단체의 회원을 대상으로 삼았다. 연령은 20세 이상 60세 사이의 성인불자들에게 설문지를 받았다. 1988년 2월 20일부터 4월 20일까지 조사하였다. 통계분석은 보림 컴퓨터·녹야원 청년회가, 내용분석은 필자가 담당하였다. (《불교신문》 제350호 특집호, 1988. 5. 25. 참조)

는 제도적 뒷받침이 강구되어야 한다.

현재의 한국불교계에는 사실상 법계(法階)가 인정되어 있지 않다. 다만 전공별 호칭으로서 선사·강사 등 법계가 있을 뿐이며 그 법계인정의 기준 또한 모호하다. 더구나 신도의 위치는 종단행정이나 사찰경영에 있어서 미미한 실정이다. 필자는 각 본사 단위별로 사회봉사자를 양성하고, 그들에게 적절한 호칭과 법계를 인정해야 한다고 본다.

특정한 사원의 신도회를 통한 사회봉사는 산발적이며 지속적이지 못할 수밖에 없다. 그 신도계층의 사회봉사를 리드할 수 있는, 다시 말해서 스님과 신도 사이의 중간법계를 신설하자는 뜻이다. 그들에게 각자의 현실에 맞는 임무를 부여하고 그에 적당한 프로그램을 개발해 나가야 한다. 이를테면 농촌지도자모임을 통한 영농·축산·양봉교육이라든지, 워크샵·훈련강화 등이 그 실례가 될 수 있으리라 본다. 이들 사회봉사자들의 법칭은 '전법사(傳法師)' 혹은 '보살', '선지식' 등으로 부르는 것이 무난하다.[4]

이 같은 제도가 실효를 거두기 위해서는 다음과 같은 세 가지의 뒷받침이 필요하다. 첫째는 종단의 행정지원이다. 총무원에서는 이들의 자격심사·교육 등을 전담함과 동시에 본인과 종단의 필요에 따라 적절히 현장에 배치할 수 있는 행정지원이 뒤따라야 한다.

둘째, 사원 기능의 개선이다. 현재와 같은 사찰 기능으로 사회봉사의 활성화를 기대하기 어렵다. 우선 지역 현실에 따라 카운셀링·도서

---

[4] 拙稿, 〈내일의 한국사회와 불교〉(워커힐 세미나 주제발표 논문, 1989), p.3. 과거에 논의되었던 理判·事判과는 엄격히 구분해야 한다. 미래의 승가는 결국 修道중심의 사찰과 사회활동위주의 재가불교로 양분되는 양상을 띠우리라고 전망한다. 따라서 출가자들을 수도승·교화승으로 양분하는 것보다는 훨씬 합리적이라고 본다. 더구나 생활불교의 정착, 불교의 사회화라는 명제를 놓고 볼 때, 재가불교운동이 이같은 방향으로 전개되어야 한다.

관·청소년 훈련도량 등을 설치, 운영하는 일이 시급하다. 이제 사찰은 관광객들에게 '구경거리' 이외의 무엇인가는 줄 수 있는 방향으로의 질적 도약이 필요한 시점이다. 사회봉사의 기치를 내걸고 출범한 한국 기독교의 비약적인 발전은 불교인들에게도 타산지석이 될 수 있으리라고 본다.[5] 필자는 사찰이 직영하거나 재가신자들이 직접 경영하는 유스호스텔·캠프시설 등을 갖추어야 한다고 본다. 또 젊은이들을 위한 야영장 개발·불구점(佛具店)을 통한 불교 악세사리 등에도 정성을 기울여야 한다고 생각한다.[6]

세번째는 법회의식의 개선이다. 아직까지 법회의식은 법문을 듣고 간다는 식의 형태이다. 법회참여인을 대상으로 하여 봉사의식의 생활화를 펼쳐 나가야 한다. 주변청소·휴지줍기 등을 정기적으로 진행시킬 수 있는 분위기가 성숙되어야 한다. 지적인 갈증 충족 못지 않게 회향의 미덕이 깊숙이 인식되어야 한다. 중생을 교화하는 일이 곧 보은이며, 그것이 바로 성불의 첩경이기 때문이다.

---

5) 불교사회문화연구소 간, 《한국종교교육제도연구》(1983), pp.33~35.
   대한예수교장로회의 사회봉사조직은 다음과 같다.
   ① 특수선교회 : 맹인선교위원회, 경찰선교, 교도소선교, 병원선교
   ② 사회부 : 복지분과(원호사업, 불우이웃돕기, 은퇴교역자돕기, 교역자 자녀 장학금, 고아후원 등), 사회분과(지역특수성에 맞는 봉사), 농촌분과(농촌교역자 장학사업, 신용협동조합, 양곡협동조합), 군목분과(군선교 등).
   한편 한국 천주교의 경우에는 대학교를 비롯한 각급 학교 운영이나 의료기관경영 이외에도 사회사업기관의 운영, 교구 내 전교, 수도단체를 다수 운영하고 있다. 〈표2〉에서 보는 대로 교육원은 318개소, 신행 단체는 138개소에 이른다.
6) 拙稿, 〈불교사회봉사의 諸問題〉(韓國佛教中興의 諸問題 연구세미나 主題發表, 한국불교연구원, 1983.5.), p.3.

3. 불교 사회교육의 현황

1) 교양대학 운영의 실태

불교 전문 인력의 양성을 위한 교육기관으로는 동국대학교, 중앙승가대학, 위덕대학(1993년 개교), 금강대학(2003년 개교 예정) 등이 있다. 전통적인 승려 교육기관으로는 선원·강원(현재는 僧伽大學) 등이 있다. 이들 교육기관은 주로 승려 위주의 교육이었고, 일반인들을 위한 비전문 코스는 80년대 이후 생겨났다. 현재 전국의 사설 불교대학은 46개소, 불교강좌가 열리는 신문사, 백화점의 문화센터는 6개소, 각급 신행단체의 정기적인 불교강좌는 약 180여 개소에 이른다. 이들 중 중요한 불교 사립대학의 현황은 〈표4〉와 같다.

이들 대학의 교과 과정을 분석해 보면 불교철학 일반·불교사 개설·한국불교사상·비교종교 등이 주종을 이루고 있다. 전통적인 강원교육과 비교해 보면 외전(外典)에 많은 비중을 두고 있는 점이 두드러진다.

〈표4〉

명 칭	대학구분	수업년도	인원수	주요교과과정	비고
조계사 불교 교양대학	정규반 통신반	각 2년	정규반 100명 통신반 50명	인도불교사·경전개설·원전강독 ·한국불교사	조계사
한국 불교 대학	대학 대학원	각 2년	대학 100명 대학원 30명	불교철학 일반 한국불교학·비교종교	

III. 재가불교의 방향 191

대인 불교 대학	대학 대학원	각 2년	대학 100명 대학원 30명	불교학 · 종교학 · 불교사	
불교전문 통신강원	전문반 교양반	제한없음	제한없음	四集 등 불교전문교육 불교학개론 · 경전해설	봉선사
동방불교 대학	교학연구과 포교연구과	2년	100명	한국불교 · 포교실무	태고종
불교전통 의식교육원	정규반 통신반	6개월	제한없음	범패 · 불교의례 · 불교음악	
대원불교 대학	본과 법사과 통신과	각 1년	각과 50명씩 200명	불교학 일반 · 불교사 · 포교학 · 실습	대원회
전북불교 대학	불교학과	2년	200명	불교교리사 · 비교종교 · 민속학	
화엄불교 대학	불교학과	2년	200명	불교철학 · 불교사 · 한국불교	금산사
해동불교 대학	대학 대학원	2년	200명	인도고전어 · 불교학불교영어 · 비교종교	
원효학당	불교학과 대학원 통신과	2년	각과 50명씩 100명 대학원 20명	서양철학 · 한국불교 대승불교사상 원효철학	한국불교 연구원
금강불교 대학	천태학과 불교학과 부산 분교삼광사	2년	각 200명씩 60명	불교학 · 한국불교 · 천태사상	천태종
효동 범음대학	불교과	4년	제한없음	범패 · 불교음악	
한국불교 통신대학	국제포교사 · 국내 포교사 ·	각 2년	불교학 철학 제한없음	문화사 · 포교실무 불교영어	

한국불교 통신대학	일반·승가·경·율·논·선학·삼장학과				
전법대학	불교학과	2년	60명	근본불교·비교종교·대승불교	

정기적인 일반 불교강좌의 경우에는 '불전해설'이 주류를 이루고 있다.

한국불교에서 특히 선호되는 불전으로는 반야부(般若部)·법화부(法華部)·화엄부(華嚴部)·선서(禪書) 등 대승경전과 원효(元曉)·의상(義湘)·지눌(知訥)·서산(西山) 등 한국 고승의 저술들에 대한 강론이 많은 편이다. 이것은 한국불교의 사상적 흐름을 계승한 결과라고 보여진다. 그러나 현재 불교대학의 운영에는 다음과 같은 몇 가지 문제점이 드러난다.

첫째, 전문 교수의 부족 현상이다. 각 교양대학이 전임 교원을 확보하지 못한 상태이기 때문에 같은 교수의 중복 강의가 불가피하다는 점이다. 전문적인 포교사 양성·군법사의 활동 방안 등이 진지하게 검토되어야 한다.

둘째, 재정적 영세성이다. 학생들의 등록금에 대한 의존도가 높기 때문에 재정적 자립이 시급한 과제이다. 대한불교진흥원이나 기타 재정지원단체의 협조가 필요한 부분이다.

셋째, 이론 불교를 뒷받침하는 신행 의지가 부족하다는 점이다. 일반인들의 지적 욕구에만 매달리다 보니 그 실천 의지는 상대적으로 빈곤하게 느껴진다. 연수원 건립 등을 통한 신행고취에 주력해야 한다고 본다.

넷째, 졸업생들에 대한 종단 차원의 자격 인정이 없다는 점이다. 포교사 내지는 법사로서의 자격 부여가 시급한 과제라고 생각한다.

다섯째, 교육시설의 부실에 관한 면이다. 교재·강의실·교과내용 등 교육시설이 영세성을 면치 못하는 데 대한 개선의 필요성이 요구된다. 정식인가를 위해서도 교육시설 확충에 과감한 투자가 있어야겠다.

이와 같은 문제점들을 해결하기 위해서는 각 종단의 적극적인 지원과 함께 불교대학 상호간의 연합체 구성 등이 진지하게 논의되어야 할 줄 안다. 또 본사 단위급이 의무적으로 불교대학을 설립·운영하는 것도 문제해결의 방편이라고 생각한다.

2) 불교방송국과 불교실업인회

불교 사회교육에서 주목을 모으는 부분은 불교장애복지시설의 확산 경향이다. 여태까지는 서양종교에 의하여 주도되다시피 했던 장애복지시설이 서서히 불교계에 의하여 수용되고 있다. 현재 전국에는 자비갱생원·혜광맹인불자회·원심회 등 열아홉 개의 특수불교시설들이 있다. 신체장애자들을 위한 복지시설·출소자들의 자립기술학교·탁아소 등이 주종을 이루고 있다. 또 원심회 등 불교 신행단체에서는 특수시설을 위한 교재 연구, 시설 확충 등이 활발히 이루어지고 있다. 또 '연꽃마을' 등 노인복지시설, '불교어머니회'의 교도소 교화·훈련소 교화사업 등도 많은 호응을 얻고 있다.

이들 불교장애 복지시설의 최대 난점은 재정적 영세성이다. 몇몇 이들의 신심으로 이루어지기 때문에 항구적인 계획 수립이 어렵다. 또 교화의 방편 또한 불교적이지 않은 면이 많다. 개척적 업적을 가진 다른 종교단체들을 답습하는 경향이 농후하다. 따라서 불교적 이론을 뒷받침해주는 일도 시급한 과제라고 본다. 사회의 그늘을 지키려는 원행(願行)으로 이제 재가불교는 새로운 방향전환을 시도해야 할 때이다.

미래의 불교 사회교육에 박차를 가하게 될 중요한 이벤트로는 불교방송국 건립과 한국불교실업인회의 발족이다. 1990년 사월 초파일을 기해 정식 출범한 불교방송국은 초종파적인 운영을 특징으로 한다. 대한불교진흥원·조계종·천태종·태고종 등 여러 종파에서 지원하여 운영하는 불교방송국은 90년대 중반부터는 전국의 네트워크를 가진 대규모 방송으로 성장하였다. 다만 적자를 줄이기 위한 광고 방송의 자제, 신심있는 인기 연예인의 발굴과 참여, 새로운 불교활성화의 전기마련 등이 과제로 남아 있다. 불교실업인회는 1960년대 중반에 창설했으나 여러 가지 이유로 그 활동이 부진하였었다.

1989년 10월에 다시 그 취지를 살려 새롭게 창립한 한국불교실업인회에는 우리 나라 굴지의 기업 150여 개소가 참여하고 있다. 불교윤리의 활성화를 통한 기업 발전이라는 기치를 내건 이들 불교실업인회에서는 불교정신의 생활화를 시도하고 있다. 철저한 인과적 의식에 의한 책임의식, 연기에 바탕을 둔 협동정신, 그리고 노사의 첨예한 감정대립을 해소하는 화해정신 등이 어떻게 이들 기업발전에 적용되느냐 하는 점은 매우 흥미있는 관심거리라고 생각한다. 한국의 기업들은 어느 특정 종교의 교리체계를 강요하지 않는 일반적 특성이 있다. 그러나 기업주의 경영철학이 본인의 특정 종교에 따라 운영되는 경우가 많다. 우리가 기업경영을 불교적 원리에 따라 운영한다는 것은 생소한 느낌을 준다. 그러나 불교적 자비와 내핍, 노동의 신성성 등은 건전한 직장 윤리의 확립에 큰 밑거름이 될 수 있다. 따라서 이들 불교실업인들의 자각과 불교적 경영 태도가 주목되는 것이다.

전체적으로 보아 불교의 사회교육은 최근 들어 급격히 활성화되고 있음을 알 수 있다. 다변화된 현대사회 속에서 서서히 자신의 위상을 확립해 가고 있다고 평가할 수 있다. 그러나 방법론에 있어서 다분히 비불교적인 요소가 많은 점을 지적하지 않을 수 없다. 불교의 논리는 융통성과 다양성을 그 특징으로 한다. 극단적인 흑백논리 대신에 적절한 방편이 강조되는 것도 이 까닭이다. 특히 사회교육(Socially Relevant Buddhist Education)의 개념은 여태까지의 승가 기능으로는 도저히 이행할 수 없었던 과제이다. 또 사회교육은 포교라는 등식을 강조함으로써 비불교적 포교방법이 있었던 것도 사실이다. 그러나 이제 사회교육은 승가의 중요한 기능의 일부가 되었다. 그것을 보다 합리적으로 추진하려면 재가불교운동이 그 주축을 이루어 나가야 한다. 그때 비로소 불국토의 실현이라는 이상이 현전화(現前化)될 수 있기 때문이다. 앞으로는 양적인 팽창보다 더욱 세심하게 고려해야 할 점이 바로 불교적 방법론의 제시라고 생각한다.

4. 재가불교운동의 방향

1) 재가불자들의 의식경향

앞서 말한 '불자의 종교의식'에 관한 설문 조사에 따르면 한국의 재가불자들은 보살도의 실천에 비교적 소극적이었다. 즉 '왜 불교를 믿는가'라는 설문에 대한 다수의 대답(57.5%)은 '바른 삶을 살기 위하여'였다. 물론 설문 자체에도 문제가 있다고 보여지지만 '성불'이라는 대답이 27%에 불과했다는 점도 시사성을 주고 있다. 다시 말해서, 한국의 재가불자들은 불교라는 가치기준을 통하여 자신의 삶을 윤기 있게 가꾸려는 의식은 갖고 있으나 불도가 적극적인 보살행의 실천이라고는 이해하지 않고 있다는 뜻이다. 이것은 지난 500년 동안의 종교경험과 깊은 연관을 맺고 있다고 본다. 전통적인 재가불자의 모습은 시주의 관점에서만 이해되었었다. 특히 억불숭유의 조선 5백년 역사 속에서 신도들의 위치는 더욱 하강할 수밖에 없었다. 따라서 특정한 날, 이를테면 재일이라든지 49재일, 초파일 등을 위주로 신도교육이 진행될 수밖에 없었다. 또 한국의 사원은 심산유곡에 위치하고 있다는 점도 감안해야 한다. 따라서 과거의 재가불교운동은 지나치게 소극적으로 진행될 수밖에 없었던 역사적 질곡이 있다.

그러나 6.25동란 이후, 교육의 평준화와 학문 불교의 도입으로 재가불자들의 의식은 서서히 바뀌어 가고 있다. 비록 학문적 관심에서 출발하였지만 서양불교학의 과학적 태도, 또 일본 불교학의 훈고학적 엄밀성 등이 서서히 우리 불교학계에 유입되고 있다. 불교학의 과학성과 위대성이 입증되면서 재가불자들의 막연한 기복성도 새 좌표를 찾게 한다. 더구나 물밀듯한 서구문화에 대한 반발로서의 민족성 고취를 내걸게 한다. 전통문화에의 긍지, 문화의식의 함양 등 일반적 추세에 힘입어 불교 또한 더 이상 은둔에 안주할 수 없게 되고 만 것이다. 그러나 불교에 대한 '은둔성·초세속성' 등 알레르기는 여전히 잠재해 있었다. 이 편견을 극복하는 유일한 길은 바로 재가불교운동의 확산이었다. 즉 불교를 생활 속에 전개시키는 이른바 생활불교로서의 면모가 강하게 부각된다. 한국은행 불교회를 비롯한 각 은행의 불교회라든지, 경제기획원, 내무부 등의 불교회, 그리고 불교방송국의 택시기사 불교회 등은 모두 이와 같은 추세의 구체적 반영들이다.

높은 교육수준과 지성불교의 접목 등이 서서히 뿌리내리고 있다. 이것은 또한 교법사·군법사·포교사 등 이른바 특수 포교에 종사하였던 재가법사 그룹들의 영향 때문이기도 하다. '사설 불교대학'이 선풍적 인기를 모으고 있는 것도 같은 맥락이다. 아마도 이와 같은 추세는 당분간 계속되리라고 본다. 매년 2천 명 안팎의 졸업생이 배출되고 있는 바, 그들의 불교운동은 대단한 파문을 불러 일으키고 있다. 막연하게 재가불교인들의 의식수준이 기복적이라는 주장은 전혀 근거가 없음이 입증되었다.

〈표5〉

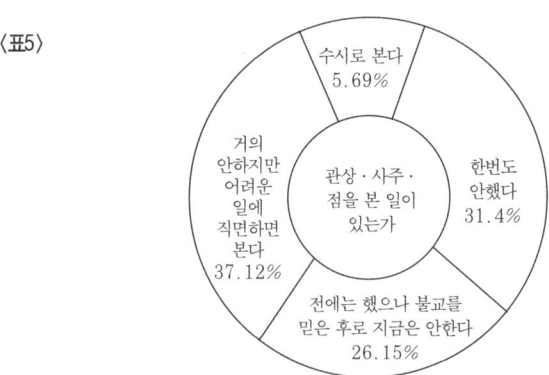

즉 위의 통계수치에서 보는 대로 점복(占卜)에 관해서 거의 부정적이다. 따라서 현대 한국의 재가불자들의 의식수준은 다음과 같이 요약해서 말할 수 있다. '보살도의 실천이라는 신행면에서는 미약하고 소극적이지만 비교적 건전한 윤리기반을 갖고 있다.' 더구나 불자의 자기 확신이 서양종교처럼 철저하지 못하다는 점을 감안한다면 잠재적 불교인의 대다수가 건전한 가치관을 갖고 있다는 일은 고무적이다. 즉 막연하게 기복불교라고 생각해 왔던 재가불자들의 의식수준은 급진적으로 변환되어 가고 있다. 재적 사찰(단체 연대의식)의 비율도 점차 높아지고 있으며 불교의 사회적 고양에 관해서도 깊은 관심을 보이고 있다. 이것은 종래 시주로서의 자세보다는 적극적인 사회참여의 기풍을 지니는 바람직한 현상이라고 생각한다. 따라서 현대 한국의 재가불자들은 시주와 기복→지적 접근→사회정화의 방향을 밟아가고 있다. 서서히 불교 교리 입문의 단계에서 벗어나서 민족 주체성의 기틀을 삼으려는 단계에 접어드는 것으로 평가된다. 다만 사회참여 가운데서도 민중불교에 대해서는 대체적으로 보수적인 경향을 보이고 있다. 그 행동 철학의 당위성을 인식시키기 위해서는 철저한 교학적 뒷받침이 따라야 한다. 또 민중불교의 방향을 정치적 집단행동으로만 끌고 가는 것에 대한 거부감도 있는 것으로 보인다. 따라서 불교적 원리에 입각하여 현상을 분석하고 비판하는 안목이 필요하다고 본다.

미래의 불교운동을 출가와 재가로 나누어 분석한다면 각기 상이한 두 가지의 사상적 짐이 있다고 본다. 재가불교운동의 경우, 불교의 원리를 탐구하려는 학적 태도와, 그 원리를 다변화된 사회 속에 전개할 수 있는 실천의지이다. 반면 출가의 경우에는 수도 고행 기풍의 확립이다. 즉 청정한 계행, 보다 고양된 내면세계의 현현(顯現)이 급선무이다. 그리고 그 의지가 사회적 양심의 보루로서 집합·전개되어야 한다.

〈표6〉
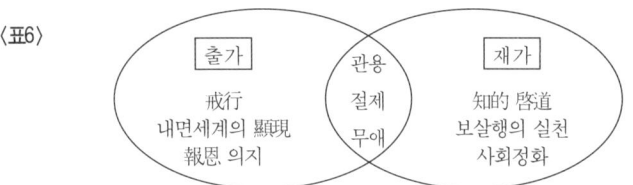

미래의 승가는 결코 현실 안주적이어서는 안 된다. 동시에 비현실적인 관념의 허상에 매달려서도 안 된다. 출가 그룹은 재가불자들의 정신적 고향이 되어야 한다. 즉 청정한 수도의 기풍을 간직한 '모범적 화합중(和合衆)'이어야 한다. 출가와 재가가 각기 제자리에 서 있는 것, 현실의 문제를 자신의 위상에서 해결하려는 노력이 바로 반야의 의지라고 생각한다.

2) 이념적 방향

재가불교가 담당해야 할 미래 지향적 방향은 건전한 가치관의 확립과 정신문화의 계발에 있다. 일부 재가불교 단체에서 지향하고 있는 사회봉사활동은 대부분 서구적 방법론에 의거하고 있다. 그러나 불교의 사회참여는 바로 그 정신적 기여에 있다는 점을 잊어서는 안 된다. 가두 포교라든지 전시효과적 불교행사가 만연되어가는 것은 바람직스럽지 못하다. 불교의 가르침은 내면의 성숙이며, 그 은근한 예지의 빛이 저절로 우러나오는 행동양식을 요구한다.[7] 사회 활동의 경우에도 마찬가지의 논리가 성립될 수 있다. 완강한 호교(護敎)의 기치를 내건 채 교세 넓히기를 위주로 하는 사회사업은 결코 불교적 교화의 최선책은 아니라고 본다. 이제 그와 같은 불교적 원리에 입각하여 재가불교운동의 이념적 방향을 몇 가지로 요약 서술해 본다.

① 관용의 보편화

중생은 공존하는 실존이다. 공존을 위해서는 질서가 필요하다. 불교적 질서의 원리는 여러 가지로 설명할 수 있겠으나, 사섭(四攝)·사무량(四無量)·육바라밀(六波羅蜜)·육상(六相)·육화경(六和敬) 등이 모두 그 원리 제시이다. 물론 이와 같은 실천 의지의 배경에는 연기의 가치관이 밑받침되고 있다. 미래의 다변화 사회는 겉으로 볼 때 독립적 발전인 듯 싶으나, 그 본질에 있어서는 상호 연관적이다. 이와 같은 이해의 점증을 통해 관용의 미덕이 자리잡게 된다. 이분법적 갈등논리는 첨예한 대립을 극복할 수 없다. 오히려 대립을 수평적으로 이해하는 노력을 경주해야 한다. 일부 청년불교단체의 부처님 절대 신앙·외도의 도전에 대한 맞불 대립 등을 지양해야 한다.

---

7) 개인의 구원이 반드시 사회정화로 연결되는가 하는 문제는 종교 현상의 숙제이다. 동시에 개인의 타락이 사회적 주변환경에 절대적 영향을 받는다는 것도 정당한 논리는 아니다. 지금 우리 사회의 이와 같은 극단적인 논리로 말미암아 '不當周延의 오류', 즉 일부분의 진실을 전체로 착각하는 묘한 풍조가 만연되고 있다고 본다.

② 절제의 미덕

인간을 결코 그 야수적 본능을 충족하기 위하여 태어난 존재는 아니다. 그러나 삼독의 노예가 된 중생계는 끝없는 투쟁과 파괴로 얼룩져간다. 특히 외면적 상처보다 심각한 것은 내면의 파괴, 즉 인격적 상호신뢰 기반의 몰락이다. 이것은 인간성의 파괴뿐 아니라 삶의 질서 자체를 무너뜨리는 결과를 초래하게 된다. 불살생·무소유 등의 이상은 바로 이 절제된 삶을 위한 방편이라고 이해할 수 있다. 절제를 통한 내면적 충동의 극복, 그리고 그 내면의 빛을 현전화하는 노력이 바로 재가불교 운동의 긍정적 기여여야 한다. 공해추방·자연보호·소비자보호운동 등은 바로 이 절제를 바탕으로 전개해야 한다.

③ 삶의 질적 승화

현대인의 삶은 소시민적 집단이기주의에 물들여져 간다. 가족·직장·동문·종교 등을 자기 확인으로 고독한 '섬'을 만들어 간다. 행복이 물질적 기준으로 평가됨에 따라 가치의 전도현상이 심화되고 있다. 반야불교의 기본 철학인 공(空)·가(假)·중(中)은 이와 같은 중생의 삶을 질적으로 고양시키는 변증법이다. 이 중도의 실천적 원리가 공이다.

④ 파사현정(破邪顯正)의 기개

---

8) 《菩薩瓔珞本業經》·《菩薩地持經》·《梵網經》 등 참조.
　　攝律儀……十波羅夷
　　攝善法……八萬四千法門
　　攝衆生……四無量心

현대의 악은 조직적 횡포를 그 특징으로 한다. 그 위에 도덕적 불감과 방관자적 자세가 겹침으로써 윤리적 아노미에 빠져들게 된다. 따라서 대승적 '삼취정계(三聚淨戒)'의 이상[8]을 생활화해야 한다. 섭율의(攝律儀)는 윤리의식의 현양을 가리킨다. 그릇된 행동 양식의 절제라는 측면에서 금계(禁戒)의 성격이 강하다. 섭선법(攝善法)은 보다 적극적인 이타행을 가리킨다. 보살의 기개로서 중생계를 포용한다는 적극적 삶의 태도이다. 섭중생(攝衆生)은 중생을 부처라는 이상향으로 성숙시켜 나간다는 뜻이다. 이 삼취정계의 정신은 바로 대승보살도를 천명하는 실천의지이다. 이 정신의 실현을 통하여 바람직스럽지 못한 현실을 조복받아야 하는 것이다.

⑤ 수도의 자세

불교적 수행을 초세속적 가치 기준으로만 이해했던 것은 편견에 불과하다. 불교적 수행은 인격적 결점의 극복에 그 초점을 맞추고 있다. 내면적으로는 삼독심(三毒心)의 극복이며, 외형적으로는 무애행(無碍行)의 실현이다. 참선·기도 등 수행 또한 자아 실현의 방편이다. 지나친 상업성만 배제한다면 참선체조·시민선원의 운영은 바람직하다. 아울러 1일 출가 등의 프로그램을 개발하여 여름철 수련 위주의 패턴을 다양화하는 일도 필요하다.

3) 실천적 방향

미래의 재가불교운동이 바람직스러운 회향을 이루려면 다음과 같은 실천 방향이 필요하리라고 본다.

첫째는 조직성이다. 한국의 재가운동은 사찰단위의 신도회 중심적인 색채가 강하다. 아울러 그 조직운영 또한 영세하고 무계획하다. 재정적으로 독립이 불가능한 가장 중대한 이유는 회비제 납부의식의 결여이다. 따라서 재가불교운동은 방향설정·사업계획·예산집행에 이르기까지 철저한 독립재정 형태를 가져야 한다. 아울러 대부분의 신행단체에서 시도하는 대로 공개예산을 집행하는 일이 바람직하다.

두번째는 재가불자들의 의식향상이다. 사찰을 불공드리는 곳이라고만 이해해서는 안 된다. 오히려 수도의 도량, 인격도야의 연마장이라고 하는 새로운 시각을 가져야 한다. 물론 이것은 사원 기능의 활성화와 관련을 맺고 있지만 재가신자들의 의식 수준과도 깊은 관련을 지니는 문제이다. 다시 말해서 재가불자들의 의식 고양이야말로 사원 기능을 다변화시킬 수 있는 원동력이라는 뜻이다. 출가자의 개혁의지가 선행해야 하느냐, 재가자들의 전법의지가 앞서야 하느냐는 등의 논쟁은 무의미하다. 왜냐하면 그 둘은 상의상자(相依相資)이기 때문이다.

세번째는 종단의 안정과 행정적 지원이다. 화합의 본분을 망각하는 어떠한 기도도 배제되어야 한다. 한국 최대의 불교종단인 조계종의 경우, 끊임없는 내분에 시달려 온 바, 그 간접적 영향은 엄청난 파문을 일으켰다. 앞서 지적한 대로 재가불교운동에 대해서는 행정적 지원이 필수적이다. 법계의 수여, 수련장의 개방, 그리고 재정보조 등이 뒤따라야 한다. 이를 통한 인재의 양성이 절실히 필요하다. 불교 인력을 효율적으로 관리하고 안정된 생활을 보장하려는 의지가 필요하다.

네번째는 현실 속에 불교를 적용시키는 다양한 방법의 강구이다. 예컨대 임종간호(호스피스)의 문제, 화장 등 납골당 운영을 통한 국토이용계획, 청소년 교화활동 등을 구체적으로 모색해 나가야 한다. 지금까지의 재가불교운동은 다분히 '교육위주적'이었다. 그러나 앞으로는 현대사회의 여러 문제들을 불교적 원리와 적용으로 해결해 나가지 않으면 안 된다. 즉 불교적 원리로써 인간들의 현실적 문제를 섭수·절복(折伏)해야 하는 것이다.

다섯번째는 불교학의 진흥이다. 불자들이 튼튼한 의식기반을 갖추기 위해서는 지성적 노력이 뒷받침되어야 한다. 맹신과 광신으로 대변되는 일부 종교 현실을 극복하기 위한 재가불자들의 노력은 보다 구체화되어야 한다. 우선 '경전읽기'가 생활화되어야 한다. 아울러 한국불교 관련 저술의 영역화(英譯化) 사업도 꾸준히 진행해야 한다. 특히 해외 포교의 경우에도 한국불교를 선양한다는 목표보다는 교민들을 대상으로 향수를 달래주는 정서적 기능을 수행하는 듯이 보인다. 그러나 한국 고승들의 영역 작업이 빈약한 현실에서 우리 불교는 단지 중국불교의 연장으로만 인식되고 있을 따름이다.[9]

이제 한국의 재가불교운동은 새로운 방향으로의 전환을 이루어 나가야 한다. 그렇게 함으로써 불교를 사회변동 속의 문화현상으로 인식할 수 있고, 또 불교의 문화적 당위성을 정당하게 평가할 수 있으리라고 보는 것이다. 보살 이상의 현전화(現前化)라는 슬로건은 바로 국민문화의식의 함양과 국가발전의 원동력으로 직결될 수 있기 때문이다. 따라서 재가불교운동이 '사회화'되는 것은 필연이다. 다만 사회화라는 것이 결코 정치적 문제나 사회적 갈등 논리 속에서 불교가 발언하고 행동한다는 의미로만 해석되어서는 안 된다. 오히려 가치 세계 속에서 도덕적 질서를 유지하는 힘으로써 그 잠재력을 응결시켜 나가야 한다. 그것이 바로 불교가 가진 미래 사회적 의미이며 기여라고 생각한다. 종교의 사회에 대한 발언은 어디까지나 보편적이어야 한다. 종교가 사회의 모든 구조 속에서 영향력을 발휘할 수도 없으려니와 그렇게 된다고 해

---

9) M.Weber의 Sociology of Religion, E. Lammotte의 *History of Buddhism* 등에서는 한국불교에 관해서 20줄로 소개하고 있다. 최근까지 英語로 간행된 한국불교 관계서로는 J.C. Cleary, *A Buddha from Korea* (shambhale, 1988)과 박성배, *Sudden Enlightenment* (Stony brook, 1989) 등 불과 서너 권이 있을 따름이다.

서 반드시 바람직스러운 일도 아니다. 허탈과 방황의 정신세계 속에 자리잡아야 하며, 그 실천방법 또한 종교다워야 한다고 본다. 불교적 진리는 내면의 완성과 그 사회적 전개라는 종교의 일반적 원리를 벗어날 수 없다. 종교가 사회와 정치의 일선에 서게 되면, 그것은 투쟁적 이데올로기로 변모하게 된다. 마치 정상과 같은 조직과 행동을 갖추는 일은 결코 올바른 일일 수 없다. 석존의 교화방법이 언제나 세속에 대한 간접적 기능이었다는 점을 상기할 필요가 있다. 궁극적으로는 삼독의 멍에가 갖는 비리와 모순을 극복하려는 원행(願行)이 바로 재가불교운동의 근본방향이어야 하는 것이다.

5. 맺는 말

현대 한국의 재가불교운동은 1960년대 이후 서서히 태동하기 시작한다. 사회의 격변기 속에서 불교를 통한 사회교화를 기치로 내걸고 출범하였다. 그러나 조직의 빈곤과 재정적 영세성 등으로 크나큰 활약을 보이지는 못했다. 1980년 이후 불교 교양대학이 생겨나는 시기에 재가불교운동은 크게 신장되었다. 특히 재가법사들의 활약이 밑거름이 되었다. 또 불교 지성화의 기치를 내건 재가운동은 괄목할 만한 신장세를 보이고 있다. 그러나 사회봉사활동의 분야에서는 여전히 부진을 면치 못하고 있다. 아직까지 관념적 불교인이 많다는 반증이며, 동시에 사회화의 인식이 박약하다는 뜻이다.

미래의 재가불교운동은 사회적 문제를 불교적 방법으로 대응하는 방향으로 전개되어 갈 것이다. 이때 가장 필요한 일은 불교적 아이덴터티 확립이다. 가시화되고 있는 남북통일의 논리 또한, 이와 같은 불교적

화해의 논리 속에서 도출되어야 한다. 따라서 미래의 재가불교운동은 승가 이상의 재정립을 통한 '보살불교'가 되어야 한다. 보살불교는 대승적 불교이념의 현전화(現前化)를 의미한다. 내면적으로는 부처라는 이상향의 인격을 가다듬은 수련이며, 외면적으로는 사회정의의 실현이다.

이와 같은 이상적 행위가 가능해지려면 불교지성화가 가장 시급한 과제이다. 즉 건강한 학문 불교의 토대 위에서 현실과 미래를 관통하는 형안을 가질 수 있게 되는 것이다. 출가인들의 사상적 책무가 수도를 통한 청정행의 요람이라고 한다면 재가자들의 경우에는 불교적 원리의 현실적 응용이어야 한다. 한국의 미래는 물질적 풍요라는 관점에서는 긍정적이다. 그러나 창의성 상실과 인격적 퇴폐라는 정신적 측면에서 보면 부정적이다. 따라서 미래의 재가불교는 그 정신적 공백을 어떻게 메꾸어 나갈 수 있느냐 하는 점에 초점을 맞추어야 한다. 또 그와 같은 노력들은 한국의 문화적 자존심을 지키는 원행(願行)이라고 확신한다.

불교는 언제나 새롭게 해석되어야 한다. 여태까지 없던 새로운 교리 체계를 만들어낸다는 뜻이 아니라 오늘의 갈등을 푸는 화합의 원리와 실천으로 전개해야 한다는 뜻이다.

불교사회화를 위한 재가불자의 역할

1. 불교와 사회

　전통적으로 불교교단은 사부중(四部衆)의 체재를 유지하여 왔다.
　그러나 비구중(比丘衆)이 교단의 중추적 역할을 담당하여 왔음은 주지의 사실이다. 고대 사회에서의 비구중은 도덕적 스승이었을 뿐 아니라 지적 엘리트 그룹이었기 때문이다. 초기불교 교단에서는 출가=수도, 재가=보시라는 등식이 형성되었었다. 그러나 다변화된 현대사회 속에서 이와 같은 형식은 더 이상 의미를 갖기 어렵게 되었다. 눈부신 과학의 발달로 종교적 상상력은 설 땅을 잃게 되었으며, 인간의 지적 요구는 더욱 광범위해져 간다. 이제 재가불교는 생활불교와 지성불교의 요람으로서 새로운 위상을 정립하지 않으면 안 된다. 본질적으로 말한다면 불교는 사회를 위해서 존재하야 한다. 고통받는 중생, 참담한 삶의 현실 속에 생동하는 불교가 되어야 하는 것이다. 지난 이천오백년 동안 불교는 그와 같은 사회적 역할을 충실히 수행하여 왔다. 그러나 현대사회에 접어들면서 불교의 사회적 영역은 점차 줄어드는 듯한 인상을 지울 길 없다. 특히 서양종교의 괄목할 만한 성장이 주로 사회사업 위주로 전개되었다는 점에 주목해야 한다. 육영사업, 병원경영, 탁아소, 양로원 등을 설립하면서,[1] 그들의 선교는 폭발적인 호응을 얻어왔다. 따라서 기독화가 근대화라는 보이지 않는 사회적 정서가 형성되어 온 것도 사실이다. 전통 민족종교를 표방해 온 불교는 마치 은둔지향적 출세간주의인 양 매도당해 온 것이다. 그러나 근대화 과정에서 야기된 배금주의와 무국적화 현상은 저들의 몫으로 남는다. 또 육영사업이나 병원경영 등이 과연 한국의 근대화를 위한 값진 노력이었는지, 아니면 선교를 통한 경제 침탈의 방편이었는지에 대해 진지한 반성이 요구되고 있다. 물론 불교가 사회사업에 등한시해 왔다는 점을 정당화하려는 것이 아니다. 다만 불교가 국교로서 활약해 온 고·중세 한국사회에서는 그와 같은 사회사업의 필요성이 전무했다는 점을 지적해야 한다. 또 불교의 사회화는 언제나 '내면의 자유'를 전제로 하며 그 해탈이 사회화되는 것이 바람직하다는 말이다.

2. 재가불자의 자세

 승가의 기능이 보다 생산적인 방향으로 전환해야겠다는 것은 이 시대의 요청이다. 또 출가와 재가가 서로의 영역에서 최선을 다해야 하리라는 것도 명백히 요구된다.[2] 출가 그룹은 청정성의 제고를 통해서

---

1) 1992년의 《한국 종교연감》(종교사회연구소 刊)에 의하면 위의 격차는 더욱 심각해져 가고 있다. 즉 서양 종교의 선교정책은 철저한 사회사업 위주였음을 알 수 있다.

국가사회의 사표가 되어야 한다. 한편 재가중은 생활불교의 현양(顯揚)을 통한 사회화 작업을 수행해야 한다. 그러기 위해서 가장 시급한 것은 재가불자의 자세를 확립하는 일이다. 10여 년 전부터 승가의 질적 변환을 요구하는 입장도 있다. 구체적으로는 사찰 단위의 수익사업이 진행되어야 한다고 생각한다. 예컨대 연수원의 건립과 운영, 유휴 부동산의 활용방안, 불교상품의 개발과 보급 등을 시행해야 한다. 그 때 사업진행에 있어서 출가승들이 직접 관여한다는 것은 바람직스럽지 않다. 오히려 재가법사들을 이 사업 계획에 동참시키는 것이 훨씬 합리적이고 능률적이다. 즉 전통의 사부중 개념에 '중간계층'을 신설해야 한다고 생각한다. 이들 재가법사에 대해서는 행정적이고 재정적인 뒷받침이 따라야 한다. 또 율장의 정신에 입각하여 재가법사의 오계가 강력히 시행되기를 바란다. 필자는 《범망경》 십중사십팔경계 가운데 십중 [바라이]의 마지막 5항을 새로운 오계로 윤색했으면 한다.[3]

1. 삼보를 공양하라. 〔護三寶〕
2. 승가의 허물을 말하지 말라. 〔說四衆過〕
3. 다른 이를 헐뜯지 말라. 〔自讚毁他〕
4. 재물과 진리를 널리 베풀라. 〔慳惜財法〕

---

2) 만해 등 불교 개혁론자들은 出家衆의 기능을 理判·事判으로 나누는 방안에 대해서도 언급한 바 있다. 그러나 오늘의 사회는 그와 같은 형식을 따르기 어려운 점이 많다. 고대사회에서의 출가중은 사회의 정치적, 경제적, 도덕적 귀감으로 존재하였다. 그러나 정교분리가 가속화되면서 이제 출가중의 영역은 '도덕성'의 문제로 국한시켜 가는 추세이다. 따라서 출가와 재가는 명백한 역할 분담이 있어야 한다고 생각한다.
3) 波羅夷는 교단 추방에 해당하는 중죄이지만, 대승의 바라이인 경우, 매우 합리적인 사상성이 돋보인다. 특히 禁戒위주로만 설명되는 소승적 해석보다 훨씬 설득력이 있다고 생각한다. 이외 경전적 근거로 참조할 수 있는 있는 것들로는 《菩薩地持經》, 《菩薩瓔珞本業經》, 《大乘起信論》, 《六方禮經》, 《優婆塞戒經》 등이 있다.

5. 뉘우치는 이는 용서하라.〔瞋心不受悔〕

즉, 오계를 준수함과 동시에 정례적인 포살법회(布薩法會)를 실시함으로써, 재가법사에 대한 율의적(律儀的) 장치를 마련해야만 한다. 재가법사의 적절한 위상은 이 재가윤리헌장의 준수여부로 판가름날 수 있다. 만약 그렇지 못할 경우에는 비승비속(非僧非俗)으로 전락하는 이권집단이 될 수 있기 때문에 철저한 옥석(玉石)을 가려야 한다.

한국불교의 정치참여 현황과 그 배경

1. 한국불교의 정치참여 실태

1) 한국불교의 현황

한국불교는 1987년으로 그 전래 1616년을 맞았다. 신라·고려 때에는 국교로서의 튼튼한 기반을 가졌고, 민족 전통종교로서의 자부와 긍지를 가진 최대의 종교이다. 1983년 12월 31일의 문공부 집계에 의하면 전체 사찰 수는 7,253개소, 비구승 14,206명, 비구니 6,549명, 그리고 신도의 수는 11,130,288명으로 추산하고 있다. 이것은 대한민국 국민의 25% 이상을 점유하고 있는 교세이다.

현재 불교 최대의 종단은 대한불교 조계종이며, 그 이외에 태고종, 천태종 등 도합 16개 불교교단이 있다. 그러나 조선 5백 년의 억불책과 일제 당시 식민지 정책 등으로 말미암아 행정조직·의식수준 등은 구태를 벗지 못하고 있다. 따라서 사회적 기여도라든지 소위 여론의 형성 등에 있어서 서구종교에 뒤지는 듯한 인상을 주고 있다. 그 결과 1988년대를 전후하여 '옛 영광의 회복'이라는 기치를 들게 된다. 또 일부의 과격 불교단체에서는 반정부적 운동에도 가담하고 있다.
 해방 이후 1960년대까지의 불교계 동향은 '정화'라는 움직임으로 대변될 수 있다. 일제의 조선사찰령 반포 이후 한국불교는 교종을 표방하는 대처승들에 의하여 주도되어 왔다. 그러나 선학원을 중심으로 하는 재야 불교계는 그에 대한 반발의 기치를 내걸었고, 이때부터 비구와 대처의 갈등은 표면화되기 시작하였다. 특히 1955년 8월 5일 공포된 이승만 대통령의 유시는 이 싸움의 도화선이 되었다. 그 성명서에서는 '왜색 승려는 사찰에서 물러가라'고 언명하였다. 그때의 왜색 승려는 구체적으로 대처승을 지칭하는 말이었다. 곧 이어 문교부가 타협안을 내었지만 실패로 돌아갔고, 양측은 독자적으로 종회를 열어 서로 불법임을 주장한다. 이때부터 사찰의 인수문제를 둘러싸고 소송과 소송으로 이어지는 끝없는 분규의 양상을 띠었다. 결국 대부분의 한국 사찰은 조계종이 차지하였고, 대처승 측에서는 서울의 봉원사, 지리산 선암사 등 몇몇 사찰을 소유하는 데 그쳤다. 1970년대 이후에 이 비구·대처 간의 분규는 일단락된 듯이 보이는데, 그때부터는 조계종의 내분이 일어나게 되었다. 고질적인 문중의식과 정화 당시에 영입되었던 불순세력들에 의한 활동이 그칠 사이가 없었던 것이다. 80년대부터 82년까지의 2년 동안 조계종의 총무원장은 6번이나 바뀌었다. 84년 3월에는 소장 측 승려들이 비상종단운영회를 발전시켜 종권을 장악하였다. 그러나 소장측의 지나친 질주와 중견 승려들 간에 알력이 끊이지 않았으며 같은 해 7월 해인사의 승려대회를 통하여 새로운 총무원 체제가 출범하였다. 그 총무원 진영도 86년의 폭행사건으로 퇴진하고, 곧이어 같은 중진그룹의 서의현 원장 체제가 들어섰다. 1996년에는 서원장의 연임 문제로 승려대회가 열렸고, 정화회의 및 총무원의 불화는 2000년에 겨우 종식되었다.
 불교계가 고질적인 내분에 휩싸이게 된 근본 원인은 재산권의 문제와 복잡한 문중간의 대립의식 때문이다. 여기에 승려들의 자질문제, 행정 조직의 난맥, 수도적 분위기의 상실 등이 겹치면서 암담한 대립의 수렁으로 빠져들게 된 것이다. 만약 위에 열거한 문제들을 해소시킬 수 있는 구체적 방안이 있다고 한다면, 첫째 재산권의 합리적 운영, 둘째 인재의 양성, 셋째 본사와 중앙총무원간의 선명한 관계 수립, 넷째 의식 계율의 과감한 개혁, 다섯째 평신도들의 원만한 종무참여 등이 선행되어야 한다.

이 글에서는 한국불교의 종합적 현황과 대책에 대해서 언급하지 않고, 다만 정치참여 불교집단의 동향과 이념, 그리고 그 바람직한 개선책에 대해서 서술하고자 한다. 글의 성격상 각주를 생략하고 어려운 용어와 자료 제시가 필요한 부분에 대해서는 괄호 안에 그 풀이를 실었다.

2) 불교교단의 정치참여 동향

불교계의 스님들과 신도들은 대체적으로 친정부적인 성향을 띠어 왔다. 한국불교의 역사적인 맥락에서뿐 아니라, 일제 해방 이후까지 이 전통은 고수되어 왔다. 그러나 1980년 10월 27일의 불교정화사업(불교인들은 이를 법란이라고 부른다) 이후 그 의식 경향이 바뀌어지기 시작한다. 즉 그들의 친정부적 입장에 대한 보답이 이러한 박해로 나타나느냐 하는 일종의 배신감을 느끼게 된다. 박대통령의 유신 때 기독교나 천주교 성직자들의 저항은 날카로운 바 있었다. 불교는 무거운 침묵으로 일관하면서 일반 지식사회의 냉소와 내부문제라는 이중의 갈등을 겪고 있었다. 그러면서도 은근히 이에 대한 정부측의 플러스 알파를 기대하는 심리가 잠재해 있었다. 이 사건 이후 불교인들은 과연 당시의 정부가 기독교나 천주교회에도 같은 방법으로 정화할 수 있겠는가 하는 의문을 품게 된 것이다. 이것은 종교 형평에도 어긋나는 일이라는 분개심을 품게 된다. 따라서 내적 불만과 외부적 질시를 모두 대정부적인 차원에서 풀어보려는 야릇한 심리가 팽배해져 가게 된 것이다. 이와 같은 불교계의 분위기 속에서 특히 정치참여와 대정부 공세 등의 이슈를 걸고 등장한 몇몇 불교단체가 생겨나게 된다.

① 민중불교운동연합

85년 5월 4일 창립하다. 창립 당시에는 고은·김지하·황석영 등을 지도위원으로 추대하고 한글회관에서 창립총회를 가지려 했으나 경찰의 저지로 실패하였다. 곧 이어 청진동의 식당에서 동 민불련을 창립하였다. 민불련은 민민협·민통련 등과 긴밀한 관계를 맺고 있으며, 불교계의 여러 불만들을 대정부 활동으로 표출시키는 역할을 담당하고 있다. 이념적으로는 소위 '민중불교'를 제창한다.

② 정토구현승가회

1986년 6월 5일, 창립선언을 하다. 발기인은 모두 221명의 승려로 되어 있다. 그 선언문에는 80년 10월 27일의 불교정화사업에 대한 부당성, 군부독재 타도, 보살정신의 함양 등을 내걸고 있다. 실제로 이 단체의 주동인물은 30여 명 내외로 보이며, 전술한 민불련의 멤버 가운데 승려들이 해당된다. 따라서 승려 중심의 단체라는 것만 다를 뿐 이념이나 행동강령·지향점 등은 모두 민불련 등과 같은 맥락이다.

③ 민족불교연구소(혹은 청년 승가회)

85년 5월 30일 약 30명의 승려가 창립준비위원회를 구성하였다. 그들은 대부분 83년 소위 신흥사 사건 이후 구성되었던 비상종단체제의 소장 승려들이었다. 그들은 해인사 승려대회 이후 축출되었고, 지속적으로 종권에 도전할 태세를 갖추고 있다. 종단의 발전, 승려자질 향상

책, 현대사회에서의 포교 방안 등을 연구한다는 기치를 내걸고, '30대 소장승려'라고 회원의 자격을 국한시키고 있다.

위에 열거한 세 단체는 뚜렷하게 이념적 구분을 발견하기 어렵고, 또 구성멤버도 대개가 이 세 단체에 동시에 가입되어 있다. 현재로서는 불교계 안에 중대한 영향력을 행사한다고는 판단되지 않으나, 종단의 불화와 대정부 공세 차원에서 무시할 수 없는 세력으로 부각되고 있다. 기존의 가치질서를 무시한다는 점에서 의식화된 운동권 학생들과 같은 범주에서 이해할 수도 있다. 그러나 종교적 성직자라는 특수성과 한국불교에 대한 전반적인 비판의식이라는 관점에서 이들 운동단체의 배경은 보다 복합적인 특성을 지닌다고 말할 수 있다.

2. 한국불교 정치참여의 배경과 본질

1) 전환기적 가치관(이념적 배경)

종교와 공산주의가 양립할 수 없다는 논리는 평면적 착상이다. 특히 종교라는 개념은 기독교와는 혼동되어서는 안 된다. 실제로 공산권에 속하는 폴란드, 체코슬로바키아 등은 천주교의 뿌리가 깊고, 또 공산권 색채가 짙은 미얀마, 스리랑카 등은 불교국이다. 불교의 교조 고오타마 불타(Gotama Buddha)가 주창한 카스트의 부정은 이들 공산주의자들에게는 계급투쟁의 논리로 둔갑한다. 이것은 라틴 아메리카의 경제적 낙후성 속에 해방신학이 싹트는 배경과 일치한다.

아직 우리 나라에서는 이와 같은 극단적 징후는 눈에 띄지 않지만 소위 민중불교운동에서의 이념적 문제는 종래의 불교관과 그 궤를 달리하고 있다. 우선 그들은 민중을 주체로 해석한다. 즉 사회구조를 민중과 권력의 이중구조로 보고, 민중 자체에도 깨어 있는 그룹과 그렇지 못한 그룹으로 이원화시킨다. 그 구분이 경제적 착취계급과 피착취로 나뉨은 물론이다. 이와 같은 계급투쟁적 발상은 한국사회가 안고 있는 산업화 과정에서 노정되는 현상이라고 볼 수 있다. 이른바 산업화의 소외적 현상인 것이다.

엄밀한 의미로 말하면 경제개발 5개년 계획의 1차년도가 시작된 1962년부터 한국사회는 구조적인 변화가 비롯된다. 농경적 특수성 대신 산업화의 현상이 팽배하면서 사회구조 자체가 큰 변혁을 겪게 되는 것이다. 경제입국의 슬로건 속에서 한국은 25년 동안 온통 경제일색으로 발전을 추구하여 왔다. 그 산업사회의 비리로 꼽을 수 있는 물질 만능·기능위주적 인간상, 정서의 마비 등은 이제 우리 사회의 심각한 병리현상이 되었다. 향락산업의 번창, 소비위주적 풍조, 건전한 가치관의 상실은 바로 그 산업화가 낳은 바람직스럽지 못한 현상이 아닐까 한다.

60년대 후반부터 등장한 '조국의 근대화'라는 표어는 이제 '건전한 시민정신'으로 바뀌어야 한다. 서구사회가 2백 년 동안 추진하여온 근대화를 우리가 20년에 해치웠다는 자랑은 허세일 수도 있다. 왜냐하면 그들이 야기시킨 문제를 우리는 10배 빨리 해결한 대신 10배 이상 안고 있다고 볼 수 있기 때문이다. 여기에 독버섯처럼 자라나는 경제적 불평등에 불만그룹이 있게 된다.

혹은 복지국가로의 전환이 이에 대한 처방이라고 생각하는 낙관론도 있지만, 이 문제는 결코 경제적 이윤배분으로 해결될 수 없다. 오히려 건전한 윤리의식의 함양, 인격도야의 실천, 모범적인 지도층 이미지 등이 선행해야 한다. 이념적으로 현재의 한국은 혼돈상태라고 볼 수밖에 없다. 국민의 정신적 구심점이 없는 것이다. 서구의 경우 그 받침대는 기독교이고, 일본이나 동남아시아의 경우 불교가 그 위치를 점하고 있다. 그러나 한국은 유례가 없는 다종교 상황임을 인식해야 한다. 석굴암 본존불이 지폐에 등장한다는 이유 때문에 기독교는 강한 반발을 보인 적이 있다. 년전의 단군성전 건립문제도 마찬가지이다. 그러나 그 반대의 경우 불교를 비롯한 민족종교의 반발도 만만치 않음을 예견하지 않을 수 없다. 그렇다고 기성종교 전체를 망라한 새로운 사상과 교리체계를 만들어낼 수도 없는 노릇이다. 따라서 이 이념적 대립과 갈등은 심화되면서 이제 첨예화된 충돌의 위기로 치닫고 있는 것이다.

민중불교운동의 이념적 배경은 이와 같은 한국적 현실 속에서 싹튼 것이다. 안으로는 불교계의 무능을 꾸짖고, 밖으로는 저항적 대립의식에 편승하고 있다. 비록 현재는 대다수의 불교인들에게 외면받고 있지만 시국의 흐름, 분위기에 따라서는 매우 저돌적인 위협집단이 될 수도 있다. 의식화작업은 반드시 자아비판을 동반한다. 안일과 타협을 거부하며 현실부정을 통한 자아확립을 영웅시한다. 불교계의 문제가 많으면 많을수록 그들의 영역은 확대될 수밖에 없는 것이다. 정책적으로나 혹은 이념적으로 이들을 치유할 수 있는 적절한 방안이 강구되어야 하는 것이다. 그때 비로소 그들은 내적인 자기완성이라는 종교의 본래 영역속으로 투입할 수 있게 된다.

2) 불교인의 소외의식(현실적 배경)

오늘의 불교인들은 한국사회의 여러 방면에서 자신들이 소외되고 있다고 생각한다. 특히 기독교 등 서양종교에 비해서 정당한 대접을 받고 있지 못하다는 의식이 지배적이다. 현실적으로 빚어지는 이와 같은 소외감의 몇몇 사례를 살펴보자.

첫째 남북한 적십자회담 때 북한을 방문한 우리측의 태도이다. 우리 기자는 교회가 이곳에 있느냐고 묻고 득의양양하게 이곳에는 종교의 자유가 없다고 외쳤다. 여기에는 교회를 안 다닌다는 것이 곧 종교의 자유가 없다는 등식으로 둔갑하고 있다. 또 가족 방문단이 북한에서 예배(혹은 미사) 드리는 장면을 아주 감동적으로 전하고 있는 점도 역시 불교인들을 불쾌하게 만들고 있었다. 총무원에서는 정식으로 항의를 제출한 바 있으나, 이러한 자그마한 일들은 끝내 불교인들을 섭섭하게 만들어가고 있다.

둘째 KBS 등 매스콤에서의 불교비하 보도태도이다. 불교계의 심각한 반발을 일으켰던 일일연속극(보통 사람들)에서는 밥먹고 기도하고 말끝마다 '주님 뜻'이라는 대사를 연발하였다. 또 어느 연속극에서나 기독교인들에 비해 불교인들에 대한 취급 태도는 소홀하기 그지없다고 느낀다. 심지어 인터뷰에서도 '하느님 뜻'이라는 표현이 여과없이 나타나는 데는 아연실색하지 않을 수 없다. 이 땅이 언제부터 기독교 국가가 되었나 불교인들은 참담하게 만들고 있는 것이다.

셋째 국회의 방문자 기록카드에 직업란이라는 것이 있다. 그 면회실 카드에는 버젓하게 목사라는 항목이 있는데, '스님'이라는 항은 없다. 그냥 성직자 혹은 종교인이라고 해도 무방할 텐데 굳이 특정 종교의 성직만 명기 했을 때, 불교인들의 느낌이 어떻겠는가를 상상해 보아야 한다.

넷째 '86 서울아시안 게임 때 서울 안내지도를 만들었다. 그곳에는 서울 시내 유명한 교회가 여덟 군데 명기되었다. 그러나 사찰은 한 군데도 없었다. 외국인들은 종교에 상관없이 한국적인 명소를 찾고자 할 것이다. 그러나 주 경기장 인접한 봉은사도 표기되지 않은 현실을 불교인들은 매우 못마땅하게 여길 수밖에 없다. 비약해서 이와 같은 처사에 의도적인 감정이 있지 않을까를 생각하게 되는 것이다.

다섯째 경찰서에서의 경목실 운영이다. 다행히 이 문제는 민정당 정각회의 노력으로 경승실로 운영되기로 합의하였지만, 불교계의 반발을 일으킨 일이었다.

이외에도 사찰의 건축물 규제변경에 관의 개입이 지나치다든지, 반정부 모임의 서양종교단체에는 관대하면서 불교는 우습게 여긴다든지, 개헌 공청회 등에 불교인을 소홀하게 다룬다든지 하는 등의 불만 요인이 축적되어가고 있다.

결론적으로 불교인들은 정책입안에서부터 사회지도 이념 정립에 이르기까지 자신들이 소외되었다고 느끼고 있는 것이다. 만약 이 첨예화된 감정이 폭발한다면 그 결과는 명약관화하다. 우리 나라는 결코 종교분쟁의 무풍지역일 것이라는 안일한 발상은 더 이상 통용되어서는 안된다. 만약 불교와 기독교가 대립한다면 이것은 북괴의 침략보다 더욱 무서운 결과를 초래하고야 말 것이다.

따라서 불교계의 일부 급진적인 행동파들에 대해서도 따듯한 배려가 있어야 할 줄 안다. 그들의 아픔을 정당하게 해소시킬 수 있는 방안이 강구되어야 한다. 불교인들이 현실적으로 느끼고 있는 소외감에 대해서 매스콤·정책·사회법 등 다방면에 걸친 배려가 있어야 한다. 이것은 말없는 중산층의 배려보다 더욱 심각하게 다루어야 할 중대한 문제라고 생각한다.

3) 문화적 허탈감(역사적 배경)

한국문화의 전환기가 1960년대의 산업화부터 비롯되었음은 전항에서 지적한 바와 같다. 물밀듯한 외래 사조 속에서 의식구조·생활패턴, 그리고 문화의 다양성에 이르기까지 실로 지난 20년 동안 한국은 문화적 격변기를 겪어왔다고 말할 수 있다. 지금 우리는 '옛 것'이 서서히 사라지면서 '새로운 가치의식'이나 문화현상이 정착되고 있는 시기를 맞고 있다. 그런데 소위 전통문화의 측면을 가장 깊고 많이 간직하고 있는 것이 불교이다. 그렇기 때문에 이 문화의 격동기 속에서 불교는 일종의 허탈적 감상주의를 느끼지 않을 수 없다.

 역사적으로 보면 한국 역대 집권층은 거의 불교를 선호했다고 말할 수 있다. 신라·고려는 말할 나위도 없고, 조선에서조차 비록 정책적으로는 억압당하였으나 군주들은 한결같이 불교인이었다. 태조·세종·세조 등 초기 군왕에서부터 선조·정조 등 군주까지 조선의 역대 군주들은 불교에 심취하여 나름대로 불교에 대한 옹호정책을 펴 나갔다. 심지어 일제 때에도 불교는 혹독한 박해만을 받은 것은 아니었다.

 불교의 입장에서 최초로 위기의식을 느끼게 된 것은 이승만 정부의 출범부터였다. 문화적인 측면에서도 이 시기에 비로소 기독교 문화를 앞세운 서양문물이 본격적으로 들어닥치기 시작했다고 볼 수 있다. 잉여생산물이나 구호물자를 배급하는 곳은 교회였고, 크리스마스라는 낯설은 경축일이 다가온 것도 그때의 일이었다. 불교인들은 이 시기가 기독교적 이념에 의한 국가통치라고 인식하고 있다. 이때부터 대중문화도 큰 변혁을 겪어야 했다. 영화·소설 등에서는 무분별한 서구문화가 도입되었고, 히피 등 바람직스럽지 못한 외래의 찌꺼기가 우리 문화 속에서 용해되기 시작한 것이다. 블루진과 통기타로 대변되는 반항적 세대는 서구사회에서 일종의 반전운동이라는 상징성을 띤다. 그러나 우리의 경우 행동철학이 수반되지 않은 단순한 영웅심리, 기성 가치관의 부정으로 나타났다. 이와 같이 엄청난 질적 차이 속에서 우리 문화는 거의 미국적 문화에 동화되어가고 있는 것이다.

 T.V의 쇼 프로그램을 보자. 생긴 것은 한국 사람이지만 그들의 손짓과 몸짓은 모두 서양인이다. 그들은 또 햄버거를 먹으면서 코카콜라를 마시고, 스포츠 카를 모는 삶을 살고 있지 않은가? 여기에 전통문화와 외래문화가 조화되어야 할 필요성이 있다. 그런데 전통문화와 결코 외형적인 반성으로 회복될 수 없는 가치이다. 우리가 스테이크를 먹고, 칵테일을 마시면서 영어를 한다고 해서 외국인이 되는 것은 아니다. 거

꾸로 한복을 입고, 수정과만 마시면서 에헴 데헴 기침만 한다고 해서 선비가 되는 것도 아니다. 요컨대 선비정신이 선행해야 하고 한국인이라는 자존심을 키울 수 있어야 한다. 그런데 이승만 대통령의 집권 때에는 온통 기독교일색, 서구화 일변도로 그 문화의 방향이 진행되었다는 점이다. 오늘날에도 그와 같은 문화현상이 계속되고 있는 듯이 보인다. 그뿐 아니라 전통문화를 자처하는 불교의 자존심에 상처를 입히는 일까지 자행되고 있다. 전항에서 언급한 여러 사회 현실적 불교의 불만은 바로 그 문화의 소산이다. 자신도 알지 못하는 사이에 불교라는 전통문화는 낡은 것, 서구적 문화의식은 훌륭한 것이라는 그릇된 사고가 범람하게 된 것이다.

　전통문화를 육성한다는 것이 판소리나 듣고, 마당놀이나 하고 민속주점을 여는 것이라고 그릇 판단한다. 이렇게 되면 문화현상을 단순히 현재적이고 감상적인 대상으로 전락시켜 버리는 오류를 범하고 만다. 예컨대 대학교 1학년 학생의 하루를 보자. 학교에서 슈베르트나 샤르트르에 대한 강의를 듣고 남은 시간에 그는 당구장이나 전자오락실 그리고 스텐드바를 전전한다. 그에게는 한국적 지성의 향기가 느껴질 여유가 없는 것이다. 이것이 바로 오늘의 문화현상인 것이다.

　따라서 이제 정부는 한국문화의 발굴과 그 현대적 조명에 좀더 많은 관심과 투자를 기울이지 않으면 안 된다. 만약 이것이 실패한다면 한국은 문화적 고아 내지는 방랑아의 길을 면키 어렵다고 본다. 여기에 민족종교를 자부하는 불교의 존재에 대한 당위가 있고, 또 불교가 소중하게 다루어져야 할 필요성이 있다고 생각한다.

3. 불교 현실참여의 바람직한 방향

1) 정치적 배려(소외감 해소방안)

  교수가 학생을 설득하고 간부 스님들이 의식화된 승려들을 교화하는 데는 일정한 논리가 있다. 무조건 잘못이라고 매도하지 말라. 늘 시야를 넓게 하고 눈앞의 이익에 얽매이지 말라. 어떤 위대한 주의주장일지라도 반드시 헛점이 있게 마련이고, 따라서 인류의 발달사는 바로 비판의 역사라고 가르친다. 그렇기 때문에 현재 그대들이 주장하는 민중불교운동도 결코 완벽한 것은 될 수 없다. 오히려 그 날카로운 비판의 화살을 자신에게 돌릴 줄 알아야 되리라는 것이 이른바 교수의 입장이고 간부 스님들의 논리이다. 그러나 반대측의 논리는 보다 깊은 뿌리를 가진 이데올로기적이고 현실적인 문제를 제기한다. 이들을 순화시키고 바람직한 방향으로 유도하기 위한 필수의 요건은 바로 정책적 배려이다. 현실적으로 수긍할 수 있는 불교정책이 수반되어야 한다. 그때 비로소 교수는 문제 학생에 대해 설득력을 지닐 수 있게 된다. 과거 가장 큰 문제로 부각된 것은 '불교재산관리법'이다. 이 불재법은 불교의 자율권을 침해하는 법이라고 하여 그 개폐의 논쟁끝에 '전통사찰보전법'으로 바뀌었다. 그러나 불재법의 폐지는 불교재산의 망실, 또 다른 재산권 싸움 등 실로 산적한 문제를 안고 있다. 따라서 종단은 일종의 딜레마에 허덕이고 있다. 명분과 대의로는 폐지를 주장해야 하고, 현실적 안정과 재산보호를 위해서는 불재법을 부여잡고 있어야 하는 것이다. 이 문제는 그 당국자인 문공부 종무실·종단행정 책임자·소위 재야인사·관계교수 및 법조계 등이 연석한 공청회를 통해 해결의 길을 찾아야 했다.

다음으로 제기되어야 할 점은 왜곡 교과서의 시정문제이다. 1985년 여름호 《불교사상》에서는 이 문제를 중점적으로 다루었다. 국민윤리 교과서에서 창조주를 인정해야 한다는 특정 종교의 논리가 반복 서술되고 있다. 또 초등학교 도덕교과서에서도 우리 나라의 진로가 마치 기독교 입국에 있는 듯이 묘사하고 있다는 것이다. 이것은 본질적으로 집필자의 양식에 속한 문제이지만 감독을 맡은 교육부의 담당부서에도 그 책임을 통감해야 한다. 한국이 다종교 상황임을 충분히 인식시켜야 하며 불교계의 반발이 충분히 설득력이 있다는 점을 주지시켜야 한다.

세번째로는 KBS의 편향보도에 관한 점이다. 이미 지적한 대로 특정 종교를 미화시킨다든지, 혹은 비하시키는 사례를 철저히 제거해야 한다. 그래서 불교인의 소리를 경청한다는 분위기도 살려나가야 한다. 해방 이후 40여 년 동안 불교계가 소외당했던 부분에 대해서 철저한 원인분석을 시도해야 한다. 우리가 무심코 지나쳐 버릴 수 있는 부분에까지 관심을 확대시켜서 정책적 배려를 아끼지 말아야 한다. 불교인들이 정치참여를 할 수 있다면, 그것은 어디까지나 정신적인 면에서의 기여일 수 있다는 점을 강조해야 한다. 그렇다면 국가기관에서 이들을 수용할 수 있는 태도를 갖추어야 한다.

첫번째 새마을운동에 관한 부분이다. 제5공화국 출범 이래로 이 새마을운동은 지속되어 왔는데, 현재는 그 방향의 전환이 필요한 시기이다. 일종의 농촌계몽이나 소득증대의 차원을 벗어나야 한다. 다시 말해서 도시새마을, 건전한 시민정신의 함양을 도모하는 일에 그 역점을 두어야 한다. 예컨대 자연보호 캠페인 같은 경우 불교의 교리나 신행은 무한한 시사성을 준다. 교육 프로그램의 계발이나 강연, 혹은 정기 간행물 등에 불교적 방법을 원용한다면 매우 큰 효과를 얻을 수 있으리라고 본다.

두번째로는 사회정화운동의 방향에 대한 불교적 방안의 수용이다.

불교의 이상은 정법구현에 의한 불국토 건설이다. 그때의 불국토란 깨끗한 마음이 이룬 사회를 지칭한다. 결코 고압적인 자세를 통해서는 사회정화를 이룰 수 없다. 청년불교회 등을 통한 사회정화사업, 예컨대 미아찾기, 말단 기관에서의 부정 근절, 휴지줍기 등 다양한 정화운동이 전개될 수 있다.

세번째로는 정신문화연구원에 불교진흥기구를 두는 방안이다. 고전국역실에 대장경 번역부를 두는 방안도 검토되어야 한다. 민족적 보패(寶貝)인 고려대장경을 전산화하는 작업은 마땅히 거국적 차원에서 이루어져야 한다. 영세한 번역 전문가, 낙후된 시설, 예산의 궁핍 속에서 이 민족적 문화사업은 방치되고 있다. 우리말 대장경의 출판은 아마 한국의 문화적 긍지를 과시할 수 있는 계기가 될 수 있으리라고 본다.

만약 불교인들의 정당한 외침이 끝내 외면당하거나, 혹은 탁상공론에 그친다면 일부의 정치적 모임들이 더 큰 세력으로 전환하지 않으리라는 보장은 없다. 연구검토하겠다는 막연한 이야기가 아니라 그 중요성을 마음 깊이 새기지 않으면 안 된다. 그래서 과감하게 수용할 부분은 받아들이는 자세가 요구된다. 결국 국가와 불교라는 양자의 정당한 관계수립은 서로를 이해하려는 노력이 있을 때에 가능하기 때문이다.

2) 불교에 대한 새로운 인식의 필요성(불교와 국가의 정당한 관계정립 방안)

동양종교의 일반적 경향처럼 불교는 권위를 배격하는 사상적 기반을 가진다. 교조는 물론 교단의 지도자에게도 어떤 권위의 틀을 세우는 일이 없다. 쉽게 말하면 교황과 같은 존재가 2천 5백 년 불교 역사 위에 존재하지 않았다는 뜻이다. 그 결과 불교는 강력한 종교적 권위로 인간 위에 군림한 적이 없었다. 이것은 서양종교와 비교해 볼 때 현격한 차이를 보인다.

　기독교는 신의 권위를 제일차적인 것으로 믿는다. 따라서 국가나 여타의 존재 당위성은 제2차적일 수밖에 없다. 이러한 가치관은 토마스 아퀴나스 이후 기독교의 중심교의였으며, 그 결과 외래의 문화를 수용하는 데 있어서 도전과 정복이라는 공식으로 일관하고 있다.

　불교는 그와 판이하였다. 우선 권위주의를 배격하였기 때문에 쉽게 전통문화와 융합될 수 있었다. 즉 파괴 대신 조화를, 강압 대신 굴절을 거듭하면서 광막한 아시아의 여러 곳들 속에 침잠되어 온 것이다. 이것은 역동적 역사 의식이라기보다는 정적인 자연관 속에서 인류의 미래발전을 추구하여 온 것이라고 평가할 수 있다.

　한국의 경우 불교 안에서 거의 모든 토속신앙이 다 수용되고 있다. 칠성신앙이라든지, 산신신앙, 시왕신앙 등은 엄밀한 의미로 보면 불교의 고유신앙과는 아무런 관련이 없는 열등한 샤머니즘이었다. 그러나 불교는 그 토속신앙을 용납하면서 그 전교를 도모하여 왔다. 전통적으로 불교를 관용의 가르침으로 인식시키게 된 중요한 역사적 배경이 여기에 있다.

　역사적으로 볼 때 한국의 지난 20여 년은 바로 서구의 문화적 충격이 정착되느냐 안 되느냐 하는 시험무대였다고 볼 수 있다. 한때는 한국사회에서는 산업화를 서구화와 동일시한 적이 있었다. 미국유학이 출세의 지름길이었고, 그 선택받은 사람이 되기 위한 몸부림은 결국 한국적 특징을 말살시키기에 이르고 만 것이다. 그 과정에서 기독교화되는 것은 당연시하고, 전통문화가 파괴된다는 것의 두려움을 알지 못했다. 그 결과로 나타난 것이 바로 '국적없는 한국인'인 것이다.

　만약 좁은 국수주의로서가 아니라 세계 속의 한국적 위상을 조명한다는 관점에서 본다면, 불교만큼 고마운 존재는 없을 줄 안다. 의식규범, 사고경향, 생활의례 속에 가장 전통적인 특징을 온전히 보존하고 있기 때문이다.

따라서 우리 사회의 평균적 지성형이 보는 불교에 대한 시야는 좀더 다양해져야 한다. 결코 '옛 것'에 대한 향수로서가 아니라, 전통의 집성, 미래의 비전이라는 관점에서 불교를 재평가해야 한다. 만약 진실로 한국이고자 한다면 그 문화의 뿌리는 바로 불교임을 명심하지 않으면 안 된다.

현재의 한국불교 승단이 갖고 있는 수도자적 자세의 진지함은 세계에서 유례를 찾기 어렵다. 서구인들은 한국 사원의 수도적 자세를 '살아 있는 정신(Living Spirit)'이라고까지 극찬하고 있다. 그 전통을 키우고 가꾸어야 함에도 불구하고, 좁은 소견에 휩싸여서는 안 된다. 이 긴장의 표출은 얼마전 송광사 성역화 사건으로 나타났다. 공원개발을 서두는 건설교통부와 그에 반대하는 스님들의 연좌는 매우 상징적인 의미를 띠고 있다. 우리는 이재보다 정신적인 면에서의 호의를 보임으로써 국가발전에 기여하는 불교를 만들어 갈 수 있으리라고 본다.

3) 불교 정치참여의 방향(불교의 미래 정신문화적 기여)

불교의 정치참여는 부정과 긍정의 양면적 고찰이 가능하다. 부정적 측면이란 정교분리의 현대적 안목에서 비롯된다. 본질적으로 불교의 영역은 정신문화이고 정치는 현실적 토대를 갖는다는 것이 그 부정적인 측면의 논리이다. 반면 긍정적 입장은 불교가 문제삼는 것이 인간의 영역이기 때문에 정치·사회·경제·문화의 모든 체제 속에서 발언권을 가져야 한다는 주장이다. 우리는 이 문제에 좀더 천착하기 위하여 불교의 역사를 회고해 볼 필요가 있다. 석가 세존이 직접 정치에 참여했다는 기록은 찾을 수 없다. 그러나 군사 자문의 역할을 했다거나 치국의 이상을 설명한 예는 무수히 찾아 볼 수 있다. 동양에 있어서 종교와 정치를 일치시킨 예는 오직 유교에서만 찾을 수 있다. 불교나 도교 등은 출세간의 도를 이상으로 삼아왔다. 따라서 불교의 경우 그 정치참여의 형태는 간접적이었음을 알 수 있다. 즉 간접적 사회개혁이라든지 혁명의 수단으로서가 아니라 정치지도자를 교화하고, 건전한 나라의 기강을 잡는 선도적 역할을 담당했음을 시사해 주고 있다.

원론적으로 말하면 불교의 직접적 정치참여는 교리상 문제가 될 수 있는 것이다. 세속을 초월한 열반의 증득을 염원하면서, 그 세속 속에 머물러 있을 수는 없기 때문이다. 신라나 고려 혹은 조선에 이르기까지 거의 모든 불교인들은 이와 같은 간접적 정치참여를 도모하여 왔다. 따라서 불교 정치참여의 바람직한 방향은 자명해진다. 그것은 국민의식의 개혁, 건전한 시민정신의 확립, 사회정의의 실현 등, 이른바 정신문화적 측면에 집중되어야 한다. 즉, 정신적 귀의처로서 이 사회 양심의 대변자로서 불교는 존재해야 하는 것이다.

다만 오늘의 한국 현실 속에서 불교가 정치참여를 하고 있다는 속단은 금물이다. 민불련 등 몇몇 단체에서 정치적 발언을 하고 반정부적 구호를 외친다고 해서 이것을 꼭 불교의 정치참여로 볼 수만은 없다는 뜻이다. 우리가 살펴본 대로 그 물결은 불교인의 피해의식이 짙게 깔려있는 일종의 분출구일 따름이다. 또 대다수의 불교인들은 소위 민중불교운동에 대하여 지극히 냉담하다는 사실도 지적하지 않을 수 없다.

지식인은 지식인대로 대중은 대중대로 그 문제점에 대하여 가담을 꺼리고 있다. 우리는 이 말없는 불교인들의 자존심에 상처를 입혀서는 안 되는 것이다.

불교가 국민정신의 귀감이 되기 위하여 선결되어야 할 점은 종단의 안정이다. 더 이상 반목과 대립을 되풀이할 수는 없다. 종단의 안정은 이제 불교인만의 바람이 아니다. 그것은 국가적 국민화합의 차원에서도 마땅히 이룩되어야 할 과제라고 생각한다. 정부의 입장에서는 종단의 안정을 위하여 다음과 같은 몇 가지 문제를 신중하게 검토해야 한다. 첫째, 총무원과 본사(本寺)와의 관계정립이다. 분담금(총무원 운영을 위하여 24개 본사에서 분기별로 자금을 총무원에 올리는 일)의 시비와 인사권 분쟁을 제도적으로 막는 방법을 강구해야 한다. 둘째, 승가대학의 발전방안이다. 개운사에 설립 운영되는 승가대학은 김포로 이전했지만 예산부족, 입학생의 감소 등으로 승려들의 자질 향상이나 진로 문제를 결코 원만히 해결할 수 없다. 종립 동국대에 병설시키거나 (혹은 경주 분교) 적정한 대안을 마련해주어야 마땅하다고 본다. 셋째, 불교병원의 건립이다. 현재 동국대 의과대학(경주분교)의 서울 분원 설치 문제는 막대한 재정과 정책적 배려가 필요한 일이다. 그러나 1천만이 넘는 이 땅의 불교인들에게 '불교병원' 설립이라는 것은 매우 설득력 있는 과제이다. 천마디의 말보다 강한 호소력을 지니는 일이라고 볼 수 있다. 넷째, 신도들의 종무참여이다. 적어도 중앙종회에 몇 명의 재가신도는 참여해야 한다. 사부중의 화합과 결속을 외치면서, 모든 종무행정에 재가신도가 소외된다는 것은 어불성설이다. 다섯째, 승려의 자질향상에 대한 종합적 검토이다. 적어도 5개 총림(叢林: 禪院·律院·講院을 갖춘 종합적 불교 사원. 우리 나라에는 현재 해인사·송광사·통도사·수덕사·백양사의 다섯 군데가 총림으로 지정되어 있다)에는 승려만을 위한 중·고등학교가 부설되어야 한다. 그리하여 정상적인 학교교육을 이수하지 못한 스님들에게도 재교육의 기회를 주어야 한다. (이 전반전인 문제에 대해서는 졸고, 〈한국불교의 현황과 문제점〉, 한국불교연구원 간행, 《불교연구》제2집, 1986 참조)

이상 열거한 몇몇 점들은 정부차원에서 검토해야 할 문제점들이다. 기독교는 이미 그 물질적 번영이 대기업의 수준으로 성장하였지만, 불교의 영세성은 여전히 계속되고 있다. 종단 자체에서 맡을 일과 정책적으로 배려해야 할 일들을 구분하여 추진한다면 이 불교발전은 곧 국가

발전과도 연결되는 일일 수 있다.

　미래의 정신문화가 가질 자아적 병리현상을 치유하는 길은 건전한 윤리의식의 함양이다. 그리하여 국민적 정신의 구심점을 찾으려는 진지한 노력을 되풀이해야 한다. 그것은 바로 경제입국에 성공한 한국사회에 안겨진 가장 어려운 숙제이기도 하다.

4. 맺는 말

　오늘의 한국사회는 비약적인 경제발전에도 불구하고 여러 불안요인들이 잠재되어 있다. 특히 우려할 만한 현상은 종교분쟁의 양상이다. 지난 40여 년 동안 우리 사회에는 기독교에의 급증과 그에 따른 부작용들이 서서히 드러나기 시작한다. 특히 전통문화의 단절은 국적 있는 한국인의 계승에 큰 문제점으로 부각된다. 더구나 80년대 이후 소위 민주화의 물결이 정치공방으로 나타나고, 그 분위기는 불교계 안에도 서서히 스며들기 시작한다. 아직은 숫적으로나 이념적으로 대다수 불교인들의 공감을 얻지 못하고 있지만, 그 미래는 아무도 예측하기 어렵다. 이와 같은 불교계 안의 현실적 정치참여 그룹을 민중불교운동이라고 한다. 이들이 등장하게 된 것은 복합적인 배경을 지닌다. 첫째, 전환기적 가치관, 둘째, 불교인의 무력감과 소외의식, 셋째, 역사적으로 허탈감에 빠진 불교의 시대적 상황과 같은 여러 문제들이 배경을 이룬다. 그 문제를 해결할 수 있는 첩경은 먼저 불교인들의 피해의식을 풀어주는 일이다. 불재법 개폐, 국민윤리 교과서 왜곡문제, KBS의 특정 종교편향 보도 등 불교인들의 많은 의혹과 소외감을 느끼고 있는 실정이다. 따라서 정책적인 배려로 불교인들의 주장을 과감히 수용할 필요가 있다. 덧붙여서 정신문화연구원, 사회정화위원회, 새마을운동 등 국민의 정신적 순화노력에 불교인들이 적극 참여할 수 있는 길을 터놓아야 한다. 그때 불교는 비로소 제 영역을 지켜 나갈 수 있다.

불교 정치참여의 방향은 사회 개혁적 측면보다는 의식 개혁적 측면이 더욱 강하게 부각되어야 한다. 왜냐하면 불교는 전통적으로 직접적 정치참여보다 간접적인 정신교화를 중시해 왔기 때문이다. 이렇게 되면 건전한 국민정신의 함양이라는 국가적 이익과도 결부될 수 있다. 불교는 민족종교로서 지난 1천 6백여 년을 우리 민족과 함께 시련을 이겨왔다. 이제 근대화의 물결에 밀려 뒷전으로 밀릴 위기에까지 직면한 이 '늙은 거인'에게 우리는 좀더 따스한 배려와 이해가 아쉬운 시점이다.

불교를 육성하는 일은 곧 한국문화의 뿌리를 확인하는 일이며, 동시에 한국적 자존심을 일깨우는 일이라는 자부가 있어야 한다. 그렇게 함으로써 화합과 관용의 미래를 정신문화 계발에 불교가 큰 몫을 차지할 수 있게 되기를 기대한다.

건전종교 문화환경 조성을 위한 종교계의 역할

1. 한국인의 종교 수용태도, 무엇이 문제인가?

고대사회에 있어서는 특정 종교가 국가의 지도적 이데올로기였다. 그러나 현대사회에서는 다양한 종교 전통들이 공존하는 다원적 양상을 보이고 있다. 따라서 종교간의 갈등은 필연적이며, 그 상충 가능성은 이미 위험 수위를 넘어서고 있는 상황이다. 중동지역의 전운, 인도 북부의 국경분쟁, 보스니아 사태 등은 모두 종교적 대립이 근본 원인이다. 한국은 종교전쟁에 있어서 무풍지역일 것이라는 기대는 지나치게 안이한 발상이다.

특히 일부 개신교와 불교의 감성적 대립은 이미 상당히 위험한 수준에까지 이르고 있다고 보여진다. 종교 대립의 심각성은 그 절대적 신념체계 때문이다. 통상의 가치기준은 상식적이며 상대적인 차원에서 진행되지만, 종교적 가치기준은 언제나 주관적일 뿐 아니라 절대적이다. 자신의 믿음이 가장 훌륭한 것이라면 상대방의 것은 차선일 수밖에 없다. 그 절대와 절대의 '만남'은 필연적으로 대립을 불러일으키며, 그

피의 윤회는 극단적인 흐름으로 치다를 수밖에 없는 것이다. 사랑이나 자비 등을 기본적인 가치 덕목으로 삼는 종교간의 전쟁이 가장 잔인하고 참혹했었다는 역사적 사실이 이를 뒷받침하고 있다.

 엄밀한 의미로 말하면, 종교간의 평면적 대비는 불가능하다. 종교는 특정 사회를 기반으로 하는 역사적, 문화적 경험과 함께 언제나 진리성을 표방한다. 그러나 진리 파지(把持)는 본질적으로 인간 내면의 문제이다. 따라서 모든 상이한 교리 체계의 종교가 그 진리 파지의 수단이라고 이해된다면 별 문제는 없다. 그러나 모든 종교가 그 진리 자체를 표방하기 때문에 상황은 복잡해질 수밖에 없는 것이다. 여태까지 한국 사회에서는 종교전쟁이 없었다. 그 까닭은 물론 관용을 표방하는 불교가 한국 사회를 지배해 왔기 때문이다.

 불교는 자신의 믿음 이외에 다른 믿음 또한 존중되어야 한다는 점을 역설해 왔다. 그러나 이 관용성을 한국인의 국민적 심성과 관련하여 해석할 수도 있다. 한국인의 특수성에 관한 연구로는 심리학자들과 윤리학자들의 개척적 노력들이 있다. 그들이 대체로 공감하고 있는 것으로서는 한국인들의 장점이 근면성, 유연성인 반면 단점으로는 조급성, 변덕스러움 등이라는 것이다. 또 장점, 단점 등으로 분류하기는 곤란하지만, 현세 이익성, 기복성 등이 특징으로 꼽히고 있다. 특히 이 마지막 문제에 천착해야 한다고 본다. 한국인들은 유난스럽게 현세적 복락에 관심이 많다. 따라서 내세라든지, 자유, 평화 등과 같은 관념적이고 형이상학적 문제들에는 큰 관심을 보이지 않는다.

 이와 같은 욕구들이 종교에 그대로 투영될 때, 종교 또한 현실 중심적으로 바뀌지 않을 도리가 없다. 사실 인도의 불교는 교리체계나 실천 수행에 있어서 현세 중심적이라고 보기 어렵다. 독특한 상상력 속에서 주로 관념적 세계에 대한 명상이 수도의 요체였다. 적어도 현실과 내세의 문제가 반반 정도의 비중으로 다루어졌다고 볼 수 있다. 그러나 한국의 불교는 현실 중심적이다. 깨달음, 보살도, 심지어 정토의 경우에도 그 현전성(現前性)이 강조되고 있다. 이것은 한국의 현세 이익적 욕구 심리가 불교를 변질시켜 버린 결과일 수 있다. 한국인은 불교만 변질시킨 것이 아니라, 기독교 또한 현실 중심적으로 변질시켜 가고 있다. 사실 서양에서의 기독교 전통은 수도원 중심으로 발전해 왔다. 경건한 묵상, 철저한 자기 반성 그리고 그 내면의 빛이 사회의 지도적 양심이라는 자각 등으로 발전해 왔다.

그러나 한국교회는 전혀 수도적인 배경을 갖고 있지 못하다. 열렬한 믿음, 병고치기, 소원 이루기만이 강조되고 있다. 사실 간증, 부흥회, 새벽 기도 등은 한국 교회만이 갖고 있는 특수 현실이다. 해방 이후 현재까지 한국 기독교의 비약적 발전은 바로 이와 같은 현세 이익성의 강조 때문이었다고 해도 무방하다. 즉 한국인은 그가 기독교를 믿건, 불교를 믿건 간에 그 심성의 밑바닥에는 기복성이 잠재해 있는 것이다. 기복성, 그 자체는 결코 탓할 문제가 아니다. 우리가 문제 삼으려는 것은 한국인의 기복성이 이기적일 뿐 아니라, 현세 중심적이라는 면 때문이다.

따라서 한국인들은 동시에 여러 종교들을 공유하고 있다. 이성적으로는 불교 혹은 기독교, 내적인 마음 바탕은 무교(巫敎), 그리고 행동양식은 철저히 유교적이다. 이 기묘한 종교 수용 형식 때문에 이 땅에는 종교전쟁이 일어나지 않았었다. 그러나 현재 시점에서 보면, 전투적 종교전략 때문에 우리에게는 새로운 위협이 생겨나고 있다. 일부 개신교는 갈수록 독선적이며 도전적으로 변모해 가고 있다. 또 불교 또한 그에 맞서서 극성스러워져 가고 있다. 오직 부처님뿐이라는 절대 신앙, 불교인임을 꼭 내세워야 한다는 호교주의(護敎主義), 그리고 기독교적 전략을 불교 용어나 형식으로 윤색하려는 자칭 불교 현대화 그룹 등이 결국 사태를 위험한 지경으로 몰고 가는 것이다.

2. 종교적 갈등과 그 해소 방안

　최근 개원한 '훼불전시관'은 우리 시대 종교적 갈등을 보이는 상징적이고 현실적인 표상이다. 모든 뜻 있는 이들이 있을 수 없는 일이라고 말해 왔지만, 현실은 바로 파불·훼불 등으로 나타난 것이다. 이제 우리는 진지하게 한국에서의 종교화합을 논의해야 할 때이다.
　종교 갈등의 본질은 '대화부재' 때문이다. 한국인들은 대체로 대화문화에 익숙하지 않다. 이것은 논리적 훈련의 부족 때문인데, 대가족제도하에서의 가부장적 권위주의가 빚은 결과이다. 따라서 문제의 해결 방법이 대화라기보다는 중개자에 의한 매개 문화적 측면이 강하다. 중개업, 부동산 소개업, 심지어는 중매에 이르기까지 직접 대화의 방법을 피하는 것이 상례이다. 따라서 종교인들이 서로의 의견을 자유롭게 개진할 수 있는 기회가 별로 없다. 이 점이 종교 갈등의 근본 원인이라고 본다.
　종교 갈등은 대략 다음과 같은 단계를 밟아 진행된다. 첫째, 종교 성직자들에 대한 상호비방이다. 특히 가십성 기사들을 일반화시켜 전체 성직자들에 대한 모독으로 발전시켜 나간다. 둘째, 상호 종교의 외형성 비교이다. 신도나 건물, 집회의 참석 숫자 등을 놓고 비교 우위에 젖는 감성적 대리 만족의 단계이다. 셋째는 상호 종교의 진리성에 대한 우월성 논쟁이다. 전문적인 지식에 의존한다기보다는 감성적이며, 본질적이라기보다는 자신의 주관적 판단을 앞세우기 때문에, 이 논쟁 또한 승패 없는 말싸움으로 끝나 버리기 일쑤이다. 즉 한국에서의 종교적 대화는 이성적이라기보다는 감성적이며 본질적이라기보다는 현상적이다. 따라서 대화의 패턴은 보다 지성적이어야 하며, 그 주제 또한 보편적이어야 한다.

불교에 대한 서양종교의 비판 가운데 가장 일반적인 것은 우상숭배, 전통 묵수성, 전근대성, 사회성 결여 등으로 요약할 수 있다. 물론 이것은 초기의 전도과정에서 빚어진 악의적 흑색선전의 결과이다. 그러나 예상외로 많은 이들이 이와 같은 편견으로 불교를 폄하하고 있다. 또 불교의 기독교 비판은 주로 그 위선성, 대형화 경향, 상업성 등에 초점을 맞추고 있다. 따라서 감성적 대응은 무의미하다. 보다 합리적이고 논리적인 자기 방어의 체재를 구축하지 않으면 안된다. 바로 이 점에 지성종교의 필요성이 대두된다. 외도를 조복받기 위한 언설과 '힘'이 필요한 것이다. 불행하게도 노인층을 점유하고 있는 불교에서는 이와 같은 노력 대신에 습관적 불교의례의 집행만을 능사로 삼아 왔다. 이것은 물론 사찰이나 교단 자체의 문제임과 동시에 포교의 일선에 있는 모든 이들의 책임이다.

종교가 뿌리 내려야 할 곳은 바로 중생들 삶의 현장이다. 고뇌하는 중생들에게 희망을 줄 수 있는 종교, 교만한 이들에게 겸손과 너그러움을 심어 줄 수 있는 가르침으로 정착해야 한다.

3. 건전한 종교문화를 향하여

외형적으로만 말한다면 한국의 종교는 눈부신 성장을 거듭하여 왔다. 한국에서의 기독교세 성장은 서방세계의 입장에서는 경이로운 일이다. 동시에 그 성공의 열쇠를 찾는 종교 사회적 연구도 성행하고 있다. 최근 들어 불교의 교세신장 또한 괄목할 만한 도심의 포교당에서는 현대적 포교방법을 적절히 구사하고 있으며, 강남의 몇몇 포교당은 폭발적인 교세 증가를 보이고 있다. 이제 산중 불교라는 이미지를 벗으면서,

서서히 현대사회 속에 적응하고 있는 추세이다. 그러나 이와 같은 외적 성장은 한국적 경제논리의 재현이라는 우려도 있다. 즉 외형적 성장에만 초점을 맞춘 결과 내실 있는 운영이 상실된다는 지적이다.

우리는 한국 종교의 일반적인 문제점들을 다음과 같은 몇 가지로 요약할 수 있으리라고 본다. 첫째, 교학적 기반이 미약하다. 열렬한 신도만 있을 뿐이고 철저한 자기 성찰의 수도적 자세가 부족하다. 전통적으로 수도원 혹은 사찰은 그 특정 종교의 철학적 기반이었다. 형이상학적 논구, 성실한 수도의 지향이 그 사회의 정신적 귀의처가 되어 왔다. 따라서 교학적 기반이 없는 종교는 사상누각을 면하기 어렵다. 둘째, 독선과 자기 도취를 최소화해야 한다. 자신의 종교에 대한 절대적 헌신과 타종교에 대한 배척이 동일시되어서는 안 된다. 종교간의 대립과 갈등은 무지와 편견의 소산이다. 상대방을 헐뜯는 언사가 자신의 종교에 대한 헌신이라는 망념 때문에 종교분쟁은 야기되는 것이다. 그러나 우리들 주변에는 여전히 제국주의적 발상으로 이 땅의 다종교 현실을 '평정'하려는 움직임이 있다. 또 자격이 의심되는 성직자의 양산은 종교적 진리를 폄하시킨다는 점도 유의해야 한다. 셋째, 내면의 평화를 소중히 여겨야 한다. 인간성의 회복을 도모하려는 종교적 가치질서는 영원한 생명력을 지닐 수 있다. 신학적으로 말하면 '죄의 구속으로부터의 해방'이며 불교적으로는 '삼독(三毒)의 사슬을 끊는 일'이다. 종교는 나름대로의 문제들을 안고 있다. 예컨대 개(個) 교회 중심의 운영이 안고 있는 문제들이라든지, 성직자의 감소 추세, 사찰의 세속화 경향 등 미묘하고 세부적인 사항들이 있다. 본질적으로 보면 한국 종교는 덩치를 키우는 데는 성공했지만, 성숙한 지적 훈련에는 실패했다고 평가할 수 있다. 21세기는 명백히 문화 고양의 세기가 될 전망이며, 그를 위한 종교적 노력은 보다 집중적이어야 하리라고 생각한다.

4. '길'은 여럿, 우리는 길을 걷는 동반자

　종교적 대화는 반드시 특정한 결론을 유도하지 않아도 된다. 토론에는 승자와 패자가 있을 수 있으나, 대화에는 무엇보다도 중요한 점이 상대방을 이해하려는 '열린 마음'이다. 또한 대화의 주제는 교리나 성직자 등 외형적 형식보다는 수도의 자세나 진여, 일심 등 내면적 가치 기준이어야 한다. 또 권위에 의해서 혹은 지식에 의해서 상대방을 압도하려는 의사를 자제해야 한다. 이 경우 백 마디의 교리 논쟁보다 중요한 점은 수도적 경험이다.
　불교의 입장에서 말한다면 참선, 염불, 기도, 만행, 발우공양, 오계의 준수 등을 통해서 얻는 경험적 체험이 전달될 수 있어야 한다. 다음으로 상대방의 종교적 체험을 편견 없이 받아들여야 한다. 묵상, 기도, 봉사, 심방 등의 기독교적 경험과 불교적 체험 가운데 공통의 기반을 찾기 위해 노력해야 한다. 그 다음 단계는 흔히 종교 성직자들 간의 대화 패턴 가운데 마지막 단계인 '공유(share)'이다. 즉 서로의 종교적 가치를 인정하며, 그 진리에 이르는 길은 결국 방편임을 인식한다. 따라서 상대방의 종교적 가치는 내 신행을 보완해 줄 수도 있다는 겸손한 자세를 지니게 되는 것이다.
　인간은 자신을 물을 수 있는 유일한 동물이다. 또 현실과 이상의 괴리를 안타까워하며, 그 간격을 좁혀 가기 위해 노력하는 인격적 존재이기도 한다. 종교는 결국 그와 같은 가치세계를 우리들의 중심적 테마로 삼으려는 노력의 발자취이다. 따라서 모든 종교는 그 '길'을 찾는 구도의 나그네일 따름이다. 우리가 경계해야 할 대상은 그 길 위에 서 있는 도반들이 아니다. 종교의 길 자체를 무의미하다고 생각하는 유물적 견해, 경제적 생산성만을 고집하는 자본적 물신(物神)주의, 그리고 도덕

자체를 무의미하게 여기는 퇴폐적 향락주의이다.

현대는 지금 이들이 벌이는 아귀다툼으로 말미암아, 암울한 미래를 예견할 수밖에 없는 상황 속에 놓여 있다. 우리는 더 이상 세속적 가치 기준만으로 이 세상을 살아서는 안되겠다는 인식의 전환을 이루어내야 한다.

보이는 세계보다 눈에 보이지 않는 세계의 중요성을 일깨우고, 생명의 실상을 통찰하려는 깊은 안목을 지니도록 요구해야 한다. 종교끼리의 외형적 비교나 우월 논쟁은 더 이상 계속되어서는 안 된다. 우리는 각자에게 주어진 인연 속에서 진여를 향해 걸어가는 동반자일 수 있기 때문이다.

모든 종교는 서로가 표방하는 궁극적 목표(Ultimate Goal)가 있다. 우리가 서로 경쟁해야 할 점은 그 진리에 '얼마나' 가까우냐 하는 것이다. 다시 말해서 각자의 종교적 진리를 얼마만큼 내면화했으며 또 실현했느냐 하는 점이 논의의 초점이어야 하리라고 본다. 원효(612~686) 스님은 수행의 길을 문(聞)·사(思)·수(修)로 요약한 적이 있다. 많이 듣고 깊이 생각하고 그것을 실천하려는 노력이야말로 종교의 사회적 기여라고 확신한다.

5. 남기는 말

종교 인구가 절반을 넘는 한국의 사회현상이 지극히 비종교적이라는 현실은 모든 종교의 맹성(猛省)을 촉구하는 대목이다. 잘못 가르쳤거나 잘못 이해했다는 결론 이외에는 얻을 것이 없다. 종교적 가치를 수행하는 한국인의 심성은 이중적이다. 즉 관념으로서는 그 정당성을 인정하면서도 실천의 의지로서는 전혀 미흡한 것이다. 이 점에는 종교인들의 위선도 한 몫을 한다. 따라서 무엇보다도 시급한 과제는 종교적 원리의 현실적 응용이다. 일요일 오전에만 기독교인이고, 토요일 오후에만 불교인인 이율배반을 극복해야 한다.

다음으로는 종교간의 대화를 활성화해 가야 한다. 대화는 전제와 조건, 결론이 필요 없는 형식이다. 서로의 수도자적 경험을 나누고, 공동선을 이룩하기 위해 노력하는 경건한 자세가 필요하다. 현대종교의 문제점은 '수도자의 상실'이다. 동시에 사회를 향한 봉사정신의 결핍이다. 사회에 대한 교화활동을 그 종교의 세 늘리기, 땅 넓히기로 생각하는 한, 원만한 완성은 기대하기 힘든 법이다.

그러나 최근의 납골당 설치, 환경문제 등 사회문제에 종교가 공동으로 대처하는 모습 등은 우리 종교의 미래를 절망적으로만 보지 않을 수 있는 근거가 된다. 이제 종교는 그 진리성에 대한 전근대적인 논쟁보다, 오히려 공동선을 지향하는 성숙한 모습으로 미래를 대비해야만 할 때이다.

Ⅳ. 미래의 불교, 변해야 산다

불교와 도시 -인도불교를 중심으로-
'신승불교' 도래론
한국불교 세계화의 이념과 방향

불교와 도시
-인도불교를 중심으로-

1. 머리말

　인도불교의 성립과 발달은 도시와 불가분의 관계를 맺고 있다. 부처님의 유행(遊行)의 경로와 수행자들의 안거지, 그리고 정사를 세운 곳이 주로 도시 근처였다는 사실은 결코 우연이 아니다. 거기에는 그럴 만한 정치·사회·문화·경제적 이유가 있었던 것이며, 초기불교 이래 이와 같은 전통은 유지되고 있었다.
　마가다의 국왕 빔비사라가 죽림정사(竹林精舍)를 기증하려고 했을 때, 부처님은 적당한 장소로서 "(도시에서) 멀지도 가깝지도 않으며, 왕래에 편리하여 원하는 사람에게 가기 쉽고, 낮에는 시끄럽지 않고 밤에는 사람의 소리가 없는, 그리고 사람의 통행이 없으며, 사람을 유혹하는 것도 없어 명상에 적당한 곳"[1]을 가리키고 있다. 이는 도시와 불

---

1) 奈良康明, 《불교사1- 인도·동남아시아》, 정호영 역, 《인도불교: 문화사적 탐구》(서울: 민족사, 1990), p.85에서 재인용.

교교단의 실질적 거리 및 상징적 거리를 말해 주는 것으로 시사하는 바가 크다. 실제로 슈라바스티의 기원(祇園)정사와 미갈라마타(鹿子母)정사, 카우산비의 고쉬타라 마원정사, 라자그리하의 죽림정사, 바이샬리의 암라팔리정사 등 부처님의 교화의 무대로 삼았던 사찰들은 모두 대도시의 한복판이거나 부근에 위치하고 있다.

불교와 도시의 관계에 있어서 또 하나 주목해야 할 사실은 부처님의 가르침에 따라 출가하여 비구가 된 사람, 그리고 보시를 하며 외호했던 세력들의 대부분이 당시 사회의 상층계급, 즉 도시에 거주하는 사람들이었다는 점이다. 예를 들어 마가다국의 빔비사라 왕이나 코살라국의 프라세나지트 왕, 그리고 기원정사를 기증한 수닷타 장자(長子) 등이 곧 그들이다. 이들은 당대의 권력자이거나 부유한 상인계층에 속하는 사람들이었다. 다시 말해 불교의 지지기반은 정통 브라만 계급이나 농민이 아니라 도시와 거기에 거주하는 신흥 상업세력이었던 것이다. 《법률경》에 등장하는 장자군(長子群)이나 기원정사를 보시한 수닷타 장자, 그리고 《유마경》의 주인공 유마거사 등이 곧 그들이다.[2]

이들 신흥세력이 대거 불교에 귀의했다는 사실은 초기불교의 비약적인 발전을 가능케 한 근본 요인이라고 할 수 있다. 동시에 성립 당시의 불교가 귀족적 모습을 띨 수밖에 없었던 원인이 되기도 한다.[3] 말하자면 불교와 도시는 처음부터 밀접한 관계를 맺고 있었던 것이다.

---

2) 정병조, 《길아닌 길 말없는 말》(서울: 정우사, 1993), p.14.
3) 같은 책, p.15.

2. 도시의 발달과 불교의 성립

1) 도시국가 출현의 역사적 배경

기원전 1,300년경부터 인도에는 아리얀인(Āryan)들의 침입이 있었다. 그들은 코카서스(Caucacus)의 북방 초원지역을 떠나 서방 또는 서남방으로 이동하였고, 서남방으로 이동한 부족들이 서북 인도의 편잡(Panjāb) 유역에 정착하게 되면서 정복전쟁이 시작된다. 인도로 진출한 아리얀인들은 원주민들과의 격렬한 전쟁을 통해 이윽고 원주민들을 지배하기에 이르는데, 그들이 전쟁에서 이길 수 있었던 요인으로는 기동력이 뛰어난 유목민이었다는 이유 외에도 철제 무기를 사용하고 있었다는 점을 들 수 있다.[3] 이에 반해 원주민들은 아직 청동기 단계를 벗어나지 못하고 있었던 것이다.

그들은 인더스(Indus), 갠지스(Gangis) 유역을 중심으로 가부장적인 농경사회를 확립하였다. 사회구조는 가부장적인 대가족 생활에서 출발하여, 점차 씨족, 부족으로 발전되어 갔다. 부족의 우두머리는 왕(Rājan)이라고 불리었고, 부족민의 선거를 통해 결정되었다. 뒤에는 통상 세습으로 이어졌다. 이때까지만 하더라도 국왕의 권력은 절대적인 것이 아니었으며, 부족의 집회(Samiti)나 연합집회(Sabhā)를 통해 표명되는 인민의 의사에 따라 일정 부분 제약되고 있었다. 그리고 혈연중심의 사회였기 때문에 언어, 종교 등이 하나였고, 여러 부족간의 정치적 알력이나 무력충돌은 없었던 것으로 보인다.[5]

그 후 아리얀인들은 편잡 지역에서 갠지스의 중류 지방으로 이동하기

---

4) 정병조, 《인도철학사상사》 (서울:경서원, 1977), pp.14~15.
5) 같은 책, p.15.

시작하였고 사회적으로나 문화적으로도 커다란 변동을 겪게 된다. 갠지스 유역의 비옥한 토양은 잉여 농산물을 산출하였고, 물질적 생활의 풍요는 점차 상공업의 발달을 촉진시켰다. 전통적 농경사회가 붕괴되고 상업적인 도시경제가 발달하게 된 것이다. 이 무렵 많은 소도시들이 생겨났고, 또 인도의 역사상 처음으로 이러한 소도시를 중심으로 이른바 도시국가가 생겨나게 되었다. 그들 중 어떤 곳은 귀족정치나 공화정치의 제도를 시행하기도 했으나 점차 국왕의 지배권 확립에 따라 대국가로 병합되는 추세에 있었다. 대국의 수도는 번영의 극치를 이루고 있었고 저마다 장대한 도시를 건설하기에 이르렀다. 당시의 강성한 도시국가들 중에서도 코살라(Kosalā), 마가다(Magadhā), 아반티(Avanti), 밤사(Vamsa) 등은 특히 유명하다. 부처님이 태어나신 카필라국(Kapila)이 코살라의 보호국이었다는 것은 널리 알려진 사실이다.

  이러한 도시국가의 발달은 종래의 사성계급 중 가장 우위를 차지하고 있던 브라흐만족의 권위를 상실케 하는 대신, 무사나 왕족계급이었던 크샤트리아 계급의 괄목할 성장을 가져오게 하였다. 한편, 여러 도시 간의 상공업이 비상한 발달을 보임에 따라 화폐 경제가 확립되고, 그 결과 시민계급이었던 바이샤족들이 막대한 부를 누리게 되었다.[6] 이들 상공업자들은 조합을 만들어 도시 내의 경제적 실권을 장악하였다. 금융업자나 상인들의 조합장은 슈레스틴(Sresthin)이라고 불렀다. 슈레스틴이란 '우수한 사람', '탁월한 사람'이란 뜻으로 브라흐마나 시대에는 촌락공동체의 우두머리를 나타냈으나, 도시의 발전에 따라 대두하게 된 상공인계급의 우두머리로 그 의미가 변경되었다. 한역에서는 이를 장자(長子)라고 번역한다.

  또한 이것과 유사한 의미로 사용된 용어로 가하파티(Gahapati)가 있

---

6) 같은 책, pp.40~41.

다. 이것은 훗날 '가장(家長)'을 의미하여 베다나 브라흐마나에서는 제단에 공물을 바칠 때 제주(祭主)의 역할을 한 사람이었다. 그러나 새로운 경제환경에 따라 상업·수공업·농업 등에 의해 재산을 취득한 자는 자신의 본래 계급에 관계없이 사회적 존경을 받았기 때문에 가부장적 대가족의 우두머리를 의미하게 되었다. 이와 같은 신흥계급, 특히 도시의 상공업자를 대표한 가하파티가 이 지역에서 발생한 불교나 자이나 교단의 후원자가 되면서 교단이 경제적 안정을 이루게 되었다[7]는 사실은 불교와 도시와의 관계를 상징적으로 보여준다.

한편 도시의 생산적 발전을 배경으로 강대한 권력을 장악하게 된 크샤트리아의 왕은 적극적인 영토 확장에 나서기 시작한다. 자연히 국가 간의 정복 전쟁이 다시 불붙었고 극도의 정치적 혼란이 이어졌다. 석가모니 부처님이 이 세상에 오신 것은 바로 이 무렵의 일이다.

참고로 당시의 대표적 도시국가를 열거해 보면 다음과 같다.

1) 앙가(Aṅga)
2) 마가다(Magadhā)
3) 카시(Kāsī)
4) 코살라(Kosalā)
5) 밧지 연합국(Vajjī)
6) 말라(Mallā)
7) 체티(Cetī)
8) 밤사(Vamsā)
9) 판챠라(Pañcālā)
10) 쿠루(Kuru)

---

7) W.M. Theodore De Bary, *The Buddhist Tradition*, 1972, New York, pp. 46~48.

11) 파사(Macchā)

12) 스라세나(Sūrasenā)

13) 아사카(Assakā)

14) 아반티(Avanti)

15) 간다라 (Gandhāra)

16) 캄보자 (Kamboja)[8]

이들 나라 가운데서도 특히 강성한 국가는 마가다, 코살라, 밤사, 아반티의 네 왕국과 몇 개의 공화국으로 이루어진 밧지 연합국이다. 대체로 그들의 국왕은 불교의 외호자이고 영토는 부처님이 유행한 땅이며, 또한 그곳에는 불교교단을 위한 정사(精舍)나 굴원(窟院)이 있었다.

2) 당시의 도시와 생활상

부처님이 출세를 전후하여 인도 전역에는 이미 상당수의 도시가 성립되고 있었다. 리스 데이비스(Rhys Davis)는 《불교 인도(Buddhist India)》에서 당시 인도에 존재했던 주요 도시 이름들을 다음과 같이 열거하고 있다.[9]

1) 아욧자: 코살라의 도시, 사라부의 강변에 있다.

2) 바라나시: 바라나라는 지류(支流)가 강가(Gaṅgā)의 본류(本流)와 만나는 근처에 있었으며 그 옛날 카시의 도읍이었다.

3) 참파: 같은 이름의 강변에 있었으며, 앙가의 도읍이었다. 여기에

---

8) 增谷文雄, 《佛陀時代》, 목정배 역(서울: 경서원, 1984), pp.208~209.
9) T.W.Rhys Davis, *Buddhist India*(London, 1903), pp.34~41. 여기서는 목정배 역, 같은 책, pp.75~76에서 재인용.

열거된 도시 가운데서 가장 동쪽에 위치한다.

4) 감비라: 북쪽 판챠라 족의 도읍이었다. 강가의 상류 북쪽 기슭이었다고 하나 그 위치는 확인할 수 없다.

5) 코삼비: 바라나시에서 야무나 강을 서쪽으로 230마일 떨어진 곳에 있었으며, 밤사의 도읍이었다.

6) 마트라: 스라세 나족의 도읍. 코삼비에서 야무나 강을 더 거슬러 올라간 곳에 있었다.

7) 미시라: 비디하족의 도읍. 예전에 쟈나카 왕의 도읍으로 알려진 곳이다.

8) 라쟈가하: 마가다의 도읍. 이곳은 구시(舊市)와 신시(新市)가 있다. 구시는 정확하게는 기리바쟈(Giribbaja)라고 하며 산으로 둘러싸인 도읍이었다. 신시는 불타와 같은 시대의 왕 빔비사라에 의해 산의 북쪽 언덕에 새로 세워졌다.

9) 로루가: 소비라의 도시, 인도의 서해안에 위치하여 연안무역의 중심지였다.

10) 사가라: 맛다 족의 도시, 인더스 강의 상류, 오하지방(五河地方)에 있었으며 물자의 집산지였다. 후에 미린다 왕이 이 땅을 통치한 일이 있다.

11) 사케다: 코살라의 중요 도시, 사밧티에서 하룻길에 있었다 한다.

12) 사밧티: 코살라의 도읍, 강가의 지류 아지라봐티의 강변에 위치하여 육상무역의 중심지였다. 불타의 시대에는 파세나디 왕의 거성이 있었다.

13) 웃제니: 아반티의 도읍, 중인도의 서남부에 위치했다. 십대제자의 한 사람 갓짜야나는 이 지방 출신이었다.

14) 벳사리: 미챠비 족의 도읍, 불타의 시대에는 강력한 밧지 연합국의 중심으로 번영했다. 사밧티에서 라쟈가하에 이르는 무역로의 중간

에 위치해 있다.

　이들 도시 가운데 부처님의 주된 무대로서 때때로 불교 문헌에 나오는 곳은 라쟈가하, 벳사리, 사밧치, 바라나시 등인데, 대체로 이 4개 도시를 연결하는 부등변 사각형이 부처님의 활동무대였다. 이 밖에도 부처님의 발자취는 아욧쟈, 챰파, 코삼비, 미시라, 사케다 등에서도 찾아볼 수 있으나, 더 서쪽인 웃제니나 서해안과 로루가 또는 북서인도의 사가라 등의 도시에는 미치지 않았던 것 같다.

　이러한 도시 형태가 정확하게 언제 출현했는지는 알기 어렵다. 다만 그와 같은 도시의 존재와 그곳에서의 생활양상을 불교 문헌이 기록하고 있다는 점이다. 그 이전의 문헌에서는 기록을 찾아볼 수 없다. 바꾸어 말하면 인도에서 도시가 출현한 시기는 부처님의 재세 시기와 거의 일치한다는 사실이다. 그렇다면 당시의 도시 규모와 생활상은 어떤 것이었을까? 《대선견왕경(大善見王經)》에는 구사밧티라는 도시의 모습이 다음과 같이 묘사되고 있다.

　1) 이 도성은 동서의 길이가 12요쟈나 유순(由旬), 남북의 폭이 7요쟈나에 이르렀다.

　2) 이 도성은 인구가 조밀하고, 물자가 풍부하여, 주야로 열 가지〔十種〕의 소리로 떠들썩하였다. 열 가지 소리란, 코끼리 소리, 말〔馬〕의 소리, 수레 소리, 북 소리, 장고 소리, 비파의 소리, 노랫소리, 징 소리, 꽹과리 소리, 그리고 '먹자, 마시자, 즐기며 떠들자'라는 인간의 소리였다.

　3) 이 도성은 일곱 종류의 성벽으로 둘러싸였고, 또 일곱 종류의 다라(Tāla)의 가로수로 둘러싸여서, 이 가로수에서 부는 바람은 음악처럼 사람들의 마음을 황홀하게 도취시켰다.[10]

---

10) 같은 책, p.77에서 재인용.

여기서 우리는 비록 그것이 가공의 도시에 관한 기술이라고 하더라도 당시의 도시 모습을 어느 정도 상정해 볼 수 있다. 왜냐하면 그 모델은 현실의 도시일 수밖에 없을 것이기 때문이다. 따라서 그 규모에는 과장이 있다고 하더라도 "성벽으로 둘러싸인 곳에서 많은 인구가 살고 있었고, 물자의 집중 및 떠들썩한 생활 모습, 그리고 교외에 가로수가 있는 도시의 그림"을 떠오르게 한다.

그 성벽 안에서 사는 사람들은 왕과 그 신하들만이 아니었다. 그 점에 있어서 이들 고대 도시는 그리스의 폴리스(Polis)에 가깝다. 거기에는 많은 수공업자들이 살았고, 또 상인들이 거주하였으며, 왕성하게 상업활동이 이루어지고 있었다. 그들은 대개 도성 안에 각자의 영역을 이루고 있었는데, 예를 들면 바라나시에는 상아 세공사(象牙細工師)의 거리가 있고, 직물업자의 거리가 있었으며 또한 상인들의 거리가 있었음이 밝혀지고 있다.

그 밖에도 바자가 있어서 거기에서 직물, 건물(乾物), 향료, 기름, 꽃, 금은 보석, 곡물, 야채들을 팔았다. 또 파나가라(pānāgāra)라고 불리는 술집이 있어서 강렬한 알코올 음료도 팔고 있었다. 그 음료는 수라주(surā)라고 불리는 술이며, 베다의 문헌에서 잘 알려진 소마주(somā)는 아니었다. 이 소마주는 그들이 인도에 이주하기 전에 애용하던 일반적인 술인데, 인도에는 그 원료가 되는 식물(植物)이 없어서 그들이 옮겨다 심었으나 역시 본래의 향기를 보존할 수가 없었기 때문에 얼마 안 가서 이것은 제사용으로만 쓰여지게 되고, 일반적으로는 수라주를 널리 마시게 됐다. 이것은 곡물을 증류한 것으로, 상당히 강한 알코올 음료였던 것으로 보인다.

한편 어떤 종류의 상품은 도시의 성문 밖에 있는 니가마(市場)까지만 운반되는 것들도 있었다. 예를 들면, 사밧티(舍衛城)의 성 밖에는 생선류의 니가마가 있었으며, 바라나시의 성 밖의 십자로에는 사슴고기의 가게가 있었으며, 또는 간피라(또는 웃다라, 판챠라 라고도 함)의 4대문 밖에는 야채가게들이 있었다고 한다.

  여기서 또 하나 주목해야 할 것은 불타시대의 경제사회에서는 직업의 지역적 집중, 바꾸어 말하면 직업씨족(職業氏族: Craft clan)이라고 불릴 수 있는 것이 존재했다는 사실이다. 이것은 무엇인가를 전문적으로 영위하는 취락이다. 우리는 그 예를 남전 상응부경전42, 취락주상응(南傳, 相應部經典 四二, 聚落主相應: 漢譯同本, 雜阿含經 三二)에서 찾아볼 수 있다.

  1) 가무기취락주(歌舞伎聚落主)인 타라푸토(Talaputo Naṭagāmani)
  2) 전사취락주(戰士聚落主: Yodhājivo gāmani)
  3) 승상취락주(乘象聚落主: Hatthāroha gāmani)
  4) 승마취락주(乘馬聚落主: Assāro gāmani)
  5) 도사자취락주(刀師子聚落主: Asibandhakaputta gāmani)가 곧 그것이다.[11]

  이들 지역은 큰 도시의 교외인 경우도 있고, 촌락인 경우도 있으며, 때로는 시기를 정해서 그 지방 전체를 위해서 특별히 시장이 서는 경우도 있었다. 그리고 예컨대 대장장이 촌락에 장(market)이 서면, 거기로 사람들이 면도칼이나 도끼, 바늘, 가래 등을 사러 가는 것이다. 또 강가 유역이나 더 외진 곳에서는 덫으로 새나 짐승을 잡는 가마(村)가 있어 사냥한 짐승의 가죽이나 상아 같은 것을 팔기도 했다.

  이런 직업의 집중은 도시에서도 볼 수 있었다. 예컨대, 바라나시에

---

11) 같은 책, pp.78~80.
12) 같은 책, pp.80~81.

는 상아 조각가의 거리가 있었다고 하며, 그 밖의 도시에도 염색공의 거리, 장사꾼들의 거리 등이 있었다. 그리고 이런 직업은 세습제도가 일반적이어서, 개인의 이름 또는 가족의 이름을 직업에 연결해서 부르고 있었던 것 같다. 그러나 세습제도가 절대적인 규칙인 것은 아니었다.[12]

또한 이 시기에 도시 상인들간에 공동 경영이 이루어지고 있었다는 점도 눈여겨 볼 만하다. 왜냐하면 그것은 곧 부의 집중과 그에 따른 현실적 권력의 획득을 의미하기 때문이다.

3) 상가 (Saṃgha)의 형성

상가(Saṃgha) 곧 교단의 성립은 불교의 지속적인 발전을 가능케 한 직접적인 원동력이 되었다. 불전에 따르면 깨달음을 얻은 부처님이 옛 수행 동료였던 5인의 고행자를 바라나시 근처의 녹야원에서 교화하고 제자로 삼은 것이 상가의 출발이다. 상가는 본래 회합, 집단, 모임을 의미하는 보통명사로서 길드인 조합 또는 공화제의 부족국가도 상가로 불린다. 그러나 기원전 3세기의 아쇼카 왕 시대부터 불교교단을 가리키는 고유명사가 되다시피 했다.[13]

초기 상가의 구성원은 비구, 비구니, 사미, 사미니, 비구니 견습(싯카마나)으로 이루어졌다. 그 후 비구, 비구니와 남녀 재가신도인 우바새, 우바이를 합친 사부대중을 상가로 부르게 되었다. 오늘날은 사부대중을 상가로 부르는 것이 일반적이다. 어쨌든 상가의 성립은 수행자의 생활양식을 출가유행으로부터 한 곳에 정착하여 수행하는 정주(定住) 생활로 전환시켰다는 데 그 역사적 의미가 있다.

---

13) 정호영 역, 앞의 책, p.129.

당시의 출가 수행자들은 각지를 유행하면서 근처 인가에서 탁발을 하고 식사를 마치면 나무 아래나 계곡, 산 바위굴, 묘지 등에서 노숙을 하며 정진에 힘썼다. 그들의 생활양식은 4의지(四依止), 즉 분소의(糞掃依), 걸식(乞食), 수하좌(樹下坐), 진기약(陣棄藥)으로 표현된다. 말 그대로 '집 떠난 사람'의 생활 그 자체였던 것이다.

그러나 불교상가의 생활양식은 여름 안거(雨安居)를 계기로 변화하기 시작한다. 굳이 불교에만 한정되는 것은 아니지만 당시의 수행자들은 우기가 되면 한 장소에 머무는 관습이 있었다. 만물이 고갈되는 건기 다음에 비가 내리면 각종 벌레들이 일제히 활동을 시작함으로 이를 밟아 죽일 염려가 있거나, 동시에 비로 말미암아 도로가 유실되어 이동하기가 불편했기 때문이다.

불교 수행자도 이러한 예에 따라 초기에는 각자가 자신의 친척이나 지인(知人) 등에 의지하여 그들의 집 근처에 머물면서 우기 동안에 필요한 음식물을 확보했던 것으로 보인다. 그러나 점차 부처님과 그 교단의 외호자가 늘게 되자 수행자들은 그들이 기증한 숲에 머물면서 우기를 보내게 된다. 마가다의 빔비사라 왕이 부처님의 위대함을 전해 듣고 왕사성 안에 죽림원(竹林園)을 만들었던 것이 한 예이다. 다만 처음에는 건물은 짓지 않고 숲과 우기 동안의 음식을 보장했을 뿐이다. 그러나 곧 비와 이슬을 피할 수 있는 정사의 기증을 받아들이게 되었다. 왕사성의 한 장자는 하루에 60개의 정사를 지었다는 이야기가 전해져 온다. 이것이 계기가 되어 점차 영구적인 정사의 건축과 기증이 이어졌다. 수행자들은 이곳에 모여 함께 거주하게 되었다.[14]

출가수행자들의 생활이 유행에서 정주로 바뀌면서 점차 4의지의 원칙도 희미해져 갔다. 이제 그들의 의식주에 필요한 물품들은 재가신자

---

14) 같은 책, pp.130~131.

가 담당하게 되었던 것이다. 이것은 상가와 재가신자의 관계를 공덕을 쌓아 주는 매체와 공덕을 얻는 관계로 변모시켰다. 정주하는 생활이 계속되면서 상가는 내부의 결속과 이탈을 방지하기 위한 계율이 마련되었다. 자자(自恣)나 포살(布薩) 등의 관습도 이때부터 시작되었다. 이는 상가의 구성원으로서의 연대의식을 낳는 원천이 된다.

불교의 역사에서 유행과 편력의 생활이 일정한 장소, 즉 정사에서 정주하는 생활로 전환된 의미는 실로 크다. 우선 상가는 수행자들의 생활 공동체로서 의식주를 함께 할 뿐만 아니라 비구로서의 수행과 행위규범 등 계(sila)와 율(vinaya)을 공유하고 전달하는 장소로서의 역할을 담당하게 된다. 둘째, 부처님의 가르침을 전수하고 공부하는 장소로서의 의미이다. 열반과 깨달음을 추구하는 수행 및 그 전수도 상가가 있음으로써 비로소 가능하게 된 것이다. 또한 계율을 지키는 기반이 되는 종교성, 다시 말해 상가의 청정성을 유지할 수 있었던 것도 상가가 있음으로써 가능하게 되었다. 동시에 정사에서의 생활은 전래되는 교설을 정리하고 새로운 요소를 추가하여 경전을 편찬하고 이를 전승할 수 있게 한 장소이기도 하였다. 셋째, 상가는 재가신도들이 공덕을 쌓는 매체로서의 기능을 갖는다. 그래서 상가를 공덕과 복덕을 낳는 밭이라는 의미에서 '복전(福田)'으로 부르기도 한다. 이와 같은 상가의 역할은 인도인의 종교적 성향상 매우 중요한 의미를 갖는다. 그들은 이러한 행위를 통해 공덕을 얻고 내세의 행복을 기원했던 것이다.

이러한 점들을 고려해 볼 때 상가가 정사에 정착하게 된 것은 교단의 유지와 발전에 있어서 결정적 역할을 했다고 보아야 한다. 이를 가능케 한 불교의 외호자들이 주로 도시에 거주하는 신흥상공인 계급이나 권력자였음은 앞에서 이미 지적한 바 있다. 사찰이 도시 근처에 위치하게 된 것은 이런 연유에서 비롯되었다. 불교는 이들의 자유분방한 의식을 반영하고 있을 뿐만 아니라 그들의 공덕을 보장하는 매개체로서의 기능을 함께 수행하면서 출발했다. 말하자면 초기불교는 도시형의 종교라고 해도 과언이 아닐 것이다.

3. 사찰과 도시

1) 부처님의 활동무대와 대표적 사찰

부처님이 법륜의 발자취를 가장 많이 남긴 곳은 마가다와 코살라 땅이었다. 특히 그 수도 왕사성과 사위성은 부처님과의 인연이 남다른 곳이다. 말하자면 그 두 곳은 고향이 없어진 부처님에겐 고향이나 다름없었다. 왕사성 밖의 죽림정사와 사위성 밖의 기원정사는 부처님이 상주하신 곳으로 잘 알려져 있다. 특히 왕사성을 둘러싸고 있는 영취산(靈鷲山)은 부처님이 즐겨 생각을 가다듬고 법을 설하신 유명한 장소이다. 현재 전해지고 있는 경전들 중의 상당 부분이 이곳 영취산 또는 기원정사에서 설해진 것이다.[15] 《법화경》도 그 중 하나이다.

죽림정사는 라지기르의 구라자가하 북쪽 교외와 산라자가하 사이에 있다. 앞에서도 지적했듯이 이 죽림정사는 마가다 국왕 빔비사라가 기증한 최초의 불교사원이다. 따라서 그 규모와 구조 등이 밝혀진다면 최초의 사원이 어떤 모습을 하고 있었는지를 보다 자세하게 알 수 있을 것이다. 그러나 유감스럽게도 아직 땅 속에 파묻혀 있는 상태이다. 현재 그곳은 다소 기복이 심한 구릉지로 되어 있으며, 부처님의 향당지(香堂

---

15) 목정배 역, 앞의 책, p.213 .
16) 宮坂宥勝,《부처님의 생애》, 안양규 역(서울: 불교시대사, 1992), pp.149~150.

地)로 여겨지는 한층 더 높은 언덕은 이슬람교도의 무덤 터가 되어 있다. 이 죽림정사 자리는 위치가 뚜렷하므로 언젠가 발굴되리라고 믿어진다. 죽림정사의 동쪽 인근에 온천정사라고 불리는 사원이 있다. 부처님과 그 제자들이 몸을 닦았을 온천은 지금도 뜨거운 온천수를 내뿜고 있다. 인도에서 온천이 있는 경우는 매우 특이한 사례에 속한다.[16]

 기원정사는 원어로 '제타바나나타핀디카라마(Jetavanānāthapindikārāma)'이고 그 역어인 기수급고독원(祇樹給孤獨園)의 약칭이다. 제타 숲에 있는 고아에게 음식을 주는 사랑의 동산이라는 의미이다. 코살라국의 수도 사밧티 남쪽에 있으며, 상인 수닷타 장자가 기증하였다. 수 차례에 걸친 발굴 결과 수닷타가 부처님 제자들에게 기증한 수많은 방, 그리고 부처님이 상주한 곳으로 여겨지는 중앙의 향당 등을 볼 수 있다.[17]

 수닷타는 당시의 가하파티를 대표하는 한 사람이었다고 생각된다. 그들은 대토지를 소유하고 있지는 않았지만 상당한 재력가들이었다. 이들은 전통적 의미의 카스트 제도에서 보면 제3계급 바이샤에 속하는 상공인계층이다.[18] 그러나 이 새로운 계급의 출현은 계급 사회의 커다란 변혁을 예고한 하나의 사건이라고 할 만했다. 이제 그들의 현실적 힘 앞에 "왕족이나 승려족들도 그들보다 먼저 일어나고 늦게 자면서 일을 돌보아 주어야 할 뿐만 아니라 그들에게 먼저 예배드려야 했다."[19] 이는 당시의 사회상을 말해 주는 단적인 예일 것이다. 수닷타와 같은 유력한 상공인들의 귀의는 곧 불교교단의 발전을 의미하는 것이었다. 이는 당시의 육사외도들이 상공업자들과의 결합에

---

17) 같은 책, pp.158~159.
18) 같은 책, p.156.
19) 정병조, 《인도철학사상사》, 앞의 책, p.41에서 재인용.

실패함으로써 좌절의 철학에 머문 사실을 기억한다면 쉽게 이해된다. 이에 반해 부처님과 자이나교의 마하비라(Mahāvira)는 상공업자들과의 새로운 관계 정립에 성공했던 것이다. 그것은 일종의 경제윤리, 즉 공덕을 쌓는 측과 공덕의 매개체로서의 상가가 상호 호혜적 관계를 설정했다는 것을 뜻한다.

죽림정사와 기원정사 이외에도 부처님과 인연이 깊은 곳이 적지 않다. 그 중에서도 다음의 장소만은 특히 주목할 필요가 있다. 먼저 마가다국을 살펴본다.

1) 왕사성에 있는 3개의 정사: 이미 말한 죽림정사(竹林精舍: Veruvana) 외에 지바(耆婆: Jīvaka)가 바친 지바림정사(耆婆林精舍: Jīvaka-ambavana)와 마하카핀나(摩訶劫賓那: Mahā-Kappina)와의 인연에 의한 정사(Maddakucchi migadāya)가 있다.

2) 영취산의 굴과 그 밖의 왕사성을 둘러싼 산의 10개의 굴이 있다.

(1) Corapāpata, (2) Isigilipasse Kālasīlā, (3) Vebhācapasse Sat tapaṇṇiguhā, (4) Sītavana Sappasoṇḍikapabbhāra, (5) Gotamakandara, (6) Jinduka, (7) Tapoda-kandara, (8) Tapodārāma, (9) Indasālaguhā, (10) Pipphaliguhā

3) 나란다(那蘭陀: Nālandā): 왕사성 북방 그리 멀지 않은 곳에 있으며, 당시는 한낱 유복한 마을에 지나지 않았으나 파파리나림 정사(Pvrikambavan)성과 이 땅과의 사이에 또 하나의 정사(Ambalatthik)가 있었다고 전해지고 있다.

4) 화시성(華氏城: Pātaliputta=patna): 이곳도 불타 재세 당시에는 하나의 한적한 시골에 지나지 않았다. 마지막 유행(遊行) 곧 왕사성에서 쿠시나가라로 가시던 도중에 머무르셨던 곳으로 유명하다.

5) 다크리나기리(Dakkhināgiri): 성도 12년경에 이곳을 찾으시고, 납의(衲衣)의 이상(理想)을 정하신 일이 있다.

6) 안다카빈다(Andhakavinda): 왕사성 부근의 촌락, 그리고 유명하지 않은 정사가 있다.

7) 카라바라무타(Kaleavalamuttagama): 역시 왕사성 부근의 촌락, 유명하지 않은 정사가 있다.

마찬가지로 코살라국에서도 여러 곳을 들 수 있다.

1) 풋파라마(Pubārama) 정사 : 비사카(Visākhā)가 세운 큰 정사. 많은 비구를 수용할 수 있고, 또 불타가 각별히 마음에 들어한 정사였으며, 장기간의 체재(Vassas)가 기록되어 있다. 기원정사 동북방 6, 7 마일쯤에 있었다.

2) 안다바나(Andhavana) 정사: 기원정사의 서북방 얼마 떨어지지 않은 곳에 있으며, 풋파라마 정사에 버금가는 곳으로 여겨지고 있다.

3) 사케다(Sāketa)에는 카알라카라마(Kālākārāma), 칸타키바나(Kaṇṭakivana), 안쟈나바나(Añjanavana)등의 승암(僧庵)이 있었다.

4) 사위성의 교외 아라비(Ālavi)에도 아까라바(Aggālava), 고마가심사파바나(Gomagga-Siṃsāpavana)등의 승암이 있었다.

요약하면 마가다는 불교교단의 탄생기에 있어서 인연이 깊은 곳이며, 코살라는 불교교단의 확립기에 있어서 보다 깊은 관계를 가졌다고 할 수 있다. 특히 코살라의 수도 사위성은 부처님의 위대한 생애의 대부분을 보낸 곳이자 가장 많은 설법이 이곳에서 행해졌으며, 가장 많은 계율이 이 땅에서 확립되었다.[20]

물론 부처님의 활동이 이 두 나라에만 한정 된 것은 아니다. 특히 마가다의 북쪽, 코살라의 동쪽에 위치한 크고 작은 많은 공화국에서도 부처님의 유행하신 흔적이 남아 있다. 그 밖에도 비데하 족과 부하가

---

20) 목정배 역, 앞의 책, pp.214~215.

(Bhogga)족 및 콜리야(Koliya)족, 그리고 말라(Mallas)족과 부처님의 인연도 잊을 수 없다. 또한 앙가국의 참파(Champā), 밧지의 코삼비(Kosambi) 등도 부처님이 일찍이 유행하신 땅으로 기억되고 있다.

2) 굴원사원(窟院寺院)과 스투파(Stūpa) 신앙, 그리고 도시

부처님의 입멸 후, 불교는 석존의 발자취가 남아 있는 동인도를 중심으로 그 명맥을 유지할 수 있었으나 크게 교세를 떨치지는 못했다. 그 후 불교가 전대미문의 전륜성왕 아쇼카 대왕의 보호 아래 전성기를 맞게 된다.

그가 불교를 적극적으로 홍포하고 전파한 흔적은 지금도 인도 전역에 고스란히 남아 있다. 그러나 아쇼카 대왕이 죽자, 강대했던 통일 대제국도 신흥세력의 도전으로 급기야 멸망하고 만다. 마우리야 왕조 이후 인도의 역사는 대체로 서북인도의 불교를 신봉했던 그리스 세력과 사카 세력, 남인도의 힌두교도이면서 불교를 외호하였던 사타바하나 왕조, 힌두의 슝가 왕조와 칸바 왕조, 그리고 칼링가를 지배했던 자이나교의 체디 왕조의 네 세력을 주축으로 전개되었다. 이와 같은 시대상황에 따라 불교가 새롭게 전개된 곳은 서인도에서 남인도에 이르는 지역이다. 특히 이곳은 탑과 굴원이 융성했을 뿐만 아니라 불상도 출현하는 등 불교사에서 큰 의미를 지니고 있다.[21]

갠지스강과 잠나강의 합류지점 부근의 카유샨비에서 웃자인으로 가는 길은 예로부터 중인도와 서인도를 잇는 간선도로였다. 이 길의 연해에 바르후트와 비디샤(현재의 비르하)가 있다.

---

21) 정호영 역, 앞의 책, pp.166~169.

바르후트에서 빈디야 산맥 북쪽을 따라 서남방으로 가면 비디샤에 이른다. 현재 이 지방에는 다섯 군데에 스투파가 남아 있다. 비디샤에서 동남방으로 약 18킬로미터에 있는 안데르, 남동남으로 약 10킬로미터 되는 곳의 보지푸르, 서방 10킬로미터 지점의 사트다라, 서남방 9킬로미터 지점의 산치, 그리고 여기에서 다시 서남방으로 약 10킬로미터 지점의 소나리가 그곳이다. 모두 크고 작은 여러 개의 스투파가 있으며, 오래된 부분은 아쇼카 왕의 시대에까지 소급된다. 불사리 및 이 지방의 고승의 유골이 사리용기에 봉납되어 있으며, 각문(刻文)이 있어 고승들의 이름도 알 수 있다.

이들 비디샤의 불탑군(佛塔群) 가운데 가장 완전한 형태로 남아 있는 것이 산치이다. 3탑이 현존하며, 제1탑이 가장 크다. 복발형(覆鉢型: 발우를 엎어 놓은 모양의 덮개)을 세울 수 있는 장치가 평평한 곳에 마련되어 있다. 아쇼카 왕 시대에 건립되었을 때의 핵심부분은 이것의 반 정도의 크기였던 것으로 보이나, 마우리야 후기, 슝가기 그리고 기원후 1세기 초엽의 사타바하나 왕조시기에 이르는 기간에 확대되고 난순(欄楯)도 만들어졌다. 난순에는 사방에 문이 있는데, 이것도 일시에 만들어진 것이 아니라, 남·북·동·서문의 순서로 만들어졌다. 탑문을 들어서면 복발 중앙을 돌 수 있는 길이 있다. 또한 탑문 둘의 기둥과 셋의 횡량(橫梁)에는 빈틈없이 부조의 조각이 있다. 그 내용은 불전도(佛傳圖) 및 자타카 이야기이지만, 갖가지 문양도 적지 않다.

탑문의 기둥과 제일 낮은 횡량이 교차하는 아랫부분에는 완전 나체에 가까운 야크쉬니 상이 배치되어 있다. 야크쉬니는 문양 사이에도 조각되어 있어 당시의 사람들에게 사랑받는 존재였음을 알 수 있다. 야크사, 야크쉬니는 당시의 민간신앙에서 받들어지던 풍요의 신들이었다. 바르후트, 산치뿐만 아니라, 남인도의 탑, 굴원의 조각에도 그 모습이 나타나고 있다는 점에서 이들이 수호신적인 의미도 갖지 않았나 생각된다. 어쨌든 이는 당시의 민간신앙과 연결되어 있던 불교의 한 단면을 보여주고 있다.

산치 제1탑에는 약 670명의 봉납자 이름이 새겨져 있다.

제2탑은 가장 오래된 탑으로 탑문이 없다. 복발의 탑 본체는 아쇼카 왕의 시대, 난순 및 그 외의 것은 슝가시대에 완성되었다. 난순에는 원형, 반원형의 부조가 있으며, 이 탑에서 마지마, 목갈리풋타 외에 모두 8명의 고승의 유골이 발견되었다. 또한 116명의 기증자 이름이 새겨져 있다.

제3탑은 1세기의 작품으로 복발의 크기가 작고 남쪽 탑문만이 남아 있다. 석존의 제자로 유명한 사리불, 목건련의 유골이 여기에서 출토되었다.

산치의 언덕에는 이들 탑에 딸려 있는 승원과 탑원의 유적이 있다. 그러나 스투파 숭배는 본래 출가 비구와는 관계가 없다. 《대반열반경》에서 석존은 자신의 입멸 후 유골의 숭배 및 예배는 재가신자에게 맡기고 비구들은 이에 관계하지 말 것을 가르치고 있다. 근본적으로 사리와 사리 숭배는 '자등명 법등명(自燈明 法燈明)'에 제시되어 있는 수행과는 이질적인 것으로 비구에게는 무용한 것이며, 석존도 재세시에 이러한 점을 가르쳤던 것으로 보인다.

그러나 재가신자들은 석존의 입멸후 숭배 및 예배의 대상이 없는 점을 참을 수 없었을 것이다. 재가신자들이 불타의 사리를 여덟 등분하고 탑을 세워 공양했다는 것은 당시의 상황을 반영하는 것으로 생각된다. 당시에는 불상을 만드는 일이 금기로 되어 있었다. 경전을 문자로 기록하는 일도 마찬가지였다. 그림으로 나타낼 수 있다면 그것은 유한(有限)한 붓다의 모습이 되기 때문이다. 따라서 바르후트, 비디샤의 불탑군에 부조되어 있는 불전도에서도 석존이 있어야 할 장소에 보리수, 발자국, 법륜 등의 상징이 나타나 있을 뿐이다. 불상이 출현한 시기가 1

세기에서 2세기 초 사이의 일이므로 오랫동안 불교도의 예배대상은 불사리를 봉납한 스투파였다.

스투파는 현역 경전에 솔탑파(率塔婆)로 음사되었으며, 원래는 분묘를 말한다. 최초에는 불사리를 봉안한 용기를 흙으로 덮어 봉분을 만들었지만, 예배의례가 확립됨에 따라 더욱 커져 복발형이 되었을 것으로 생각된다. 신자는 경전을 낭송하면서 탑을 오른쪽으로 세 번 도는 것이 일반적인 의례로서 산치 탑 등에 보이는 요도(繞道)는 바로 이것이 발전되었다고 볼 수 있다. 탑파 숭배는 재가신자뿐만 아니라 비구도 이를 행하게 되었는데, 이는 문헌에도 그 증거를 찾을 수 있으며, 이 지방의 불탑의 각 부분을 기증한 봉헌자 명문(銘文)에 비구의 이름이 있는 사실에서도 확인된다. 불사리는 물론이지만, 곧 그 지방에서 숭앙받는 고승들의 유골을 위해서도 탑이 건립되고 숭배되었다.

불탑숭배는 공덕이라는 측면에서 평가될 필요가 있다. 보시와 선행을 함으로써 공덕을 쌓고 사후보다 좋은 세계에 태어나기를 원하는 것은 당시 인도 일반의 민중적 신앙이었다. 불교 신자도 예외가 아니었다. 재가신자는 물론이지만, 비구도 이를 원하였음은 여러 문헌에 나타나 있다. 보시는 수행자에 대한 음식, 생활 용구의 보시도 있지만, 승원, 불탑의 건립도 포함된다. 그리고 후자가 보다 많은 공덕이 있는 것으로 생각되었다. 각 불탑의 포장석, 울타리와 요도의 난순 등을 보시한 많은 사람의 이름이 명문으로 남아 있는 것도 이를 증명한다. 각자가 하나의 기둥, 하나의 횡량을 기증하고, 이러한 행위가 모여 점차 불탑이 정비되었던 것이다. 결국 불탑신앙은 석존 및 고승의 덕을 흠모함으로써 그들을 자신의 마음을 정화하는 대상으로 삼는 동시에 공덕을 쌓는 중요한 행위로 간주했던 것이다.

서인도의 불탑 봉헌자를 명문을 통해 살펴보면, 지역적으로 웃자인과 이곳 사람들이 압도적으로 많다. 그러나 동인도와 중인도 및 남인도 지방의 사람들도 있어, 당시 이 지방이 불교의 중심지였음을 알 수 있다. 직업상으로는 왕가의 인물 외에 상공업자가 압도적으로 많으며, 개인 또는 단체(가하파티)로 기부하는 형태를 띠고 있다. 관리는 소수이고 군인은 거의 없으며 농민도 전혀 없다. 이러한 점은 당시의 불교가 사회의 어느 계층의 지지를 받았는가를 쉽게 알 수 있게 해준다.

결국 불교는 어떠한 왕조에서도 사회의 상·중류층인 왕족 및 상공업자의 외호를 받고 있는 것이다. 불교가 널리 신봉·외호되며, 승원 등이 건립되고 불교미술이 발전하게 되었던 이유는, 불교가 교리적인 만족을 주었다든가 청정하며 윤리적인 생활을 권장하였기 때문만은 아니다. 오히려 공덕의 관념을 중심으로 하는 민중 신앙이 그 핵심이었다. 그리고 불교를 외호한 사람들은 대체로 사회의 상층계급 출신이 많았는데 이러한 것은 당시의 사회적, 경제적 문제와 관련되어 있다.[22]

즉 불교는 인도 사회의 신분적 해체기를 적절하게 이용했을 뿐만 아니라 그 결과 당시의 신흥 세력을 불교교단의 외호자로 만듦으로써 발전의 토대를 마련했던 것이다.

한편, 남인도에 불교가 본격적으로 전파되기 시작한 것은 대체로 기원전 2세기 이후의 일이다. 고고학적인 증거들이 이를 입증하고 있다. 아마도 불교 승려들이 교역상인들과 함께 남인도로 와서 불교를 전파했을 것으로 보인다. 특히 이 지역에서는 굴원사원이 발달했다. 세데칸에는 인도 대륙을 남북으로 달리는 서가츠 산맥의 구릉들이 솟아 있다. 남인도인들은 구릉의 허리를 파고 굴원을 만들기 시작했는데 기원후 7세기 무렵에 이르면 800여 개에 이르는 크고 작은 불교 굴원들이 조성되었다. 지금까지 남아 있는 불교 굴원은 나시크(24개의 굴원), 피타

---

[22] 이 부분은 정호영 역, 앞의 책, pp.169~173을 가감 없이 그대로 옮겨 놓은 것이다. 왜냐하면 그 내용이 본 절의 의도와 크게 다르지 않기 때문이다.

르코라(8개), 콘디브테(18개), 베두사(12개), 바샤(22개), 준나르(5곳의 굴원군에 총 140여 개), 콘다네(16개), 아잔타(29개) 등이 있다. 그 굴착 기간과 굴착 비용 또한 만만치 않았을 것으로 보이나 재력 있는 개인 또는 단체가 지속적으로 비용을 부담했을 것으로 보인다.

굴원에는 비구의 처소인 비하라(vihara: 정사)굴과 스투파를 안치하고 예배하기 위한 차이티야(caitya: 탑원)굴의 2종이 있다. 모두 비구가 수행하기 위한 시설에는 큰 차이가 없다. 그러나 처음부터 기증자의 이름이 비문에 새겨졌으며, 때로는 그들의 상이 벽면에 크게 조각되는 일도 있었다. 초기의 아잔타굴에는 불, 보살의 도상과 함께 연회장면이나 그 외의 세속적인 내용이 벽화로 묘사되어 있다. 굴원이 재가신자와 여러 모로 관련되어 있음을 보여주는 좋은 증거이다.

비구의 거주 장소인 비하라(vihara)의 가장 간단한 형식은 1인용의 승방을 굴착하는 것이다. 그러나 표준적인 형식은 산 허리를 굴착하여 4각의 홀을 만들고 입구를 제외한 3면에 여러 개의 방을 배열하는 것이다. 2인, 3인용의 방이 없는 것은 아니지만, 원칙적으로는 개개인의 방을 따로 만든다. 입구에서부터 곧 홀이 되는 것이 아니라, 옆으로 긴 베란다를 두고 문을 통하여 홀로 들어가는 형식도 발전하였다. 후대에 이르면 비하라 안에 불상을 안치하는 예배장소를 주는 경우도 나타났다.

차이티야(caitya)는 기본적으로 예배대상으로서의 스투파와 그 둘레에 요도(繞道)가 있지 않으면 안 된다. 그리고 그 앞에 예배실 및 집회실이 있는 것이 보통이다. 곧 스투파를 감싸듯이 기둥이 배열되어 외곽의 회랑과 내부가 구별되었으며, 기둥과 벽면을 다양한 조각으로 아름답게 장식하였다.

나시크의 24굴원 가운데 셋은 차이티야 굴이며 나머지는 비하라 굴이다. 물론 모든 굴원이 동시에 굴착된 것은 아니지만, 어떠한 굴원군에도 차이티야와 비하라가 함께 조성되어 있다. 각지의 굴원 조성의 역사를 살펴볼 때, 비하라 굴만이 존재하고 차이티야 굴이 존재하지 않았던 시기는 없다. 결국 양자가 처음부터 비구의 생활과 불가분의 관계에 있었던 것이다. 그리고 준나르에는 주방으로 사용되었던 것으로 추정되는 작은 방도 있다. 이는 비구들이 반드시 탁발을 나가지 않았을 가능성을 보여주고 있다. 신자가 기증한 재료 또는 기증한 돈으로 산 재료를 조리하여 식사를 하였던 것으로 짐작된다. 이러한 사실은 굴원에서뿐만 아니라 지상에 건물을 지었던 다른 지방 비하라의 고고학적 증거와 율전의 기술을 통해서도 확인된다. 결국 비구들은 한 장소에 머물러 살며 독립된 생활을 하였으며, 거처하는 방(협의의 비하라), 예배당, 주방, 선정 수행의 시설 등이 갖추어져 있는 '사원'의 형식이 정비되어 갔음을 보여준다.

이들 유적이 모두 당시의 교역로와 연결되어 있다는 사실을 특히 주목할 필요가 있다. 중·서인도에서 남하하는 길은 마히슈마티를 지나 아잔타, 피타르코라, 오란가바드에서 사타바하나 왕조 초기의 수도 프라티슈타나에 이른다. 피타르코라는 나시크를 경유하여 스팔라카 항으로 통하며, 다른 큰 항구도시인 카르야나에서는 카네리, 준나르를 경유하여 프라키슈타나로 가는 길이 있다. 카르야나에서 동남쪽으로는 카를레에서 테르에 이르며, 여기에서 다시 안드라 지방으로 가는 길이 펼쳐져 있다. 그리고 이러한 도시들은 다시 종횡의 교역로로 연결되어 있다.

불교 굴원이 도시 가까이나 도시를 잇는 교역로 상에 있다는 점은 결코 우연한 일이 아니다. 상인들과 왕족, 귀족 및 각지에 사는 상공업자들이 불교 굴원과 부속설비, 그리고 비구의 생활용품 등을 기증하였는데, 여기에는 상당한 종교적 이유가 있다.

굴원은 우선 교역상인들의 휴게소 역할을 했던 것으로 생각된다. 뜨거운 기후의 여행에 지친 그들에게 시원한 바람은 피로를 풀어주는 것이었다. 동시에 설법을 들음으로써 올바른 삶의 의미를 되새기며 마음을 정화할 수 있었다. 그들은 재시(財施)에 대하여 법시(法施)를 받았다. 그런데 보다 중요한 점은 굴원이 공덕을 쌓는 곳이기도 하였다는 점이다. 이 점은 스투파 숭배와 마찬가지이다. 기원전 1세기에서 기원 후 3세기에 걸친 이 지방의 굴원 기증자의 비명을 보면, 대개 그 끝에 '공덕을 위해', '과거・현재・미래의 가족의 이익을 위해', '일체중생의 이익과 안락을 위해'라는 문구 등이 있다. 그리고 '부처님에 대한 공양', '열반을 얻기 위해'라는 표현도 있다. 부모, 가족을 위해서라는 점은 공덕의 회향이라는 관념과 관련되어 있다. 앞에서 지적한 바와 같이 공덕을 쌓는 일은 사후의 생천(生天)을 의미하는 것으로, 불교 본래의 깨달음의 입장과는 차원을 달리 한다. 그러나 일반 불교도의 신앙생활을 지탱하는 것은 실제로는 이러한 공덕의 관념이었다. 위의 표현들은 그와 같은 정서가 그대로 반영된 것이다. 실제로 열반을 얻기 위함이라고 하는 것은 형식적인 기증 목적에 지나지 않을지도 모른다.[23]

그들에게 공덕을 쌓고 그 과보로 사후의 행복을 얻는 일이 더 중요했던 것이다. 이는 당시의 불교도의 생활양식을 아는 데 있어서 중요한 요소가 된다.

위의 사실로 미루어 볼 때 스투파 신앙과 굴원사원의 조성은 당시의 시대적 사고의 반영이자 불교와 도시와의 관계를 다시 한번 드러내고 있다는 점에서 우리의 관심을 끈다.

---

23) 같은 책, pp.178~184 참조.

4. 대승불교의 불탑신앙과 불교의 쇠퇴

한역경전에 따르면 인도의 대승보살들의 주거지가 스투파에서 시작되어 점차 승원화되고 탑과 정사를 동일한 경내에 두는 사찰, 즉 가람으로 정비되어 갔던 과정을 보여준다. 그 한 예로 우리는 5세기 전반 인도를 여행한 중국의 승려 법현이 '마하연승가람(MahāyāmaSangharma)'이라는 표현을 사용하고 있음을 본다.

원래 스투파 숭배는 재가신자의 의례로서, 비구가 관여해서는 안 되는 것으로 간주되었다는 것은 앞에서도 지적하였다. 이것은 특히 아쇼카 왕 이후 급격히 일반화되었다. 신자측의 요청도 있었으며, 비구 자신의 예배대상으로 삼는 경우도 있어 부파교단도 불탑 숭배를 수용하게 되었다. 탑에 등불·향·꽃뿐만 아니라 음악, 무용을 공양하는 일이 불전에 종종 나타난다. 그런데 음악·무용은 비구에게 금지되어 있던 것이다. 따라서 처음에는 재가신자가 이를 행했겠지만 후대에 이르러 비구도 이에 참가했던 것으로 보인다. 여기서도 상가의 이념과 실제의 간격이 있다. 이들의 탑은 점차 거처할 수 있는 방을 완비하고 사원·가람으로 정비되어 갔다. 이는 곧 대승교단이 성립할 수 있는 사회적 기반이 되었다.[23]

그러나 현존하는 스투파 유적 가운데 어느 것이 부파교단의 것이고, 어느 것이 대승불교의 것인가를 구분하는 일은 사실상 불가능하다. 어느 부파의 소유라는 명문이 있는 스투파도 전혀 없는 것은 아니나, 대부분 부파 명을 기록하지 않은 스투파가 많고, 이처럼 특정한 부파의 이름을 명기하지 않은 스투파를 대승보살과 연관지어 생략하는 것도 무

---

23) 같은 책, pp.265~266.

리이기 때문이다. 물론 그 가운데에는 대승교단과 직접 관계되는 것도 적지 않을 것이다. 하지만 지금까지 드러난 고고학적 증거로는 이를 입증하기가 쉽지 않다. 그럼에도 불구하고 보살로 자칭한 대승불교 신자들과 불탑의 관계가 깊다는 것은 부정할 수 없는 사실이다. 그들은 스투파를 예배하고 공양하였다. 그것은 스투파를 통하여 역사적인 인물로서의 석존이 아니라 '영원한 부처님'으로서의 붓다에 전적으로 귀의하고 있는 것이다. 《법화경》의 불탑 숭배도 이러한 흐름에 따른 것이다. 즉 공덕을 쌓아 사후 하늘에 태어나기를 원하는 민간신앙과 결부된 스투파 숭배 본래의 모습이 대승불교에 이르면 탈각되는 것이다. 《법화경》의 구원불(救援佛)과 아미타불, 그리고 그 밖에 대승불교에서 신앙의 대상으로 발전된 '구제불(救濟佛)' 사상도 그러한 조류와 관계 있는 것으로 보인다. 불탑 숭배는 이러한 의미에서 세간적 차원의 관념과 의례가 출세간 차원으로 승화된 예라고 할 수 있다.[24]

그 후 불교는 굽타 왕조의 말기인 6세기 무렵부터 현세 이익적인 의례와 주술적 요소가 열반 및 성불을 위한 수행법으로 승화, 순화되는 현상이 두드러지게 된다. 결국 세간 차원의 요소가 출세간 차원으로 고양되는 측면을 낳게 된 것이다. 그것이 곧 이른바 밀교이다. 사실 밀교는 대승불교의 중관 및 유식사상과 수행법에 만트라, 다라니, 갖가지의 의례, 인(印), 만다라 등이 혼합된 것으로 신비주의적 색채를 띤 새로운 실천 체계라고 할 수 있다. 그러나 탄트리즘(tantrism)에 이르면 점차 그 순수성을 잃게 되고 속신적 종교의례를 지나치게 많이 도입함으로써 본래의 불교 모습과는 상당한 거리가 있게 된다. 이러한 현상은 불교가 힌두교에 흡수될 수밖에 없는 한 원인을 제공한다. 말하자면 불교는 밀교시대를 거치면서 사상적으로나 현실적으로 상당히 위축되고

---

24) 같은 책, p.269.

말았던 것이다.

　더욱이 8세기 무렵부터 터키계의 이슬람 세력이 서북인도에 들어오기 시작하고, 11세기에는 가즈니 왕조, 고르 왕조가 북인도에까지 진출하였다. 특히 술탄 마흐무드는 중인도를 16회에 걸쳐 침략, 약탈하였다. 주지하다시피 이슬람교는 우상을 혐오한다. 그들은 아프가니스탄, 간다라 등의 서북 인도에서도 예외 없이 불상의 얼굴을 깎고 머리를 부수는 일을 자행하였다. 북인도에서는 인도의 각 종교의 사원과 조각을 파괴하였다. 그리고 13세기초(1200~1203) 바크티얄 할지 왕은 벵갈 및 비하르 지방의 밀교 중심지였던 사원들을 철저하게 파괴하였다. 불교를 외호하였던 세나 왕조가 붕괴된 것도 이때의 일이다.

　이처럼 이슬람교도의 침입이 북인도에서 불교가 쇠퇴하게 되는 데에 큰 원인이 되었음은 의심의 여지가 없다. 사원이 파괴되고 승려는 살해되었으며, 혹은 네팔, 티베트 등지로 피난하지 않을 수 없었다. 불교를 외호하였던 왕가 또는 자산가가 몰락하였던 점도 간과할 수 없는 요인이다.

　그러나 이스람교도의 박해에 의해 인도의 불교가 소멸되었다고 보는 것은 잘못이다. 불교가 쇠퇴의 길을 걷게 된 것은 지역에 따라 그 원인이 다르나 문화사적으로 보아 내적 요인에서 비롯된 점이 더 크다. 즉 불교의 본질인 열반이 힌두교의 그것과 유사하게 됨으로써 불교가 독창적 종교로서의 존재 이유를 상실하게 되었던 것이다. 학문적 연구는 계속되었으나, 일반 불교도의 생활과는 거리가 먼 것이었다. 사원과 출가 수행자가 전혀 없었던 것은 아니나 순수한 신앙을 지탱할 교단의 기반은 전과 같지 않았다. 일반 재가의 생활문화 중에도 불교가 정착될 수 있는 여지가 없었다. 굽타 왕조 이후 힌두교의 신들과 예배 의례를

---

26) 같은 책, pp.314~315.

수용한 것이 한편으로는 불교의 토착화로도 간주되나, 실제로는 불교의 힌두교화에 지나지 않았다. 불교는 점차 힌두의 세계로 흡수됨으로써 그 자취를 감추게 되었던 것이다.[26]

불교가 그 고향에서 사라지게 된 것은 실로 애석한 일이 아닐 수 없다. 그러나 다른 한편으로 생각하면 만일 불교가 제 나라에서만 안주(安住)했다면 과연 세계 종교로서의 면모를 갖출 수 있었겠는가 하는 의문이 생긴다. 역설적이지만 불교는 인도적이지 못했기 때문에 인도에서 사라졌다. 그러나 바로 그 때문에 국가와 민족을 초월하는 보편적 예지를 갖게 되고 나아가 동양을 석권하게 된다. 물론 불교는 당시의 교통로를 따라 서양에도 전파되었었다. 박트리아(Bactria), 유러시아(Eurassia), 타드지키스탄(Tadzhikistan) 및 구소련 영토인 아드지나 테페(Adzhina-Tepe) 등에서 불교유물이 발견되고 있는 것이 그 증거이다. 그러나 불교는 서쪽에서 크게 번성하지 못했다. 반면, 북쪽과 동쪽 루트로 전파된 불교는 그야말로 비약적인 발전을 하게 된다. 동쪽으로는 티벳과 몽고, 중국과 한국을 거쳐 일본으로, 그리고 남쪽으로는 인도차이나(Indo China)반도의 여러 나라를 거치면서 인도네시아·베트남에까지 이른다. 특히 11세기 후반에 이르면 중국·티벳·한국·일본·캄보디아·타이·미얀마 등 거의 모든 국가들이 불교를 국교로 삼게 된다. 실로 불교는 아시아의 동남쪽에서 그 회향(廻向)의 절정을 맞게 된다는 느낌을 떨칠 수 없다.[27]

---

27) 정병조, 《인도의 여정》(서울: 대원정사, 1992), pp.124~125.

5. 맺는 말

　지금까지 살펴 본 것처럼 불교교단은 신흥 상공업자들의 귀의를 받아들인 뒤 본격적인 발전을 하게 된다. 따라서 불교가 그들의 계급적 이익을 반영하고 있는 것은 어쩌면 당연한 것일 수 있다. 근본불교가 계급사회를 부정하고 평등의 인간관을 수립하게 된 것은, 이와 결코 무관하지 않다. 성도 직후의 부처님에게 최초로 공양을 바친 사람은 두 명의 금속 상인이었다. 그리고 입멸 직전 수카라 맛다바라는 음식을 공양한 사람도 단야공의 종제인 춘다(Cunda)이다. 이 이야기는 우연의 일치로 볼 수도 있으나, 불전의 가장 중요한 장면들임을 감안한다면, 초기불교의 경제적 기반이 무엇이었던가를 단적으로 상징하는 것이다. 또한 기원전 2~3세기경의 바르후트와 산치의 봉납명에도 상공업자의 이름이 뚜렷이 남아 있다. 뿐만 아니라 기원전 1세기부터 굴착하기 시작한 카네리의 굴원 등은 거의 대부분 무역업자가 기증한 것이다.

　이 모든 사실들은 부처님의 교단이 신흥 상공업자의 지지를 얻어 출발했다는 역사적 증거이다. 다시 말해 불교는 농촌의 촌락 공동체를 기반으로 하는 바라문교와는 달리 도시형의 종교로 발달했던 것이다. 도시를 무대로 활동하는 상공업자들에게는 전통적으로 인도인의 삶의 한 부분이자 생활기술이었던 주술(呪術)이 필요 없다. 불교가 주술적인 관습으로부터 해방될 수 있었던 것도 여기서 비롯된다고 볼 수 있다. 그런 관점에서 본다면 불교를 단순히 근대적인 의미로서의 합리주의 또는 지성주의로 간주하는 것은 지나치게 주관적 견해라는 비판을 받을 수 있다.[28]

---

28) 안양규 역, 앞의 책, pp.156~158.

부처님이 의식적으로 도시의 상층계급 사람들에게만 가르침을 베풀었던 것은 결코 아니다. 농촌에서도 법을 설했으며, 교단에는 하층계급 출신의 비구도 없지 않았다. 그러나 부처님 자신이 당시의 상층계급 출신이라는 점, 그리고 상·하층 계급의 구별이 뚜렷한 고대사회에서 비록 문화가 개방되었다고는 하나 부처님과 그 교단이 관계한 계층은 어쩔 수 없이 도시의 상층계급 사람들일 수밖에 없었을 것이라는 점 등은 부인하기 어렵다.

또한 부처님이 설한 생활윤리가 특히 도시인에게 수용되었다는 사실은 그의 가르침이 전통적인 관습으로부터 자유롭다는 점과 무관하지 않은 것으로 보인다. 당시 인도에서는 농촌에서 성장한 바라문의 종교적 권위와 제식 지상주의가 도시에서는 붕괴되고 있었다. 새로운 사회, 새로운 경제, 새로운 정치라는 변혁의 파도가 재래의 가치관을 무너뜨리고 있었던 것이다. 따라서 부처님이 베다의 지식을 배척하고 혈통에 의한 신분제도를 부정하였던 것이었다. 물론 이러한 신분타파의 풍조를 지도하고 조장한 측면도 없지 않다. 다시 말해 불교는 당시의 도시 분위기에 맞는 새로운 사회·경제 윤리를 제시하고 가르쳤던 것이다. 한 마디로 불교는 도시형의 종교였다고 할 수 있다.

요약하면 불교는 도시와 함께 출발했으나 도시의 지지기반이 몰락하자 그 영광도 다하게 되었다고 할 수 있다. 그런 점에서 인도에서의 '불교와 도시'는 뗄레야 뗄 수 없는 운명적 관계에 있었다고 해야 할 것이다.

---

29) 정호영 역, 앞의 책, pp.87~88.

'신승(新乘)불교' 도래론

1. 신승(Navayāna) 불교의 역사적 의미

1) 대승불교 전야의 사상적 추이

종교적 가치관으로서 세계지도를 분류할 때, 한국은 대승불교의 문화권에 속한다. 유럽은 주로 가톨릭, 미국은 개신교, 중동 및 아프리카는 이슬람으로 분류되는데, 아시아의 경우는 불교문화권이 압도적이다. 그 가운데 타일랜드·미얀마·베트남 등 동남아시아는 장로(長老)불교의 전통이 강한 데 비해, 한국·중국·일본 등 동남아시아는 대승불교의 전통이 살아 있다. 실제로 이들 두 문화권의 차이는 현격하다.

그러나 대승불교의 많은 부분은 장로불교와 비교해서 여전히 안개 속에 가려져 있다. 구체적으로 어떠한 교단체계였는지, 어떤 과정을 통해 발전해 왔는지 여전히 수수께끼이다. 다만 현재까지 학자들이 공감하는 점은, 첫째 남인도, 특히 안드라(Andra) 왕조가 지배하던 기원 전후가 그 시발이라는 점, 둘째 어느 특정한 인물이 대승불교를 주도

했다기보다는 당시의 기성 교단에 대한 반성이 자연스럽게 그룹을 형성했으리라는 점, 셋째 재가불교가 그 중심이었으며 아마도 불탑(佛塔)지 등에서 대승의 사상과 체계가 이루어졌으리라는 점 등이다.

그렇다면 대승운동의 초점은 무엇일까? 먼저 주목해야 할 점은 '수레(Yāna, 乘)'라는 개념이다. 근본불교나 부파불교 당시에는 이 '수레'의 개념이 없다. 《법화경》에 처음 '수레'라는 낱말이 등장하는데, 이때 주로 부처님의 가르침을 '방편'으로 보려는 사상이 싹튼다. 회삼귀일(會三歸一)·일승(一乘)사상 등의 밑바닥에는 부파불교교단과의 차별화가 강력하게 시사되고 있다. 대중부·상좌부 등 부파교단에서는 부처님의 이상을 실현한다는 측면에서 출가의 중요성은 강조되었지만, 결코 어느 길을 선택하느냐 하는 방편상의 수레라는 개념은 존재할 여지가 없었다. 대승불교는 이 수레의 개념을 확립함으로써 소승→대승→일승이라는 자각을 심는다. 즉 혼자만의 안일을 소승적 태도로 못박고, 대승이야말로 자타불이(自他不二)의 이상적 수행 의지라고 주장한다. 일승의 경우에는 대승의 변증법적 이해이다. 다시 말해서 대승이 소승에 대한 반대 개념이 아니라는 말이다. 오히려 소승을 부정한 대승, 그 대승마저도 넘어선 경지에 대한 표현이다.

부파교단이 주로 대승불교의 공격 초점이었지만, 구체적으로 그것이 '설일체유부(說一切有部)'인지 '경량부(經量部)'인지는 불분명하다. 대승불교가 문제 삼은 것은 다음과 같은 다섯 가지면이다.

① 불교 교리의 왜곡 : 무아(無我)에 대한 이론적 근거가 박약하다고 생각한 당시의 불교도들은 법유아무(法有我無)를 내건다. 즉 진리로서의 부처님 선언은 아무(我無)로서 파악되지만, 진여 그 자체는 부정될 수 없다는 입장이다. 대승불교는 그에 대한 강력한 반발로서 공(空)을 내세우게 된다.

② 실천의지의 결핍 : 부파불교는 불교교리의 형이상학적 구성, 체

계화 등 업적을 쌓았지만, 그 형식화에 머물고 만다. 즉 불교의 진리가 생동하는 삶의 현장 속에 점화되는 것이 아니라, 일부의 지식인층에 독점되는 우(愚)를 범하고 만다. 이것은 불교의 형해화(形骸化)이고 관념화이다. 따라서 대승불교에서는 자각적 실천인으로서 보디삿트바(Bodhisattva, 菩薩)를 내세우게 된다.

③ 일불(一佛)신앙의 극복 : 역사적 인물이었던 석가모니에 대한 사모는 급기야 부처님 유일신앙을 낳게 된다. 다른 수행자들은 다만 아라한(阿羅漢)을 얻으려는 실제적 목표에 머문다. 부처님에 대한 보편적 이해가 사라지게 될 때, 부파교단은 이른바 절대 신앙체계로 전락하고 만다. 대승불교에서는 다불(多佛)신앙을 표방한다. 한량없는 부처님들은 기실 우리들 마음의 권화(權化)라고 이해한다. 모든 생명들은 이 마음의 부처님을 통해 영원한 행복을 누릴 수 있다는 믿음으로 발전한다.

④ 출가 중심주의의 한계 : 출가인들의 염원이 아라한의 증득일 때, 재가 신자들의 경우에는 생천(生天)의지로 집약된다. 즉 교단에 대한 헌신과 보시를 통해 하늘 나라에 태어날 수 있다는 소박한 믿음이 주류를 이룬다. 출가와 재가 사이는 이중적 구조를 지니게 되며, 상하의 주종적 수직관계가 맺어진다. 대승불교에서는 이와 같은 형식이 불교의 수평적 사고를 변질시킨 근본원인이라고 파악한다. 따라서 중생과 부처가 하나라는 《반야심경》의 색즉시공(色卽是空)이 그 해답으로 등장하게 된다.

⑤ 형식적 계율관에 대한 반발 : 부파교단은 오계(五戒)를 중심으로 발전한다. 더구나 그 계율의 형식적 준수 여부가 올바른 수행자를 가리는 수단이 된다. 그러나 마음의 행로를 중시하는 대승불교의 입장에서 보면, 계율을 세분화하고 공식화하는 것보다는 진심으로의 수긍과 실천이 더 중요하다. 이 형식적 계율관에 대한 대승적 응답이 삼취정

계(三聚淨戒)이다. 특히 섭선법(攝善法)·섭중생(攝衆生)은 보다 적극적인 사회참여, 정의구현으로 이해될 수 있는 대목이다.

이 대승불교의 도전은 노도와 같은 기세로 인도를 휩쓴다. 특히 용수(龍樹, Nāgārjuna)의 등장은 대승사상의 철학적 기반을 마련한다. 공과 반야의 이상은 대승불교의 중심개념이 되면서, 3세기 이후의 대승불교는 인도 대륙의 중심사상으로 부각되는 것이다.

2) 대승교단의 실체

대승교단이 실체로서 존재했었다는 사실은 여러 가지 면에서 증명된다. 산치(Sanchi)의 대탑에는 B.C. 2세기경 대승과 소승 사원이 담 하나를 사이에 두고 공존하고 있었다. 또 초기의 구법승이었던 법현(法顯)을 비롯하여 현장(玄奘), 혜초(慧超) 등의 기행문에는 대승과 소승이 함께 공존하고 있는 인도 현실을 기록하고 있다. 그러면서도 막연하게 대승교단으로 말해지는 그 구체적 형태에 대해서는 많은 의문이 제기 될 수밖에 없다. 부파의 교단들은 독자적인 성전(聖典), 운영조직, 규율, 경제기반을 갖고 있었다. 그렇다면 대승교단은 어떤 특징을 갖고 있었는가? 우리는 그 단서를 불탑지라고 볼 수밖에 없다. 대승교단은 불탑을 중심으로 하는 조직이었으며, 경제적으로나 이념적으로 부파 교단과는 차별화되어 있었다고 보는 것이다.

우리가 주목해야 할 점은 대승불전에 무수히 등장하는 보살중(菩薩衆)이라는 표현이다. 그 산스크리트 원어는 보디삿트바가나(Bodhisattvagaṇa)로서 전통적 개념의 상가(Saṃgha)와는 구분되는 것이 주목된다.(졸고,《文殊菩薩의 연구》, 1988, 한국불교연구원, pp.38~39). 부처님의 입멸(入滅) 이후, 부파 교단은 왕실이나 호부들의 귀의에 의해서 경제적 기반을 마련한다. 탁발을 원칙으로 하는 출가생활은 경제적 활동과 양립할 수 없었다. 그런데 기원전 2세기경에 이들 교단과는 무관한 조직으로 불탑지 등이 우후죽순처럼 생겨난다. 아쇼카 대왕의 발원으로 시작된 이 불사(佛事)는 적어도 인도 전역에 이천 곳 이상의 대규모 불탑지로 완성된다. 자연히 이곳은 불교 순례객들의 참배 대상이 되며, 많은 보시물이 생겨나게 된다. 그러나 불탑지는 왕이나 재산가들이 기성교단에 기증하기 전에는 독자적인 운영체계를 가질 수밖에 없었다. 대승불교의 초기 사상가들은 순례를 통해 자신들의 이념을 확산하였고, 그 가운데 불탑지를 자연스럽게 그들의 근거로 삼았으리라고 본다.

그러면 보살가나의 생활은 어떻게 유지되었을까? 우선 주목할 점은 그들이 불교신자들의 보시를 '받는' 입장만은 아니었다는 사실이다. 비구(比丘)라는 낱말은 빅수(Bhikṣu), 즉 '걸식하는 이'라는 뜻이며, '보시 받는 이'라는 의미가 내포되어 있다. 재가신자를 뜻하는 우파사카(Upasaka)의 경우도 마찬가지이다. 어원적으로는 '시종하는 사람'이라는 뜻이다. 따라서 교단에 '의식주약(衣食住藥)의 사사(四事)를 공양하는 이'라는 뜻이다. 그렇기 때문에 소승교단에서는 보시를 베푸는 우바새와 공양을 받는 비구라는 관계가 자연스럽게 정립된다.

그러나 보살이라는 어휘 속에는 '보시를 받는 이'라는 뜻이 전혀 없다. 오히려 '보시를 베푸는 사람'이다. 따라서 보살가나에는 주는 자와 받는 자라는 이중의 구조가 존재하지 않는다. 《십주비바사론(十住毘婆沙論)》권16에는 출가보살이 머무는 곳인 탑사(塔寺)와 아란야(Araṇya)는 수도를 위한 한적한 암자를 가리키는 말이다. 구체적으로 아란야는 대승의 선법(禪法)을 닦는 곳이며, 탑사는 십사(十事) 등 각종 대승불교의례를 집행하거나 교학을 연수하는 장소라고 이해할 수 있다. 《십주비바사론》권12에는 출가보살이 삼매를 닦을 때에 주의해야 할 점 60가지가 나열되었다. 그 가운데 대승교단의 실체를 알게 하는 몇몇 자료를 예시한다.

① 병든 이를 치료하려면(16조)
② 이양(利養)을 탐내지 않는다.(24조)
③ 두타 공덕(頭陀功德)에 머물지 말 것이며(26조)
④ 화상·아사리(阿闍梨)에 공경심이 일어나도록(32조)
⑤ 법을 듣고 경전을 구송(口誦)하는 이 사람에게 부모의 상(想), 선지식의 상, 대사의 상이 일어나도록 하라.(36조)
⑥ 단월(檀越), 선지식중(善知識衆)을 탐하지 않는다.(39조)

①의 인용구는 당시의 탑사가 병을 요양하는 기능을 갖고 있었다는 암시이다. ②와 ③은 보살가나 역시 두타행이나 만행 등 일반적인 출가생활에 의거했었다는 반증이다. ④의 인용구는 이 보살가나에도 지도자급의 훌륭한 인사들이 있어서, 그들에 의해 교단이 움직여진다는 뜻이다. ⑤,⑥은 구체적으로 이들 보살가나에게는 신도, 즉 외호(外護) 그룹이 있었다는 의미가 된다.

이와 같은 자료들을 종합하면서 우리는 대승교단의 모습을 이렇게 그려 볼 수 있지 않을까 싶다. 대승교단의 생활기반은 탑사와 아란야의 두 군데이다. 그들은 때에 따라 걸식을 하였고, 옷은 가사의(袈裟衣)였다. 보살가나에는 화상·아사리 등의 지도자가 있었으며 소승의 250계(戒)는 여전히 지켜지고 있었다. 그들은 탑사에서는 주로 병을 요양하거나 경전을 학습하였고, 아란야에서는 불보살 등 성중(聖衆)을 공양하거나 수능엄삼매(首楞嚴三昧)·반주삼매(般舟三昧) 등 삼매에 들어서 교법을 사유하는 훈련을 거듭하였다. 아마도《십주비바사론》이 성립될 시기의 출가보살의 생활은 성문승가(聲聞僧伽)와 외형적으로 확연하게 구분되는 모습은 없었다고 보여진다. 이 점이 대승불교 교단의 한계점이었다. 즉 내용은 달랐지만 형식은 같을 수밖에 없는 한계점을 스스로 드러내고 있는 것이다.

3) 대승불교의 사상적 반성

대승불교는 불교사상에 대한 재해석이었으며, 위대한 불교발전을 이룬 원동력이었다. 근본불교가 가진 철학적 조직력을 종교적 환희심으로 승화시키는 데 성공했으며, 번쇄적 철학으로 일관하던 불교를 실천적 의지로 재구성하였다. 그래서 서양학자들은 대승불교의 이론적 완성자였던 용수보살을 기독교 역사의 바울과 같은 위대한 인물로 평가하고 있다. 예수와 바울은 90여 년의 시간 간격이 있었다. 더구나 예수는 신의 아들을 외쳤던 예언적 선각자였고, 바울은 그 가르침을 계승한 인물에 불과하다. 그러나 그들의 사상적 업적을 평가해 보면, 정반대의 결론에 도달한다. 결과적이기는 하지만 예수는 자신이 바라던 바를 성취시키지 못하였다. 신국 건설은 꿈으로 돌아갔고, 온갖 박해 끝에 참담하게 십자가에 못 박혀 짧은 인생을 마감하였다. 그러나 바울은 로마가 지배하는 전 유럽에 기독교의 메시지를 전했으며, 고난 속에서 교회를 건설하였다. 결국 오늘날 기독교의 모습을 완성시킨 인물은 바로 바울이다. 다소 어폐가 있지만 기독교의 역사에 있어서 바울은 예수보다 위대한 인물이라는 평가를 받을 만한다. 대승불교가 바로 그와 같은 맥락에서 이해될 수 있다. 근본불교가 지닌 한계점을 극복하고 원대한 세계관을 심음으로써 인도의 민족종교에 불과하던 불교를 세계종교로 키운 것이다. 그러나 대승불교는 몇 가지의 치명적 약점을 지니고 있었다. 그것은 21세기에 적응하려는 불교사상에 여전히 부담으로 남아 있다.

대승불교에 대한 근본적 비판의 초점은 부처님에 대한 신앙의 결핍이다. 초기불교도들이 부처님 절대신앙에 빠진 것과 마찬가지로 그들은 부처님 신앙을 희석화시켜 버렸다. 대승불교는 다불(多佛)을 표방하였기 때문에 법신으로서의 부처님이 다양한 인격으로 표상될 수 있다고 규정하였다. 서방정토의 교주이신 아미타불, 동방세계의 약사유리광불, 미래불로서의 미륵불, 연화장 세계의 비로자나 부처님 등 다양한 부처님들이 형식화되었다.

그러나 다양성은 불교사상을 보편화시키는 데는 성공했지만, 그 애매 모호성 때문에 대중들의 혼란을 야기시킨 책임 또한 면할 길이 없다. 불교도로서 이 다불보살(多佛菩薩)에 대해 회의를 느껴보지 않은 이는 거의 없을 줄 안다. 오랜 신앙생활을 했다는 이들도 헷갈리기 십상이다. 과거 칠불은 무엇이며, 석가모니는 어떻게 이해되어야 하나? 만약 부처님 한 분뿐이라면 다른 불보살은 왜 필요할까? 대승불교는 이 문제에 대해 직접적으로 언급하지 않는다. 다만 법신불의 상징이라는 관점에서 애매모호하게 불보살을 설명할 따름이다. 특히 중국에 불교가 전래되고 선종이 일세를 풍미하면서 이와 같은 경향은 더욱 심화된다. 《벽암록(碧岩錄)》에는 민망할 정도로 부처님에 대한 폄하언사가 반복된다. 부처란 무엇인가? "똥막대기"라고 대답하는가 하면 "마(麻) 서근" 혹은 "단번에 때려 죽여 개에게나 줄 물건" 등 이루 다 열거하기 어려운 선언들이 줄을 잇는다. 이 부분만 떼어놓고 보면 선불교는 마치 부처님 내려 깎기 운동을 하는 종파처럼 느껴진다. 물론 그곳에는 단서가 붙는다. 개념화된 불교, 우상화된 불상에 대해서 경계해야 한다는 말이다. 그래도 너무 심하다. 심지어는 여래선을 열등하다고 못 박고 조사선(祖師禪)이 진정한 길이라고 강변한다. 이쯤 되면 이미 불교는 사라진다. 오직 조교(祖敎)만이 난무할 따름이다.

선종은 중국적 불교이지만, 대승불교의 정수임에는 틀림이 없다. 이 논리의 비약이 끝내 대승불교의 불타관(佛陀觀)을 혼돈 속에 몰아 넣는 근본 요인이 된다. 한국불교의 경우에는 한술 더 떠서 오방 잡신이 다 불교의 탈을 쓰고 버젓이 등장한다. 칠성(七星)·산신(山神)·시왕(十王)·용·호랑이·코끼리 할 것 없이 모두 숭배의 대상이 된다. 엄밀하게 따지면 칠성신앙이나 산신숭배 등은 불교의 예배대상일 수 없다. 민간신앙이나 무속, 도교 등의 강한 영향을 입은 것으로 보여진다. 열등한 신앙을 흡수하고 조화로운 발전을 기한다는 면에서는 긍정적일 수 있으나 불교의 순수신앙이 망가진다는 면에서는 부정적이다.

같은 맥락에서 대승불교는 순수신앙 대신에 복잡하고 다양한 신앙 형태들을 모두 합리화시켜 버렸다. 성불이 대승불교의 목표라면 당연히 그에 이르는 과정은 획일화되어야 한다. 그러나 기도·참선·만행·보살행·정토신앙 등이 뒤섞여서 도무지 갈피를 잡을 수 없게 되고 말았다. 한문 글자가 다의성(多義性)이라는 긍정성과 함께 애매모호성이라는 부정성을 동시에 가진 것과 마찬가지이다. 더구나 중국·일본·한국, 가릴 것 없이 대승불교를 표방해 온 나라들의 교단 운영방식은 철저히 소승적이었다는 점이 지적되어야 한다. 머리를 깎고 잿빛 옷을 걸치고, 육식과 결혼을 금하는 형식은 바로 소승교단이 가진 출가 중심적 교단의 한계가 아닌가. 그런데도 그 규율과 형식은 철저히 소승불교를 답습해 온 데에 대승불교의 반성이 절실히 요구되고 있다.

2. 천년의 시발, 불교도 변해야 산다

1) 종교 영역의 축소

오늘의 세계를 정보화로 규정 짓는 데는 이론이 있을 수 없다. 문명사적인 관점에서 볼 때도 인류는 지금 엄청난 변혁의 소용돌이 속에 있다. 그 까닭은 최근의 변화가 신속하고 격렬하다는 데에 있다. 십 년 전만 해도 우리는 '삐삐'라는 호출기가 무엇인지 몰랐다. 핸드폰이라는 개념도 생소했다. 그러나 정보·통신의 눈부신 발달은 이제 세계를 하나의 마을로 통일시켜 버렸다. 더구나 인터넷은 지상의 국경선을 무의미하게 만들었으며, 무궁무진한 사이버 세계의 변화는 예측을 불가능하게 만들어 가고 있다. 수렵생활에서 농경생활로 정착되기까지 인류는 수천 년의 세월을 보내왔다. 산업화의 과정 또한 이백 년이라는 세월이 필요했다. 그러나 현재의 정보화는 불과 20여 년 만에 우리의 생활 양식을 바꾸어 버렸다. 그렇다면 이 엄청난 변혁의 근원은 무엇인가. 지금 세계를 지배하는 미국의 힘은 어디에서 비롯되었는가? 우리는 그것을 과학기술에 토대한 정보기술의 혁명이라고 본다. 동양이 서양에 비해 뒤떨어진 것은 바로 과학·기술 그리고 지적(知的) 모험심이다. 동양의 제도와 사상은 정적(情的)구조를 가졌지만, 서양 특히 미국의 경우에는 철저한 이성적 기반을 갖는다. 합리와 논리는 끝내 정서를 앞세운 동양을 압도하고 있는 것이다. 이것을 도표로 적기하면 대략 다음과 같은 모습이 될 수 있으리라고 본다.

  동서냉전이 종식된 후, 미국의 초강국화는 세계의 질서를 변모시켰다. 미국의 질주가 언제까지 지속될는지는 알 수 없다. 문명의 진로로 보아 로마→유럽→미국→환태평양이라는 등식을 조심스럽게 그려보지만, 현재로서는 그 시기를 단정 짓기 어렵다. 이와 같은 균형의 파괴는 많은 부분에 영향을 끼쳤지만, 가장 심각한 분야는 역시 종교분야이다. 금세기 최대의 이슈는 과연 종교가 인류의 가치관 속에 살아 남겠느냐 하는 의문이다. 종교의 영역이 축소되기 시작한 것은 20세기 초반 무렵이었다. 과학의 발달은 기독교에 대한 정면 도전이었고, 기독교의 몰락은 불교·이슬람·힌두교 등 다른 기성 종교에도 경종을

〈도표〉

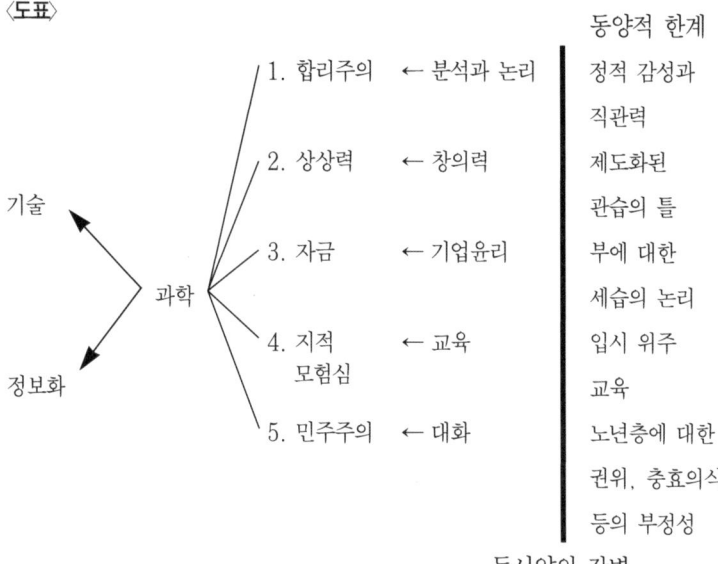

울리게 된다. 다윈의 진화론 이후 서구는 실증주의의 풍조에 휩싸인다. 사실 중심적이며 결과론적인 것만이 신빙성 있게 취급되었으며, 종교의 상징성과 신비성은 철저히 무시되었다. 그 결과 고·중세 세계에서 종교가 누리던 영광은 그 자리를 과학과 기술로 대치하게 되었다. 종교가 갖던 세계관은 더 이상 설득력을 갖기 어렵게 되었다. 정신적 권위 또한 누릴 수 없게 되었다. 종교의 입지는 갈수록 좁아졌고, 오늘날 그나마 명맥을 유지할 수 있는 영역은 '도덕적 청정성' 정도이다. 종교의 입지가 좁아 든 근본 원인은 사회변화에 있다고 보여진다. 아놀드 토인비는 미래종교의 전망에 대해 '종교의 세속화' '일반인의 종교에 대한 무관심'을 꼽고 있다. 불행하게 그 예측은 서서히 적중하고 있다. 많은 종교들은 현대화를 외치면서, 끝없는 상업화·세속화에 빠져 들고 있다. 종교적 논리 대신에 경영적 논리가 판을 친다. 이에 따른 일반인들의 무관심도 가중되고 있다. 기껏해야 종교의 신비성 정도에만 매혹될 뿐. 더 이상의 큰 기대를 갖고 있지 않은 것이다. 이제 종교는 스스로의 자각에 의해, 자신의 영역을 새롭게 계발해 가지 않을 수 없다. 바로 이 점이 불교가 변해야 한다는 당위성으로 인식되기에 이른다.

2) 신승불교의 필연성

불교는 언제나 새롭게 해석될 수 있고, 또 해석되어야 한다고 생각한다. 새로운 불교는 결코 여태까지 없던 교리체계를 만든다거나 형식을 송두리째 바꿔야 한다는 의미가 아니다. 불교가 가진 진리성을 오늘의 현실에 투영하고, 그 응용성을 진지하게 논구하고 실천하는 것이 바로 새로운 불교이다. 그런 의미에서 신승불교의 대두는 필연적이다. 종교가 과거의 영광을 상실하게 되는 데는 그만한 이유가 있다. 우선 종교인, 특히 성직자의 평가절하에서 그 연유를 찾을 수 있다. 고대사회에서의 종교 성직자는 이념적으로나 현실성에 있어서 그 사회의 지도층이었다. 우리 나라의 경우만 보더라도 왕사·국사 등의 지위는 반드시 상징적이라고 보기 어렵다. 특히 고려의 경우는 승가의 책임자가 국가 권위를 능가하고 있었다. 더구나 일반인들에게는 교육의 기회가 보장되지 않던 시기였다. 따라서 불교 성직자는 곧 그 사회의 엘리트 집단이었다. 서양의 경우는 기독교, 동양은 불교가 바로 그 위치에 있었다. 그러나 근대사회로 넘어가면서 이 종교 성직자들의 권위는 급속히 무너지기 시작하였다. 특히 지적 권위는 대학이나 연구소 등이 독차지하게 되었다. 그 정신적 권위의 몰락이 바로 종교의 평가절하로 이어지게 된다. 다음으로 지적되어야 할 점은 재가신자들의 급성장이다. 그들은 전문지식을 갖고 사회에 공헌하는 그 사회의 중추세력들이다. 재가신자들은 지적으로나 실천적으로 이미 독자적으로 틀을 형성해 가고 있다. 또 다변화된 사회 속에서 여러 이익집단과 동호인 그룹이 생겨나게 된다. 이 점 역시 농경사회 구조 속에서는 상상할 수 없는 변혁이었다. 종교는 도저히 그 광범위한 조직 속에 영향을 끼치기 어렵게 되고 만 것이다.

요컨대 재가신도들의 도약은 성직자들의 입지를 위축시켰고, 종교는 그들을 설복할 만한 가치체계를 가질 수 없는 것이다. 지금은 결코 원리만으로 대중들을 감복시킬 수 있는 시대가 아닌 것이다. 오늘날의 이슈는 과거의 경우와 판이하다. 예컨대 유전자 조작의 가능성, 복제동물의 출현, 안락사의 문제, 뇌사(腦死)의 규정문제, 사이버 섹스의 도덕성문제, 환경파괴에 대한 대응논리, 공해와 산업쓰레기 문제, 수질보존문제, 청소년 범죄 등 다양한 문제들이 제기되고 있다. 우리가 '마음을 깨친다'고 해서 북한 도발우려가 사라지는 것은 아니다. 그렇다고 해서 불교적 가치관이 철저히 무시될 수도 없다. 그렇다면 이 산적한 문제들에 대해서 불교적 시각으로 정리하고, 해명하려는 노력이 필요하다. 아직은 가설이지만, 이와 같은 학문영역을 우리는 응용불교학이라고 부를 수 있다. 불교정치학, 불교경제학, 불교사회학, 불교심리학, 불교문학, 불교미학 등의 새로운 경지를 개척해나가야 한다.

그러나 이와 같은 노력이 가능해지기 위해서 선행되어야 할 점은 승가의 질적 개편이다. 불행히도 현재와 같은 기능과 조직의 승가로서는 이 엄청난 변혁에 대응하기 어렵다는 것이 솔직한 판단이다. 그 점이 바로 신승불교의 도래를 예고하는 서곡이다. 이제 신승불교는 대승불교가 가졌던 한계점을 극복하면서, 이와 같은 사회변화에 대응하는 불교적 대안으로서 등장하게 된다.

우리는 그 신승불교의 가능성을 목도하고 있다. 최근 미국에는 '불교생태학회(The Buddhist Society for Ecology)'가 조직되었다. 미시간 주립대학교수들을 중심으로 사회 각분야의 전문가들로 구성된 일종의 환경보호단체이다. 그들은 정기적으로 환경 감시단을 가동하고 있고, 계간의 잡지 《불교와 환경(Buddhism & Environment)》을 출간하고 있다. 대부분은 불교를 믿는 과학자·전문 경영인들인데, 이들의 주장을 압축하면 다음과 같다.

 지구는 유기체이며, 생명체이다. 따라서 신선한 공기와 태양열이 필요하다. 그러나 지구의 산소 공급원인 히말라야와 아마존 유역은 무분별한 개발로 파괴되어 가고 있다. 또 오존층의 파괴는 강력한 자외선을 다수 유입시킴으로써 빙하를 녹이고 있다. 해수면으로 흘러 들어간 물들이 지구 온난화를 가속화하는 주범이다. 그렇다면 이 지구 파괴를 막을 수 있는 힘은 어디에서 오는가. 바로 불살생(不殺生)의 불교적 선언이다. 스스로 이 계율을 지키고, 조직화해 나가야 한다. 불살생의 원리를 확대함으로써 자연 친화적 인간군을 형성할 수 있고, 그 길만이 파멸을 막는 첩경이다. 실제로 분기별 모임인 워크숍에서 그들은 철저한 금욕·채식·참선 등의 수련을 통해 스스로의 결의를 다지고 있다. 일본 정토종의 재소자 교육 프로그램도 이와 일맥상통한다. 일본 최대의 종파인 정토진종(淨土眞宗)에는 사찰마다 직업훈련소가 있다. 미장이·목공·재단사 양성 등 실질적 직업교육인데, 특히 재소자 교육에 주력하고 있다.

 한국의 경우에도 불교환경단체, 불교장애인복지시설, 불교간병인회(호스피스 포함) 등 다양한 사회활동 단체들이 생겨나고 있다. 이와 같은 불교운동의 원동력은 바로 재가불자들의 지성화 경향 때문이다. 1980년대 이래 지속되어온 각종 불교교양대학의 움직임들이 그 산실이다. 불교교양대학은 재가신자들에게 불교의 기본교리, 예절들을 가르친다는 소박한 각오로 출범하였다. 그러나 불교교리를 익히고 보살행을 배우면서, 자연스럽게 불교대중화가 이루어지고 있다. 종래의 초하루·보름 기도법회라는 전근대적 사찰의식도 서서히 변모해 가고 있다. 이미 많은 사찰들이 한글의례로 축원문을 낭독하고 있으며, 이 한글화 의례는 더욱 가속화할 전망이다.

이 일련의 움직임들은 모두 신승불교의 조짐으로 파악할 수 있다. 대승 전야의 분위기처럼, 기성교단에 대한 불신이 깔려 있으며, 재가 중심적이다. 아마 가까운 장래에 이 신승불교의 움직임은 구체화되리라고 본다. 현재로서는 섣불리 그 성패 여부를 단정짓기 어렵다. 그러나 21세기의 정보화 시대는 신승불교를 손짓하고 있으며, 불교인 내부에서 움트는 정법불교에 대한 열망은 반드시 이 운동을 확산시켜 나갈 것으로 본다.

3. 한국불교, 어디로 가야 하나?

1) 전통적 불교 국가의 침몰과 서구에서의 불교 붐

서구의 불교적 관심은 학문적인 데에서 출발한다. 이른바 어용 학문의 멍에를 썼던 16세기 후반 이미 인도학(Indology)이 형성되었고, 동양학 일반에 대한 연구가 진행되었다. 그러나 불교학이 정착하는 시기는 19세기 중반 무렵으로 보는 것이 타당하다. 부르노프(Eugene Burnouf)의 《인도불교사 입문》, 《법화경 역주》는 근대불교학의 효시를 이룬다. 이후 리즈 데이비드(Rhys David, 1843~1922)의 팔리경전연구회(Pali Text Society)는 불교학 연구의 밑거름이 되었다. 《금강경》, 《정토경》 등의 번역은 불교가 종교로서 서양인들에게 다가선 계기가 된다. 막스 뮐러(Max Muller), 올덴베르크(Oldenberg) 등의 이른바 불교연구 제1세대를 거쳐 에드워드 콘제(Edward Conze), 라모트(E.

Lamotte) 등의 제2세대에 이르면 각종 불교 경전에 대한 해석, 불교사 연구 등으로 그 지평이 더욱 넓어진다. 현대에 있어서는 그 연구 중심지가 미국으로 이동되는 추세인데 하와이 대학의 칼루파하나(Kallupahana), U.C.L.A.의 버스웰(R.Buswell), 스탠포드의 호르(E. Faure) 등은 장래가 촉망되는 중견 불교학자들이다.

　과거 서양에서의 불교 연구는 순수한 학문적 관심이 주류를 이루어 왔지만, 현재의 상황은 판이하다. 즉 불교학 연구 제2세대들인 경우는 거의 기독교 신학자였다. 푸생(La Vallee Poussin), 실방 레비(Sylvan Levee) 등은 신학자였으나 개인적인 관심과 불교적 진리에 대한 호기심 때문에 불교 연구에 종사한 인물들이다. 그러나 오늘날 현직 북미 불교학자들은 거의 대학 시절에 월남전을 겪은 세대들이다. 그들은 제국주의적이고 절대권력적이며 기독교 우월주의적 전통에서 자유로워진 세대이다. 상당수의 이들 불교학자들은 수계를 받았거나, 각자 전공으로 삼는 해당 지역의 불교 사찰에서 자신의 불교적 체험을 쌓아 간다. 버스웰 같은 학자는 그 대표적 예로서 송광사에서 6년간의 엄격한 승려생활을 겪고 환속한 경우이다. 뤼그(David Seyfort Ruegg)가 관찰했듯이 그들은 불교를 '삶의 방식(way of living)'으로 생각하지 않는 세대이다. 합리적이며 개인의 권리와 자유를 즐기는 이들은, 불교에 대해서 마음으로부터의 공감과 친화감을 갖고 있는 것이다.(李珉容, 불교학 연구의 문화배경에 대한 성찰, p.15)

　구미는 지금 불교의 열풍에 휘말려 있다고 해도 과언이 아니다. 보스턴·뉴욕·LA 등에는 미국인을 위한 참선 센터가 우후죽순처럼 생겨나고 있고, 캐나다·유럽 등에도 명상센터가 붐을 이루고 있다. 이들의 불교적 관심을 촉발한 데는 이민 1세대들의 공헌이 크다. 처음에는 고향에 대한 향수로서 소규모의 집단 형성을 해 왔지만, 서구에서의 불교학 점증과 맞물리면서 서서히 사회 전면으로 부각하게 된다.

그 붐 조성의 결정적 계기는 달라이 라마였다. 티베트 소수 민족에 대한 동정 심리, 열아홉 살 때 망명길에 오른 파란만장한 인생역정, 독특한 카리스마로 청중을 압도하는 힘 등은 그의 노벨평화상 수상을 계기로 불교 붐 조성의 결정적 역할을 하게 된다. 그 외에도 베트남 출신의 틱 낙한, 스리랑카의 월포라 라후라, 한국의 숭산 행원스님 등은 서구사회에 지명도가 높은 인물들이다.

그러나 서구사회에서의 불교 붐은 몇 가지 문제점을 안고 있다. 우선 특정 국가의 불교를 전파하는 국수주의적 면모가 강하다. 마치 티베트 불교가 전체 불교를 대변하는 듯 오도하고 있는 것은 문제가 있다. 불교에 대한 보편적 진리의 현양보다는 특수한 상황에 초점을 두고 있는 것이다. 또 불교의 교설을 이론적으로만 천착하는 것도 문제이다. 이것은 불교를 신비화시키게 되며, 끝내 관념의 나락으로 떨어질 개연성을 안고 있다. 그러나 대체적으로 서구의 불교 붐은 정상 궤도로 진입하고 있으며, 미래불교의 전망을 밝게 하는 요인이 되고 있다.

반면 전통적 불교국가들에서는 침체현상이 가속화되고 있다. 타일랜드·베트남·스리랑카 등의 불교는 여전히 '관습과 전통'의 무게에 안주하고 있을 따름이다. 또 일본의 경우는 지나친 상업화와 학문화가 문제이다. 일본인 스스로가 탄식하듯이 일본의 불교는 장의(葬儀)불교로 전락하고 있다. 절은 관광지화되었고, 도량은 더 이상 스님들의 수행처가 아니다. 이들 전통적 불교국가의 몰락은 인도불교의 종언과 함께 우리 세기의 큰 문제로 부각되고 있다. 불교를 현실에 응용하려는 노력이 부족하고, 물밀듯한 외래사조에 소극적으로 대응한 결과이다. 사회조직 자체가 종교에 대해 막연한 거부감을 갖고 있는 중국불교 역시 과거의 영광을 회복하는 데는 많은 시간이 걸릴 것이라는 예상이다. 따라서 관심은 한국으로 쏠릴 수밖에 없다. 위대한 수도 전통과 보살정신이 살아 숨쉬는 대지로서 한국의 불교는 새롭게 조명되고 있는 것이다.

2) 한국불교에 거는 기대

한국불교가 신승불교의 요람이 되리라는 예측은 결코 과대포장된 꿈이 아니다. 우리가 한국불교에 거는 기대는 크게 두 가지로 대별된다. 첫째, 승가의 전통은 여전히 수도 중심적이라는 점이다. 물론 한국불교 최대 종단인 조계종을 중심으로 생각할 때, 선종 위주라는 한계는 있다. 그러나 천태종·태고종·진각종 등의 불교는 정토신앙·불교의례·기도법회 등 다양한 방편을 구사하고 있다. 한국의 승려들은 여전히 참선·간경(看經)·기도 등을 숙명처럼 안고 산다. 이것은 세계 어디서도 유례를 찾기 힘든 아름다운 전통이다. 비록 20세기 말의 조계종단 불화가 많은 이들에게 상처를 주었지만, 그것은 결코 한국불교의 전체 모습을 표상 짓는 일이 아니다. 대부분의 승려들은 묵묵히 정진하면서 자기 완성과 사회정화에 기여하고 있다. 따라서 이 수도 전통은 신승불교의 좌표가 될 수 있으리라고 본다.

둘째는 재가 불교운동의 활성화이다. 치마불교·기복불교로 대변되던 한국불교는 급속도로 지성화·생활화의 기치 속에 발전하여 왔다. 물론 그 사상의 저변에는 외래문화에 대한 반작용의 측면도 없지 않다. 그러나 자신의 전통에 대한 확인, 불교적 예지가 지닌 참신성 등에 매료된 불교인들은 서서히 깊은 잠에서 깨어나고 있는 추세이다. 그들은 종래의 기복적 불교관에서 탈피하여, 보살행의 실천이라는 쪽으로 힘을 응집하고 있다. 한국불교의 과제는 출가승과 재가신자 사이의 원만한 역할 분담이다. 서로는 대립적 존재가 아니라 조화의 관계여야 하기 때문이다.

또 다른 문제는 선(禪) 일변도의 교육풍토에 대한 개선이다. 한국불교를 지칭하는 대표적 표현 가운데 회통(會通)불교라는 말이 있다. 이것도 종파주의를 지양(止揚)하는 선의의 의미가 될 수 있지만, 동시에 특징 없는 절충주의로 전락할 수도 있다. 더구나 한국불교는 선수행만을 예찬해 왔다. 특히 남종선 일색이라는 점도 반성의 여지가 있다. 선은 그 혁명적인 선언과 깨달음에 대한 참신성 때문에 많은 호응을 얻은 것이 사실이다. 그러나 깨달음에 집착하고, 깨달음의 사회화에 실패할 경우 엄청난 부정성을 불러 일으킬 수 있다. 무애행과 파계행이 혼동되며, 꾸준한 정진 대신에 돈오를 예찬하는 이상스런 풍조를 조성할 수 있다. 따라서 선교병행을 닦아가는 지혜가 필요하다. 아울러 교학적 풍토를 존경하는 분위기도 만들어 가야 한다. 그때 깨달음은 비로소 사회로 환원될 수 있다. 한국불교는 그 가능성을 시험하는 무대이자, 시금석일 수 있다. 신승불교라는 신지식을 공유하게 될 때, 이 운동은 더욱 가속화될 수 있다. 그런 의미에서 한국불교는 지구상에 남은 마지막 희망일 수 있다.

3) 신승불교의 과제

무릇 새로운 불교의 탄생을 위해서는 뒷받침되어야 할 형식적 조건이 있게 마련이다. 신승불교가 이루어야 할 과제는 ①교단의 형태와 조직, ②교판(敎判)의 정립- 불교성전 간행, ③율의(律儀)를 포함한 의례 ④경제적 기반 등이 있다. 이때 비로소 기성 교단과의 차별화를 이룰 수 있으며, 시행착오를 예방할 수 있다. 위에 열거한 네 가지 조건의 골자는 신승불교의 이념에 따라서 결정될 문제이다.

먼저 신승불교의 특징은 출가 · 재가의 구분을 문제 삼지 않는 데서 출발할 전망이다. 현재 세계의 4대 종교 가운데 성직자 개념이 없는 종교로는 이슬람이 유일하다. 신승불교가 그 전철을 따를 수밖에 없는 것은 사회구조의 다변화 때문이다. 따라서 출가라는 형식보다는 불교적 진여(眞如)에 가까이 다가서려는 원행(願行)이 더욱 중요하다.

다음으로 제기할 문제는 두번째에서 말한 교판의 문제이다. 대승불교도들은 경전의 재편집을 통하여 자신들의 정당성을 입증하려고 하였다. 그 이후 일어난 중국불교의 작업이 바로 교상판석(敎相判釋)이었다. 이것은 부처님 말씀에 대한 내용별 분류인 셈이다. 대승불교 문화권에서 특히 활발했던 이 교판론은 아직까지 불교학의 정석으로 이해되어 왔다. 그렇다면 신승불교 또한 새로운 불교경전을 편찬할 것인가. 이것에는 상당한 문제가 있다. 대승불교는 근본불교와의 시간 간격이 너무 멀기 때문이다. 그렇다면 경전의 재구성이 가장 합리적인 방법이다. 즉 현재 인류들이 공유하고 있는 보편적 가치에 대해서 불교적 입장을 정리해 보자는 것이다. 예컨대 자유·진리·평화·사랑·정의·통일·화합 등의 보편적 가치에 대해서 근본불교와 대승불교는 어떠한 내용을 담고 있나 하는 점을 재구성해야 한다. 불교진흥원에서 간행했던 《통일법요집》은 길잡이가 될 수 있다. 그러나 이 작업은 세심한 노력이 필요하다. 자칫 잘못하면 평면적인 금언(金言集)의 형태가 될 수밖에 없기 때문이다. 따라서 '정의'라고 규정했을 때도 정의와 불의, 정의의 조건, 개인적 정의와 사회정의, 불의에 대한 대처 등 세부적이고 구체적인 쪽으로 논의를 분산시켜 가야 한다. 그러면서도 통일성을 기하려면, 원전에 대한 해박한 이해와 함께 현대학문의 제분야에 정통하지 않으면 안 된다. 그 형태가 한글이어야 한다는데도 아무런 이론이 있을 수 없다. 나의 개인적 생각으로는 이 신승불교의 교전은 1권, 전체 분량은 480페이지 내외(사제·팔정도), 세부적인 항목은 108개로 간추렸으면 한다.(졸고, 〈'현대사회의 결집'의 章·節분류에 관하여〉, 《한국불교철학의 어제와 오늘》, p.398 이하 참조)

세 번째 율의의 문제는 모든 법회의례가 한글화되어야 한다고 본다. 다만 다라니(陀羅尼)의 경우에는 독송용과 해설용의 구분이 있어야 한다. 출가·재가를 문제 삼지 않기 때문에 의복이나 두발 등에 관해서는 상당한 융통성이 있을 수 있다. 아울러 《범망경》 십중사십팔경계(十重四十八輕戒)에 대한 재구성이 필요하다. 또 오계의 윤색 또한 불가피하다고 본다. 오계의 경우에는 금지적 표현이 거부감을 불러일으킬 수 있을 뿐 아니라, 마지막 불고주(不酤酒)의 경우에는 실효성의 의문을 주기 때문이다. 나는 《범망경》의 마지막 다섯 조항을 신승 불교의 오계로 삼아야 한다고 생각한다.

① 삼보를 공양하라.〔護三寶〕
② 승가의 허물을 말하지 말라.〔說四衆過〕
③ 남을 헐뜯지 말라.〔自讚毀他〕
④ 재물과 진리를 널리 베풀라.〔慳惜財法〕
⑤ 뉘우치는 중생을 용서하라.〔嗔心不受悔〕

이것은 전통적 형식의 삼귀오계(三歸五戒)뿐 아니라 삼취정계(三聚淨戒) 등 대승윤리를 담고 있다. 동시에 신승불교가 표방하는 불교대중화의 이상을 적절히 담고 있다고 생각한다. (졸고, 〈현대사회에서 요청되는 三寶〉, 앞의 책, pp.426~427 참조.)

마지막에서 제기한 경제적 기반은 철저히 자립의 토대를 닦아야 한다고 본다. 그렇게 되려면 다양한 수익사업의 전개는 필수적이다. 불교교단의 침체 원인 가운데 하나는 재정자립의 실패 때문이라고 본다. 따라서 신승불교는 생산불교를 표방하지 않을 수 없다. 과거 선종이 풍미할 무렵, 전통적인 노동관은 폐기되었다. 또 인도불교에서 내세워 온 탁발이라는 수행양식 또한 한국이나 중국에서는 무용지물이 되었다. 사회와 시대의 변화는 본질을 바꿀 수 있는 법이다. 미래의 승가는 자급자족을 원칙으로 삼아야 한다. 시주와 보시에 의존한 경제활동으로는, 그들이 표방하는 불교 대중화를 이룰 수가 없기 때문이다.

  이제 우리는 신승불교의 도래를 예감하고 있다. 소승과 대승을 거친 불교사상은 이제 신승(新乘)이라는 새 물결을 맞을 차비를 하고 있는 것이다. 이것은 역사의 필연이며, 불교적 흐름의 과보이기도 하다. 그 개화의 지점이 여러 가지 사상적 연유로 인하여 한국일 가능성이 높다. 그 점은 우리에게 자부와 책임을 동시에 걸머지게 하고 있다. 따라서 미래불교의 주역임을 자각하는 한국 불교인들은 이제 보다 성숙하고 세계적인 감각을 지니지 않으면 안 된다. 그것은 불조(佛祖)의 혜명(慧命)을 잇는 한국불교의 큰 전환점이 될 것이다.

한국불교 세계화의 이념과 방향

1. 글머리에

　가장 한국적인 것이 세계적이라는 명제가 옳다면, 한국불교의 특수성이야말로 세계화의 이념적 토대가 되어야 한다. 주지하는 대로 한국불교는 지난 1,600여 년 동안 한국의 정치·경제·문화·사회를 주도해 온 가장 핵심적 종교였다. 다원 종교적인 오늘의 현실에 있어서도 여전히 불교의 영향은 지대하다고 말할 수 있다. 그러나 불행하게도 한국불교에 대한 객관적 이해는 매우 부족했던 것이 사실이다. 중국불교의 아류, 혹은 중국과 일본의 문화 교량 정도로 인식했던 것이 현실이다. 그 근본 원인은 불교 연구자들에게 있었지만, 경제 제일주의를 추진해 왔던 정책당국에도 큰 문제가 있었다. 한국불교에 관련된 기본적인 텍스트들조차 영역(英譯)되지 못한 채 사장되고 있다. 일천한 불교학의 연륜, 연구 인력의 부족, 그리고 세계사적 안목의 결핍 등은 끝내 한국불교를 세계 속의 미아로 전락시키고 말았다.
　따라서 한국불교의 보편성과 특수성을 논리적으로 정리하는 일, 동아시아 대승불교 문화권에서의 한국불교 위상을 재정립하는 일, 한국불교 찬술 문헌의 영역 등은 오늘의 한국불교학계에 남겨진 중대한 사상적 책무가 아닐 수 없다.

20세기의 인류는 '힘의 논리'에 의하여 지배당하여 왔다. 두 차례에 걸친 세계대전은 동서 갈등이라는 새로운 위기를 낳았다. 군비경쟁으로부터 시작된 미·소 갈등은 우주개방, 국력 경쟁, 심지어 스포츠에 이르기까지 광범위한 대립구조를 만들어 갔다. 러시아와 동구 공산국가의 이념적 파탄은 적어도 표면으로는 이 갈등구조를 종식시킨 듯이 보인다. 그러나 오늘날에는 선진국들간의 경제전쟁이 또 다른 힘의 대결로 치닫고 있다. 보호무역주의의 장벽은 국가 이기주의를 부추기고 있으며, 호혜보다는 자국의 이익에만 몰두하는 경향을 보이고 있다. 그러나 21세기의 인류는 이 대결의 구도를 벗어나야 한다. 진정한 공영의 기반은 문화적 공통분모를 통해 확인할 수 있다고 본다. 바람직스럽지 못한 현실 속에서 인류의 숭고한 정신사는 '어떠한' 발자취를 남겨왔는가를 논구해야만 하는 것이다.

따라서 한국의 2천 년 정신사에 있어서 불교사상의 기여를 논구하는 일은 세계사적 의의를 지니는 일이기도 하다. 나는 이와 같은 관점에서 한국불교의 특수성을 고찰하고 그 바람직한 세계화의 방향에 관해서 논술하고자 한다.

① 사상적 특성에서는 대승불교의 철학성 가운데 특별히 한국인들의 관심을 모은 부분이 어디였느냐 하는 점에 대해서 언급하고자 한다.

② 신행의 제문제에서는 한국불교의 종교성향에 대해서 논의하고자 한다. 특히 법회의식과 신행결사를 통해 본 한국불교의 특질이다.

③ 세계화를 위한 제언에서는 선 중심적이고 신행 위주적인 한국불교의 독특한 승가전통에 관해서 논하고자 한다.

이와 같은 기본적인 이해의 토대 위에서 한국불교 세계화의 올바른 방향을 정립해 가는 일이 필요하다고 생각한다.

2. 한국불교의 사상적 특성

　삼국시대에 전래된 불교가 과연 어떠한 성격이었느냐 하는 점은 분명하게 밝혀지지 않고 있다. 다만 현존하는 찬술 문헌만을 중심으로 살펴볼 때, 고구려의 경우에는 삼론학(三論學), 백제는 율학(律學)의 연구가 두드러진다. 즉 삼국의 불교는 대승적 전통을 견지하였고, 이와 같은 전통은 한국불교의 주류를 이어왔다. 《한국불교찬술문헌총록》(1976, 東國大)에 의하면 인물로는 178명, 종류로는 696종의 불교찬술 문헌이 있다. 그 윤곽을 도표로 정리하면 다음과 같다.

내용 시대구분	인물	종류	권수	비고
삼국시대	6	7	108	현존치 않은 권수는 뺌
통일신라시대	42	366	219	
고려시대	45	129	233	
조선시대	85	194	263	
※ 기타(傳記, 寺誌, 譯解 등은 제외함)				

　한국불교의 사상가들이 주로 관심을 가져온 분야는 화엄(華嚴)·정토(淨土)·선(禪)·유식(唯識)·반야(般若)·여래장(如來藏) 계통이다. 시대별로 보면 통일신라시기에는 화엄·정토·유식 등이, 고려시대에는 유식·반야·정토 등이 그리고 조선조에는 화엄·선 등이 주종

을 이루고 있다. 다만 한국불교는 다양한 대승불교 전통을 종파적 개념으로 이해하기보다는 원융적 이해를 보이는 것이 특징이다. 즉 특정한 종파의식에 의한 배타성보다는 불교사상을 포괄적으로 이해하려는 노력을 보인다. 한국불교의 대표적 위인이었던 원효나 의상의 경우에는 일승적 사상 전통이 근간을 이룬다. 물론 원효는 특정 종파에 소속되기를 거부한 인물이었지만, 화엄종의 법맥 속에 있었던 의상의 경우에도 화엄학에만 몰두하지 않았다는 점에 유의해야 한다. 의천이나 지눌의 경우에는 선교융합적(禪敎融合的) 사상 특징이 나타난다. 물론 선교의 융합은 조선중기에까지 꾸준히 나타나는 사상 경향이다. 이것은 종파적 배타성에 젖어 특정 교리의 선양에만 몰두하는 자세와는 근본적으로 다른 사상의 추이이다. 때문에 한국의 경우에는 엄정(嚴淨)융합, 선교융합 등 경향이 강하게 표출되고 있다. 이것을 우리는 일승적 사상경향이라고 요약할 수 있다. 대립적 편견이나 투쟁적 사고가 '하나'로 귀일되는 길, 나아가서 중생과 부처가 하나되며, 현실과 이상이 조화를 이루는 것을 불교적 수행의 요체로 보았던 것이다. 한국불교는 그와 같은 이상을 현전화(現前化)시키려는 사상성이 두드러진다.[1]

다음으로 언급해야 할 점은 호법적 전통이다. 이 문제는 한국불교의 호국성으로 오도되기도 하였다. 우리가 말하는 '호법(護法)'은 파사현정(破邪顯正)의 보살정신을 말한다. 즉 사악한 현실적 도전을 극복하려는 보살행의 실천으로 나타나는 경우이다. 이것이 국가의 이익과 결부되면서 호국의 이상으로 나타나지는 것이 바로 승병의 움직임이다. 그러나 논리를 단순화해서 국가의 위난을 극복했다는 점만이 부각될 때, 자칫 국수주의와 혼동할 우려가 있다. 그러나 호국의 이상은 언제

---

1) 拙稿, 〈한국불교의 역사의식〉(《한국불교철학의 어제와 오늘》, 대원정사, 1995. p.40).

나 정법수호를 바탕으로 했던 것이 한국불교의 이념이었다.
  끝으로 다루어야 할 점은 현세이익적 경향이다. 이 문제는 무속성과도 관련되어 있는바, 한국민의 국민성에 기인한다고 생각한다. 불교교리의 고답적 철학성이 모든 불자들에게 올바르게 이해되는 것은 아닐지라도 특정 교리를 영험적, 기복적, 현세적으로만 받아들인다는 것은 문제가 아닐 수 없다. 열등한 민중의식을 습합(褶合)했다는 점에서는 긍정적이지만, 한 차원 높게 승화시키지 못했다는 면에서는 부정적일 수밖에 없다고 본다. 비록 시대와 장소에 따라 상이한 적용의 특징들이 나타나지만 이 일승성, 호법성, 현세이익성은 한국불교의 사상적 주류로 이어왔다고 생각한다.

3. 한국불교 신행의 제문제

  한국불교 신행의 흐름을 말해 주는 구체적 자료는 법회와 결사가 있다. 법회는 그 시대정신의 반영이며, 결사는 바람직스럽지 못한 현실에 대한 반작용으로 이해할 수 있기 때문이다. 법회의식이란 불보살을 공양하고 재(齋)를 열어 설법하며 불타를 칭송하는 개인적 행위, 또는 집단적 모임을 가리킨다. 이것은 대중들의 현세이익적 욕구를 충족시키면서 사회적 재난 등을 극복하려는 두 가지의 실제적 욕구를 충족시킨다. 따라서 불교가 지닌 사회적 기능이기도 하다. 한편 결사는 자신들이 선호하는 불보살에 대한 신행과 함께 공동의 연대의식을 확인하는 윤리적 기능이 강하다. 특히 불교사상처럼 다양한 신행이 가능한 경우에는 건전한 사회풍토를 조성하는 중요한 역할을 담당하였던 것이다.
  신라·고려 때까지 법회의식은 왕실이 주도한 경우가 많다. 특히 고려의 경우에는 대규모의 불사가 항상 모범으로 이어진다. 반면 조선의 경우에는 억불정책으로 일관하였기 때문에 소규모의 기복적 법회가 산발적으로 집행될 뿐이다. 이들 법회와 결사의 성격을 대별해 보면 다음과 같다.

1) 護國·護法을 기원하는 法會: 仁王百高座道場·文豆婁道場 등
2) 천재지변 등 재앙을 물리치려는 기원법회 : 消災道場, 龍王道場, 金光明道場 등.
3) 불교학의 현양을 도모하는 모임: 譯經法會, 談禪法會 등.
4) 참회정진을 통한 윤리의식의 제고: 占蓮法會, 果證法會, 八關會 등.
5) 정토신행 등 특정한 목적의 신행결사 : 白蓮結社, 定慧結社 등.
6) 寶라는 조직을 통한 불교적 신행의 경우: 五臺山信行 등.

법회나 결사 등은 불교정신의 현실적 응용이라는 점에서 중요한 시사성을 준다. 예컨대 정복 전쟁의 와중에서 불교는 통일의 당위성에 대한 이념적 근거를 제시한다. 화랑과 같은 경우가 그 대표적 실례이다. 화랑은 명백히 선재동자의 구법행각에 힌트를 얻은 것으로 보인다.[2]

또 국가의 위기나 사회적 혼란의 시기에서 불교는 신비적이고 주술적인 기능을 수행한다. 밀교의 신술 등이 구체적 예인데, 이것은 대중교화의 방편으로서는 가장 설득력 있게 진행되기도 하였다. 동시에 한국 불교의 법회 속에는 다양한 카타르시스적 면모가 잠재해 있다. 팔관회

---

2) 화랑의 同流性이나 道家的 신념 등에 대해서는 설득력이 빈약하다. 김유신에게 신검을 준 도인 難勝이 《화엄경》〈十地品〉에 나오는 수행의 계위라는 점. 山水를 유람한다는 아이디어 자체가 〈入法界品〉적 근거라는 점 등을 종합하여 善財야말로 화랑들의 인격적 모델이었다고 보아야 한다.

같은 경우는 참회의례로 진행되어야 함에도 불구하고 다분히 오락적인 기능을 수행하여, 고려 때에는 대규모의 국민적 축제로까지 발전한다. 심지어는 위령재의 성격을 띤 법회에서조차 가무, 범패 등이 헌상되어 경건함보다는 오락적 측면이 강조되곤 한다. 이것은 불교를 통한 축제문화, 왕실과 서민의 '간격'을 해소하는 예지였다고 평가할 수 있다.

다음으로 한국불교의 특징을 보려면 시대별 신행형태에 대한 천착이다. 불교신행의 특성은 '다양성'이지만, 이 경우에는 대중들에 의해 주도된다는 점이 전자의 법회의례와 성격을 달리하는 부분이다. 한국인들에게 가장 선호되었던 신행형태를 연대별로 살펴보면 다음과 같다.

    1) 삼국시대 : 미륵신앙, 관음신앙, 밀교신앙(神印宗).
    2) 통일신라시대 : 정토신앙, 점찰신앙.
    3) 고려시대 : 주술신앙, 공덕신앙.
    4) 조선시대 : 도참신앙, 효순신앙.

미륵·관음·정토신앙 등의 경우는 그 신앙의 포용성 때문에 언제나 많은 호응을 받아 온 것이 사실이다.[3] 그러나 위의 신앙형태 가운데 가장 한국적인 형태로는 밀교적 신앙형태를 꼽을 수 있다. 한국불교의 밀교 신앙형태는 주로 주술적 현세이익성으로 나타난다. 일반적으로 밀교가 지닌 신비주의적 색채는 구고구난(救苦救難)이라는 실제성을 수반한다. 그러나 한국의 경우에는 성력(性力)숭배와 같은 윤리적 타락의 모습은 나타나지 않는다. 오히려 도참사상 등과 관련을 맺은 풍수

---

3) 이들 신행의 공통적 경향은 현세이익적이며 즉물적이라는 점이다. 정토신앙의 경우에도 '心淨卽佛土淨'이라는 선학적 이해가 주류를 이룬다. 근원적으로 보면 자력위주적이냐 타력적이냐 하는 점보다는 양자의 조화가 바람직하리라고 본다.

(風水)설 등이 강하게 나타난다. 도선(道詵, 827~898)을 효시로 하는 풍수설은 이미 고려불교의 운명을 결정짓는 정설로 자리잡게 된다. 그러나 그 극대화 경향은 오히려 조선시대에 두드러지게 나타난다. 극도의 탄압 속에서 불교 존폐의 절박한 상황에까지 몰려 있었다는 점을 감안하면, 그 길만이 유일한 교화의 방편일 수 있었다. 즉 종교가 가진 바의 본래적 신비성 위에 주술의 권위를 입혀서 초세속적 특수성을 부각시키기에 이른다. 물론 이와 같은 신행형태는 부정성과 긍정성을 동시에 지니고 있다.

그 부정성이란 불교의 본질인 '깨달음의 길'에 대한 해석이다. 불교, 특히 선불교의 요체는 자성성불과 정토구현이다. 그러나 현세적 이익에 몰두하면 불교적 메시지는 오도될 수밖에 없다는 점이다. 반면에 긍정성이란 아노미 상태에 대중들에게 희망과 위안을 줄 수 있다는 점이다. 삶에 지치고, 불확실한 미래를 응시해야 하는 중생들에게는 그 밀교가 던지는 암시가 의미심장할 수밖에 없다. 깨닫는다는 관념성보다 눈앞에 나타나는 신이로움은 진한 감동을 줄 수 있기 때문이다.[4]

결국 법회·결사·신행형태 등을 통해 본 한국불교의 특성은 현실긍정적 경향, 레크리에이션적 면모 등으로 요약할 수 있으리라고 본다.

4. 세계화를 위한 제언

전통적으로 한국불교는 사부중의 승가체제를 유지해 왔다. 그 가운

---

4) 정병조, 〈한국불교의 보편성과 특수성〉, 《불교연구》 11·12합본, 1996, pp.440~442.

데서도 비구승단 위주의 발전을 도모해 왔던 것이 사실이다. 고대사회에서 비구승단이 사회의 지도적 위치를 점할 수 있었던 까닭은 지적인 카리스마 때문이었다. 교육의 기회가 일반화되지 못했던 상황에서 비구승은 가장 뛰어난 엘리트집단이었다. 더구나 청빈과 검약의 생활 토대 위에 수도의 기풍을 진작해 왔기 때문에 그 정신적 권위는 국가의 초석으로서 운영 발전되어 왔던 것이다. 그러나 현대에 접어들면서 불교의 정신적 권위는 현저하게 퇴색하고 있다. 우주적 상상력은 과학으로 이양되었고, 지적 권위는 대학이나 연구소가 대변하고 있다. 따라서 불교의 새로운 위상 정립은 수도의 특성에서 비롯되어야 한다.

한국불교의 승가는 이 위대한 수도의 기풍을 가장 온전하게 보존하고 있다. 공동생활의 규범은 엄격히 준수되고 있으며 정기적 불교의례 또한 여법하게 진행되고 있다. 다만 선 중심적 풍조 때문에 교학에 대한 은근한 폄하경향은 시정되어야 할 점으로 꼽힌다.

또한 재가불자들의 지성화 경향이 두드러지는 점 또한 주목할 만한 현상이다.[5]

원래 우바새·우바이의 경우에는 출가승가에 대한 외호자로서 법을 전수받고, 시물을 공여한다는 성격이 강했다. 그러나 조선 5백 년의 억불정책으로 말미암아 이와 같은 일반적 관계는 불식되고 말았다.

또한 해방 이후의 급속한 산업화에 대한 경계심리는 전통문화의 부각이라는 역작용을 낳았다. 자연히 불교문화에 대한 관심이 고조되었고, 그 보고로서의 사찰이 새로운 관심사로 떠오르게 되었다. 그 결과 한국불교 전통에 대한 재해석이 이루어졌던바, 그것은 주로 몇몇 불교지성

---

5) 현재 한국에서 운영되고 있는 불교교양대학의 숫자는 36곳이다. 대부분 2년제(혹은 4년제)로 운영되지만, 사찰의 정기강좌까지를 포함하면 100여 곳을 상회할 것으로 보인다. 이들의 교육과정은 불교기초교리, 불교사, 경전강독 등 대학교육과정에 버금간다.

인들의 노력에 힘입은 바 크다. 해방 이후 50여 년 동안 끊임없이 야기되었던 불교승단의 내분 또한 재가불자의 의식화를 초래한 간접적 원인이었다. 그들은 주로 지적 만족감에서 불교를 연구하였지만, 다변화된 사회 속에서 교화의 기능이 재가신자들에게 부여되어야 한다는 쪽으로 목소리를 높여 가고 있다. 물론 출가와 재가는 상호 보완적 관련 속에서만 성장할 수 있다. 따라서 이 출가·재가의 위상정립은 21세기로 넘어가는 오늘의 한국불교에 남겨진 중대한 과제이다.

다음으로 한국불교에서 주목해야 할 현상은 비구니 승원의 모범적 운영과 발전이다. 대규모의 비구니 승원으로서는 운문사·석남사·동학사·봉녕사 등이 꼽히는데, 그 청정성과 근면성은 높이 평가할 만하다. 다만 수행에만 몰두하는 사상 경향 때문에 적절한 교화의 방편이 활용되지 못한다는 점이 아쉬운 면이다. 수도와 교화는 양립하기 벅찬 과제임에 틀림없지만 그 어느 한 쪽에만 치우친다는 것은 바람직스럽지 못하다.

지금 인류가 겪는 갈등 또한 물질과 정신의 조화를 상실한 데서부터 비롯되고 있다. 산업화의 과정을 통해 우리는 물질적 풍요를 누리게 되었다. 그러나 필연적으로 야기되는 점은 도덕성 상실, 빈부갈등, 자연파괴 등 공해, 범죄의 증가 등이다. 특히 한국사회의 경우에는 그 산업화과정이 격렬하고 신속했다는 점에서 오히려 더욱 심각한 양상을 띠게 되었다. 그렇다면 이 양자의 조화를 도모하는 원리는 무엇인가?

한국불교의 수도적 기풍은 이 의문에 대한 가장 적절한 '응답'이다. 인간존재와 자연 현상의 근원에 대한 모색, 이기심의 절제를 유도하는 청빈과 검약의 실천, 그리고 나와 남을 동체대비(同體大悲)로 이해하려는 불이적(不二的) 보살정신 등이 바로 한국불교의 지향점이자 특징이다. 다만 보다 고양된 교화의 방편을 개발해 나가는 일이 필요한 시점이다. 과거에도 이판승(理判僧), 사판승(事判僧)에 대한 논의들이 있어 왔지만, 결국 수도와 교화는 양분될 수밖에 없는 상황이다. 다만 출가승의 기준으로 보기보다는 출가승려의 수도적 자세와 재가신자들의 교화적 기능이라는 구분이 훨씬 합리적이라고 본다.

따라서 한국불교의 세계화는 이와 같은 이념을 체계적 방편으로 고양시키는 일이어야 한다. 첫째, 불교학 연구센터를 건립 육성해야 한다. 대한불교진흥원이나 동국대학교 불교문화연구원 등을 확대 개편하는 일도 검토해야 한다. 명실공히 한국불교연구의 총본산으로서 활동할 수 있는 재정적·행정적 뒷받침이 이루어져야 한다. 그것을 위해서는 불사의 개념이 질적 승화를 이루지 않으면 안 된다. 둘째, 한국불교찬술의 영역작업이다. 요원한 듯 느껴지던 한글대장경의 간행은 다행히 최근의 정부지원에 힘입어 2001년에 완료되었다. 그렇다면 우리의 과제는 《한국불교전서》의 영역에 쏠려야 한다. 아울러 한국의 전통사찰에 대한 역사성, 사상성, 문화재 등을 소개하는 소규모 영어판 안내서를 조속히 발간해야 한다. 이와 같은 일들은 본사 단위에서도 충분히 진행할 수 있으리라고 기대한다. 셋째, 한·중·일 불교대회의 정착이다. 다분히 형식적이고 행사 위주적인 진행보다는 실질적 교류가 가능한 방향으로 진행되어야 한다. 특히 동아시아 불교의 교류문제, 사상성의 비교연구, 상호 협력방안 강구 등은 이들 세 나라의 국익과 문화 발전에도 매우 유익하리라고 생각한다.

끝으로 해외포교의 문제점이다. 몇몇 개척적 업적을 남긴 해외 홍법원(弘法院) 이외에 대다수의 해외포교당은 교민들의 향수 달래는 역할 밖에는 수행하고 있지 못하다. 적어도 그 특정지역의 언어로 소개할 수 없는 한국불교라면, 그 존재 당위는 반감될 수밖에 없다. 조속히 해외 홍법원의 횡적 조직을 완비하고, 한국불교 관련의 저술, 홍보안내서 등을 통일시켜야 한다.

5. 에필로그

한국불교는 대승철학의 토대 위에서 보살정신의 함양과 실천을 도모해 온 향기로운 발자취였다. 그 유구한 역사성과 함께 민족정신 속에 용해되어온 특질 때문에 한국문화의 중핵으로서 이해될 수 있다. 비록 그 찬연한 영향력이 오늘날에도 그대로 발휘되고 있지는 않다고 하더라도 여전히 한국종교 인구의 대종(大種)을 형성하고 있다. 한국불교의 취약점은 시대감각의 결여, 조직성의 빈곤 등으로 나타나고 있다. 그러나 전체적으로 조망할 때 한국불교의 미래는 긍정적이라고 생각한다. 왜냐하면 건전한 수도정신과 함께 지성화의 물결이 한국불교를 주도하고 있기 때문이다. 오랫동안 불공위주로 진행되던 법회의례는 법문 중심으로 바뀌어져 가고 있다. 또 신행단체들의 움직임 또한 단순히 '불교를 이해하려는' 목표에서 한 걸음 진전하고 있다. 환경문제, 뇌사(惱死)문제, 임종 간호 등 첨예한 현대사회의 제문제들에 대해 진지한 접근태도를 보여 가고 있다. 또 국토청정운동 등 캠페인사업도 활발하여 불교의 사회적 기여에 일익을 담당하고 있다. 사실 한국불교의 소극성이나 현실 은둔성 경향은 불교에 대한 우월을 강조하려 했던 일부 서양종교의 편견이 빚은 결과이다.

미래사회가 다종교적 특성을 지닌다고 했을 때 종교간의 각축은 필연적일 수밖에 없다. 다만 서로의 진리적 우월논쟁이라든지, 교세의 확산, 대규모 예배소의 건립 등 외형적 경쟁은 무의미하다. 오히려 인간심성의 내면에 천착하면서 서로가 표방하는 진리의 세계에 가까이 다가가려는 경건한 선의의 경쟁이어야 한다고 본다. 그와 같은 관점에서 볼 때 한국불교는 동아시아에서 가장 희망적인 불교전통을 간직하고 있다. 중국은 문화혁명 이후 불교에 대한 일반인들의 인식이 현저히 낮아지고 있다. 최근에 북경 등 대도시를 중심으로 서서히 불교에 대한 우호적 분위기가 증가하기는 하지만, 여전히 그 미래를 낙관하기는 어렵다. 일본불교는 학문적 전통, 생활 속으로의 정착 등에서는 성공하였지만 지나친 상업성으로 말미암아 본연의 모습에서 일탈해 버린 듯한 느낌을 준다. 실로 한국불교는 인도에서의 법등(法燈)이 회향된 곳이라는 자부심을 갖고 있다. 그 독특한 사상성은 미래의 인류사회를 계도할 수 있는 원천이 될 수 있다고 생각한다.

지은이/ 정병조(鄭柄朝)

경북 영주 출신.

동국대 인도철학과 졸업. 동대학원 철학박사(학위논문: 《문수보살의 연구》).

인도(印度)네루(Nehru)대학 객원교수 역임(1984~1986).

동국대 교무처장·도서관장·부총장 역임.

현재 동국대 교수·(사) 한국불교연구원 이사장.

저서로는《인도철학사상사》《불교문화사론》《한국불교사상사》《선사열전》《현대인의 불교》외 논문·역서가 다수 있다.

실천불교

지은이 : 정병조
발행인 : 김병무
발행처 : 불교시대사

초판발행: 2002년 5월 17일

영업부 전화 (02)730-2500, 725-2800
　　　　팩스(02)723-5961
110-718 서울시 종로구 관훈동 197-28
　　　　백상빌딩 13층
출판등록일 1991년 3월 20일, 제1-1188호
ISBN 89-8002-078-3 03220
홈페이지/http://WWW.buddhistbook.co.kr

값 9,000원

※잘못된 책은 바꾸어 드립니다.